北京市北京学研究基地资助项目

清代驻防城

时空结构研究

朱永杰 著

人民出版社

目　录

绪　论

一、研究意义

(一)学术价值

1. 补充八旗驻防学术研究

驻防城是清代军事驻防的重要内容,从学术角度上来说应该得到重视。

早在努尔哈赤时期,为了加强军事防御、占据攻防优势,即已在关外一些地方设置八旗驻防。入关之后,清廷更是加强了对全国的防卫,不仅在东北、京师及畿辅地区增加了八旗驻防要点和军事力量,而且在各直省和新疆地区也陆续添设了许多防点,以达到巩固国家政权、牢牢掌握国家机器、稳定国家秩序的目的。清朝在全国的八旗驻防至清中叶已有九十多处,建置形式或为一般小兵营,如宝坻、东安、固安等,由八旗官兵集中驻守;或为筑有城墙的较大城池空间,如荆州、南京、广州①,集中容纳八旗官兵。而驻防

---

① Thomas Francis Wade, *The Army of the Chinese Empire: Its two great divsisions, the Bannermen of National Guard, and the Green Standard or Provincial Troops; their organization, location, pay, condition*, Chinese Repository, 20. 6 (June 1851),p. 315.

城,即是在这些驻防的设置过程中产生的,为清代驻防建置上的重要内容。

之所以言驻防城为清代军事驻防的重要内容,与其具有一定的军事驻防特征有关。首先,驻防城是清代军事驻防兵营的重要内容。清代兵营主要分为两种,即绿营和满营。绿营主要由汉族官兵驻扎,满营则主要由八旗官兵防卫,两者为清代两大兵种驻守的重要空间。而驻防城为以满营为主要军事力量的空间,是驻防兵营的组成部分,所以,若能探讨驻防城的时空发展结构,将有利于进一步探明清代军事驻防的发展经络。

其次,驻防城的军事性质比较显著,是为了满足清廷统治的需要而在全国设置的军事驻防空间。就单个驻防城而言,城内建置多以军事设施为主,是为典型的军事驻防兵营,而其内驻守的官兵则承担着保证所在地域安全的作用;就全国区域而言,由畿辅、直省、东北、新疆几个区域驻防城系统共同构成了一个整体网络,形成了严密的军事城防系统,因此驻防城的军事色彩甚为浓厚。而研究驻防城在整个清代军事方面的地位、作用以及发展规律,就会有助于加深对清代军事驻防体系的了解。

总之,驻防城是清代驻防兵营建置上的重要部分,军事性质非常突出,为清代军事驻防的重要内容,有必要进行探析。目前,研究八旗驻防的著作或者论文,研究内容或以全国驻防的发展变化、驻防的作用、驻防的营制等为主,或以驻防的财政、行政等为探讨对象,多从军事的角度分析驻防的兴衰变化。而八旗驻防中的驻防城方面的研究成果比较少,缺乏专门性的著作。虽然有一些论文就某些单个驻防城(如个别满城)有过研究,但却忽略了对驻防城体系的综合研究,因而未能反映驻防的全貌。而且,已有成果也未能就驻防城出现的原因、与驻防的关系、序列结构、官兵实力以及时间发展特点、地理分布结构、形制、设施、内部结构和与其他城市(如汉城)之间的关系等问题进行细致的研究,而这些内容却恰恰能反映出驻防城的主要概况,是我们考探驻防城时应该注意到的问题。既然驻防城为八旗军事驻防营建上的重要形式,研究清代的军事,就需要充分重视这一领域,如此,势必有利于进一步认识清代的军事驻防特征。

2. 充实清代城市发展史研究内容

大部分驻防城的规划和建设,无论是在清代,还是在整个古代中国城市建设和发展史上,都具有一定的影响。为镇压与防范汉族和其他少数民族的反抗、抵御外族的入侵,清廷或圈占原有城池的一部分,或重新规划建设了诸多驻防城。这些以驻扎满洲八旗官兵为主的驻防城,在城垣形制、驻防设施、内部结构以及与一般地方城市之间的联系方面值得研究的内容颇多,尤其是满城,很多与汉城或者其他城市之间具有特定的位置关系。其中,许多满城与所依托城市之间具有紧密的联系,有的位于府、州、厅、县等地方城市的内部,有的则位于地方城市外近距离处。而且随着八旗军制及驻防制度的衰落以及社会经济的巨大变革,一些驻防城后来发展成为城市的重要组成部分,甚至成为现代城市的重要区域。因此,研究驻防城一方面可以揭示其自身建置特点,另一方面对于更好地研究清代与驻防城营建关系紧密的府、州、厅、县城的发展情况不无裨益。驻防城虽然不是完全意义上的城市,但大部分不仅围有城垣,而且内部有着自身的功能分区和诸多建置设施,并体现出一定的规划思想和原则,而这恰恰是城市史研究中不可忽视的内容,所以,研究清代的城市发展概况必须研究驻防城,只有这样才能充分展示清代城市发展的面貌。

3. 为历史军事地理和城市历史地理学术研究作一些贡献

因驻防城是清代军事驻防的重要内容,具有突出的军事作用,所以从空间角度,即历史军事地理角度对其进行研究具有一定的价值。但是由于目前学界在这方面的研究存在空白,所以本书的研究不无意义。而从另一角度来说,大部分驻防城与所依附城市之间有紧密的联系,又有很多城市历史地理领域值得研究的内容,所以探讨驻防城形制结构在城市历史地理方面具有不容置疑的学术意义。总之,无论在历史军事地理,抑或城市历史地理领域,本书的研究皆具有一定的学术价值。

综上,由于学者大都将注意力集中于驻防的研究,驻防城这一重要领域的研究成果甚少,所以此课题中有很多尚待解决的问题;研究驻防城时空结构的任务,重要的是向社会、向学术界奉献一个比较接近实际的驻防城历史地理的状况,复原满城的发展过程和结构,进而揭示驻防城发展的规律。毫无疑问,这正是目前研究八旗驻防所迫切需要了解与探讨的学术问题之一。

(二)现 实 意 义

1. 为历史文化名城保护提供参考

许多驻防城所依托的城市属于历史文化名城,如西安、南京、开封、杭州等。无论从城市发展的角度还是军事驻防的角度,与历史文化名城之间有着紧密联系、包含丰富文化因素的驻防城在历史文化名城保护过程中有必要被考虑进去。又因为有些驻防城在后来的发展中成为现代城市的一部分,一些城市文化内涵鲜明的建置得到一定程度的保留,并对当今人们的生活和观念形成颇深的影响,所以在对内部或近郊曾筑有驻防城的历史文化名城保护时若能复原城墙高耸、重兵把守的军事驻防区的昔时景观,无疑会为城市的文化发展增光添彩。由于新中国成立后在城市规划建设上缺乏对一些驻防城的保护意识,以至于驻防城文化特质遭到很大程度的削弱,作为城市文化和军事文化的重要内容,很多驻防城的历史文化区域应该在保持清代军事风貌的基础上进行适度的开发建设。因此,研究驻防城面貌的任务已提上了日程,若能探明驻防城的时空发展,无疑会为历史文化名城的保护提供有益的参考(图1)。

2. 为旅游业发展服务

作为清朝驻防的主要形式,相当一部分驻防城在以后的发展中由于多种原因遭到了破坏,其军事驻防作用也逐渐消失。然而值得注意的是,作为历史文化的载体,驻防城的诸多文化因素却一定程度地得到了保留。如有些驻防城的城防实体虽然消失了,但其所积淀的文化内容仍然存在。以杭州为例,"旗下"旧名和众多旗人的后裔就仍然存在,俨然是清代"城中城"(满城)历史的实证。又如有些驻防城内部的某些建筑历经风雨沧桑之后仍保存完整,成为今天城市历史文化资源的重要部分。如绥远驻防城将军衙署,仍位于今呼和浩特市新城区西街,占地面积3万平方米,往昔的军事和文化特征清晰可辨。

因此,既然现在仍能寻知历史遗留下来的驻防城的诸多文化载体,就可以在发展旅游业时对这些非常宝贵的资源进行合理利用。但是,要完成这一任务,离不开对驻防城历史地理发展规律的深入分析,如此才能在充分掌握驻防城风貌的前提下科学地挖掘驻防城的巨大旅游资源潜力。所以,驻防城研究在旅游业方面的现实意义不容置疑。

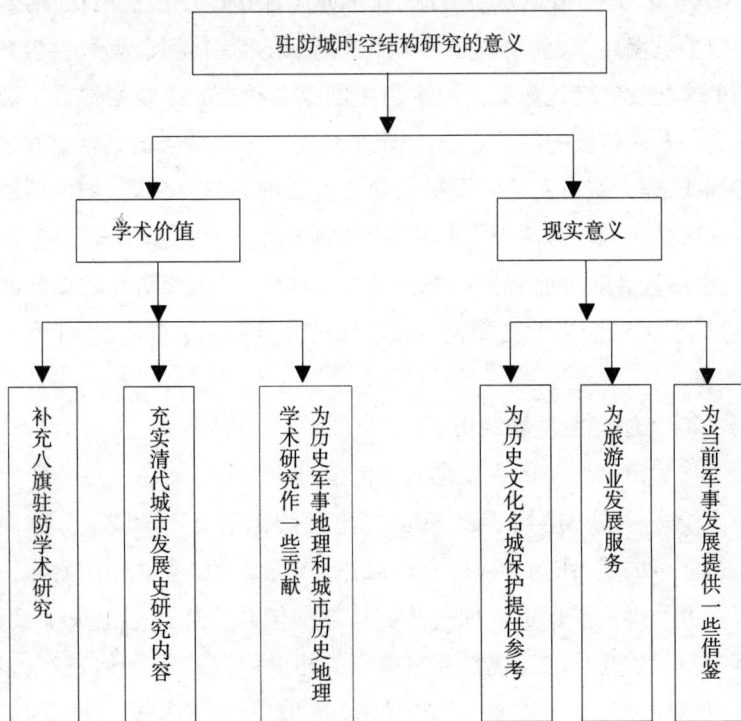

图 1 驻防城研究意义结构示意图

3. 为当前军事发展提供一些借鉴

入关以后,如何才能有效地控制全国、稳定国家秩序是清廷非常关注的问题,面对广大汉族人民,只有加强军事布防力量,才能在巩固国家机器方面加上一个重要的砝码,驻防城正是这种需要下的产物。本书的一个分析视角就是研究驻防城的战略地理,这样不仅可以全面认识驻防城军事地理面貌,加深对清代军事的理解,而且会为当前军事发展提供借鉴。因为任何事物都处在不断地发展变化中,现代现象是历史现象在各种因素的综合作用下发展演变的结果。今天中国军事的发展,同样根植于历史的土壤之中。追溯历史的根源在于正确认识今天的现状。了解清代驻防城军事地理形成的历史背景和过程,对其发展规律有全面的认识,就可以对今天军事地理的现状及其问题有深刻的了解,从而为今天军事发展提供有益借鉴。如能从军事历史地理的角度澄清驻防城军事空间分布特点、驻防城自身防御地理特征和驻防城作用等内容,揭示出驻防城的军事驻防规律,对于当今军事的发展确实是不无裨益的。

总之,从城市历史地理和军事历史地理的学科要求出发研究清代驻防城的历史变迁及其他相关问题,不仅具有理论价值,而且具有现实意义。

二、研究现状

(一)研究成果

1.国内研究成果

(1)对驻防城的研究在一些通论性的著作中有所体现。其中定宜庄的《清代八旗驻防研究》①对一些驻防城的阐述内容比较丰富;其他成果,如宁越敏、张务栋、钱今昔合著的《中国城市发展史》②,赵生瑞的《中国清代营房史》③、佟靖仁的《呼和浩特满族简

---

① 定宜庄:《清代八旗驻防研究》,辽宁民族出版社 2003 年版。

② 宁越敏、张务栋、钱今昔合著:《中国城市发展史》,安徽科学技术出版社 1994 年版。

③ 赵生瑞:《中国清代营房史》,中国建筑工业出版社 1999 年版。

图中文字标注：

北

狮子山　钟阜门闭　金川门闭　神策门

仪凤门　蒋庙

定淮门　古林庵　隐仙庵　虎踞关　陶坞　后湖　钟山

江宁县界　北水关　太平门　香林寺

清凉门闭　小仓山　清凉山　乾河沿　鸡鸣寺　府学　后门

石城桥　石头城　鼓楼岗

汉西门　浮桥　北门桥　督署　行宫　竹桥　阜成桥　满城

北河口　七家桥　上元县　内桥　四向　淮清　巡道　大通桥　织造　通济　西华门　都统署　军防驻　将军署　朝阳门

三山桥　江东门　江宁县界　旧王府　县学　利涉　织造　通济　小门

赛虹　觅渡桥　水西门　府署　藩署　贡院　文德　武定　镇淮　中和桥　正阳门

下浮　江宁县　旧新桥

西水关　上浮　东水关

南门

南　长桥

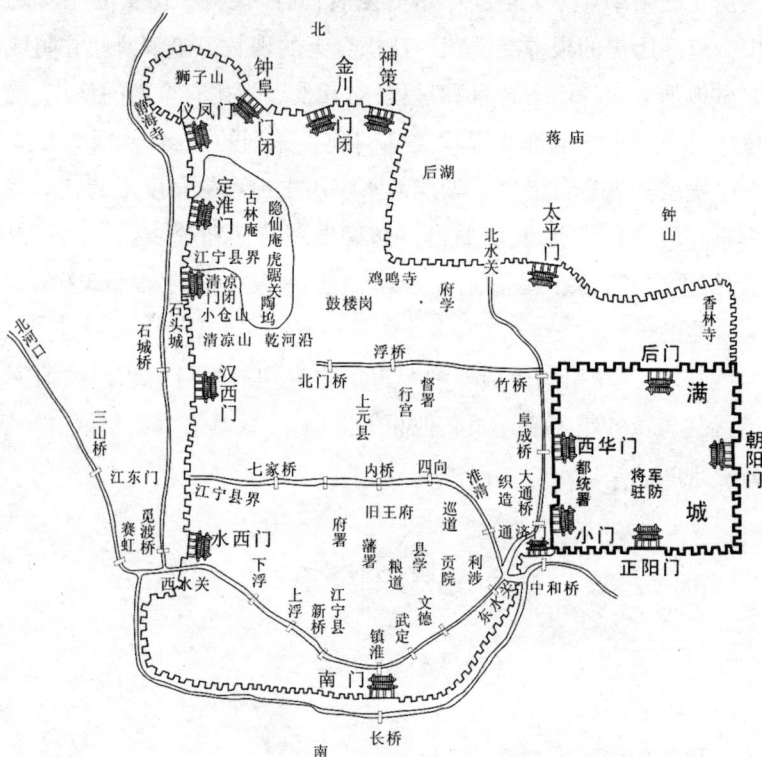

图2　江宁满城位置图（采自光绪《重刊江宁府志》卷三《舆图》）

史》①第5—7 章等，篇幅多集中在对驻防制度或营房的论述上，涉及驻防城时，多将其纳入军事驻防问题之中，研究内容相对单一，多对驻防城的建置原因、内部结构或营房保障等进行一般性的阐述，因而驻防城内容实际成为驻防制度的点缀和附属，这一状况与驻防城作为城市历史地理和军事历史地理重要内容的情况并不相

---

① 佟靖仁：《呼和浩特满族简史》，呼和浩特民委 1987 年版。

称,也与其发展特征不相适应。目前,除了李凤琪、唐玉民、李葵三先生合著的《青州旗城》①为专门性论述单个驻防城的著作外,其他专门系统研究单体或者全国驻防城发展的著作还没有,而探讨驻防城历史地理的研究著作就更不用说了。这一方面与资料的缺乏或者研究侧重点有关,另一方面则是没有充分认识到驻防城研究的重要意义。

(2)在一些现代地方志或者文史资料中,有涉及驻防城的名称、轶事掌故等叙述性的相关内容。但由于作者多从有限资料出发,或直接以所见所闻进行论述,研究内容简单分散,相互之间比较孤立,缺乏有效的研究方法、严谨的论证过程和令人信服的学术发现。

(3)驻防城研究成果主要集中在一些论文之中,其中对驻防城进行过较为系统研究的文章仅有马协弟的《清代满城考》②,探讨了驻防城主要类型——满城的建置缘起、建置时间、地理位置、规模以及满城在清代的军事地位和社会行政职能。其他研究驻防城的文章也主要集中在单个驻防城,一类是以"满城"作为主要题名,如吴宏岐和史红帅的《关于清代西安城内满城和南城的若干问题》③、陈喜波和颜廷真的《清代杭州满城研究》④、陈一石和王端玉的《清代成都的"满城"与旗汉分治》⑤、雷履平的《成都满城

　　①　李凤琪、唐玉民、李葵三:《青州旗城》,山东文艺出版社 2000 年版。

　　②　马协弟:《清代满城考》,《满族研究》1990 年第 1 期。

　　③　吴宏岐、史红帅:《关于清代西安城内满城和南城的若干问题》,《中国历史地理论丛》2000 年第 3 期,第 113—132 页。

　　④　陈喜波、颜廷真:《清代杭州满城研究》,《满族研究》2001 年第 3 期,第30—35 页。

　　⑤　陈一石、王端玉:《清代成都的"满城"与旗汉分治》,《西南民族学院学报》1981 年第 3 期。

考》①;一类是以"驻防"、"驻防城"或"满营"等作为主要题目,如滕绍箴《论清代宁夏八旗驻防及其历史贡献》②、李凤琪的《青州驻防城建城概述》③、吴元丰的《清代伊犁满营综述》④、蒙林的《绥远城城工始建时间考》⑤等。由上述文章可以发现,直接以驻防城为研究对象的论文相当有限,许多成果则以探索驻防八旗或者驻防营房为主,这与学界对驻防城存在模糊认识不无关系。

（4）上述主要成果之外,另有一些涉及驻防城内容的文章,如董鉴泓的《中国古代若干特殊类型的城市》⑥、傅克东和陈佳华的《八旗制度中的满蒙汉关系》⑦、章生道的《城治的形态与结构研究》⑧。而辽宁省编辑委员会编的《满族社会历史调查》⑨则在对新中国成立后满洲后裔的调查过程中获得了诸多关于驻防城的宝贵信息。

---

① 雷履平:《成都满城考》,《成都大学学报》1985 年第 3 期。

② 滕绍箴:《论清代宁夏八旗驻防及其历史贡献》,《北方文物》1997 年第 4 期,第 70—77 页。

③ 李凤琪:《青州驻防城建城概述》,《满族研究》2002 年第 4 期,第 66—72 页。

④ 吴元丰:《清代伊犁满营综述》,载《满族历史与文化》,王钟翰主编,中央民族大学出版社 1996 年版,第 103—120 页。

⑤ 蒙林:《绥远城城工始建时间考》,《内蒙古社会科学》人文版,1996 年第 2 期。

⑥ 董鉴泓:《中国古代若干特殊类型的城市》,《同济大学学报》(人文社会科学版),1992 年。

⑦ 傅克东、陈佳华:《八旗制度中的满蒙汉关系》,《满族史研究集》,中国社会科学院民族研究所编,中国社会科学出版社 1988 年版。

⑧ 章生道:《城治的形态与结构研究》,载施坚雅主编,叶光庭等译,陈桥驿校《中华帝国晚期的城市》,中华书局 2000 年版,第 100—101 页。

⑨ 辽宁省编辑委员会编:《满族社会历史调查》,《民族问题五种丛书》,辽宁人民出版社 1985 年版。

概言之,目前有关驻防城的研究成果比较贫乏,不仅缺少全面复原驻防城时空结构的著述,而且驻防城的很多重要的问题也是不得而知,更有甚者,有些论述存在着明显的错误。

2. 国外成果

鸦片战争以后,许多随外国入侵军队一道进入我国的记者、传教士、学者等人,对我乍浦、青州等沿海一带的八旗驻防城留下了一些记载和成果①,日本学者近腾富城的《清代归化绥远城市区的形成过程》②是其中相关的一篇,而韩国学者研究成果则以任桂淳的《清朝八旗驻防兴衰史》③为代表。总之,直接研究满城的国外成果颇为有限,很多成果是关于八旗或者驻防等军事方面的内容④。

（二）存 在 问 题

首先,目前的研究未跳出传统的圈子,绝大部分成果将一些驻

---

① D. Tradescan Lay. *A Brief Account of the Manchu Tartars at Cha pu*. Chinese Repository,11. 8,1842;Dennys. N. B. *The Treaty Ports of China and Japan;A Complete Guide to the open Ports of Those Countries*,together with Peking,Yedu,Hong Kong and Macao. 1867.

② 近腾富城:《清代归化绥远城市区的形成过程》,《蒙古学信息》1996 年第 1 期,第 23—27 页。

③ 任桂淳:《清朝八旗驻防兴衰史》,生活·读书·新知三联书店 1993 年版。

④ Wade. Thomas Francis. *The Army of the Chinese Empire;its two great divisions,the Bannermen of National Guard,and the Green Standard or Provincial Troops;their organization,locations,pay,condition*. Chinese Repository,20. 5,May. 1851,250－280;20. 6,June 1851;300－340;20. 7,July 1851;363－422.

防城纳入军事驻防的综合领域进行阐述,以突出驻防城军政方面的内容为主,很少将驻防城抽拣出来,从历史地理角度探析驻防城。即便有些对某一驻防城的发展过程、结构、军事特点等方面的研究成果引人注目,但往往侧重点并未转到地理方面上来。

其次,目前的研究在方法上具有片面性。应该说,驻防城虽然为重要的军事驻防建置,然而一定区域内的诸多驻防城往往形成体系,如新疆满城体系即是例证。因此,片面强调驻防城个体是不够的,只有采取点面结合的方法,既能澄清驻防城本身特征,又可缕析区域驻防城和全国驻防城体系结构,才能使研究深入开展。研究驻防城亦应该采取比较研究,目前驻防城研究多是就某一城或某城的某一问题进行考察,缺乏横向的、同一类型问题的比较研究,这虽然在细节、微观的角度对具体问题有了较为深入的认识,但是却影响到某些规律的总结和对驻防城发展的整体把握。在单体驻防城的研究中,其发展脉络往往能够深入,但是对各个历史时期的不同驻防城缺乏横向比较研究。这种比较研究多以驻防城某一具体领域为对象,更能反映驻防城之间的异同。同样,比较法也适用于区域驻防城的研究。

最后,仅就驻防城自身进行研究,而未综合考虑其区域背景,对驻防城与其他城市的关系或在区域中的影响与作用缺乏认识,研究成果也较少。很多满城作为所依附城市的一部分,或位于城内,或居于城市近郊,与这些城市之间的联系相当紧密。所以,应该将驻防城与所依附城市联系起来进行研究,这样不仅能从驻防城本身来展开分析,而且能通过研究驻防城与所依附城市之间的关系论证驻防城在军事和城市史方面的影响。应该说,上述方面的研究是近年来驻防城研究著述中较为薄弱的内容,也是今后城市历史地理和军事历史地理研究必须关注的视角之一。

三、研究对象和方法

（一）研　究　对　象

1. 研究内容

任何一门科学都有它特定的研究对象。确定研究对象就是确定学科研究所涉及的领域和范围、确定学科研究的特殊矛盾和具体内容。研究驻防城时空结构亦不例外，一方面要分析军事历史地理方面的研究对象；另一方面则需探讨其城市历史地理的相关内容。所以，确定驻防城时空结构的研究内容就需从此两个历史地理分支学科入手。

全书共分七章，主要对驻防城的概念内涵、等级序列和军事实力、时空结构、形制状况、设施和分布、内部结构、典型个案进行论述，着重探讨驻防城的宏观时空发展结构和形制、设施及内部结构。

2. 研究重点

针对上述研究中的不足和驻防城自身特点，全书主要从以下视角探讨之：

（1）鉴于驻防城的军事性质显著，本文的一个重要切入点即是从时空结构的角度深入分析驻防城的时间发展和空间分布情况，揭示畿辅、直省、东北、新疆等不同区域驻防城的创建、发展过程及其特点，探明驻防城区域内和区域间的空间结构，从横向、纵向两方面研究该问题，最终揭示驻防城的历史地理发展规律。

（2）由于驻防城虽然不同于真正意义上的城市，但是一方面因为大部分驻防城与其他城市之间有着不容忽视的联系,并且在发展过程中不断对所依附城市产生很大影响;另一方面驻防城本身就是一个复杂的空间系统,其内部有着具体的功能分区和众多建置,所以有必要从城市历史地理的角度探讨之。本书研究即运用城市历史地理研究方法,对驻防城城进行了系统、细致地研究,内容涵盖形制、设施和分布、内部总体结构、规划思想及原则等内容,在探析时将驻防城与联系紧密的城市结合起来综合考虑。

(3)本书采取点面结合的方法,既探讨典型驻防城的具体情况,又将众多驻防城综合分析,研究区域驻防城和全国驻防城的发展规律,从微观和宏观角度全面辨析。在研究过程中,又运用比较法对比分析驻防城在军事历史地理和类似城市历史地理分支领域内容的异同,再现驻防城的真实面目,这样,不仅可对单个典型驻防城进行很好地把握,而且有助于归纳出驻防城各分支内容发展的一般规律。

3. 研究的时间和空间范围

(1)时间范围

本文的研究时间范围主要是以整个清代为主,自清朝统治者入关迄1911年为清廷的统治时段,也是驻防城兴废的最重要时间范围,所以研究驻防城时空结构以这一时期为主要研究时间范围实有必要。但是仅将时段局限于此,整体把握驻防城历史地理时就会出现困难,这主要是因为探讨驻防城的发展历史及其地理变化,不仅需要追根溯源、从早期满洲统治者兴筑城堡开始研究,而且也要最终探明驻防城在清代以后的变化情况,而这些研究的时间范围向上涉及明末,向下则涉及1911年至1948年。所以,为研究驻防城的形成过程和演变规律,势必将研究时间范围定在明末至1949年以前。

（2）空间范围

研究驻防城历史变迁及其规律性,确定空间范围是至关重要的工作之一。由于驻防城的分布表现出特定的区域性,只有确定统一的空间范围才能很好地进行研究。与驻防相似,驻防城体系表现为区域体系和国家体系两种形式,区域体系包括东北、畿辅、新疆和其他直省驻防城分支系统,这些区域驻防城系统组合在一起又构成了全国驻防城体系。本书主要探讨各区域驻防城时空结构,在此基础上进一步挖掘清代驻防城国家体系的重要特征和规律,通过小区域和大区域相互结合的方法探讨驻防城时空结构的全貌。本书在研究中从宏观上分析的是清代疆域下的驻防城在地方和国家区域范围内的时空结构发展规律,也就是说主要是以清代全国的行政版图作为研究全国驻防城地理分布的空间对象。

清代以来,不仅中国的政区处在不断的变化之中,而且疆域规模及界线皆有所更改,给驻防城历史地理研究增加了难度。在这种情况下,不但要缕清驻防城所在地的行政区划变化脉络,而且要确定固定时段的国家行政版图作为分析的空间对象。以《中华人民共和国全图》作为参照,根据史料并参照谭其骧主编的《中国历史地图集》(清时期),将嘉庆二十五年(1820)和光绪三十四年(1908)的清时期版图作为空间研究对象比较合适。只有这样才能在古今合理地理指标的对比下探索驻防城时空结构规律,为现实服务。

4. 创新点

（1）运用历史地理的时间和空间、宏观和微观、纵向和横向、综合和个案、定性和定量、文献和实地考察相结合的方法,探讨了清代畿辅、直省、东北、新疆及乌里雅苏台、科布多地区的驻防城概念内涵、等级序列和军事实力、时空结构、形制状况、设施和分布、内部结构、太原满城个案等新问题。

（2）从时间序列角度指明了驻防城的发展脉络，从空间剖面角度揭示了区域内和区域间驻防城的空间布局及其特点。并对各区域驻防城的形制、设施和分布以及内部结构等问题作出分析，对驻防城本身进行了微观角度的分析。基本指明驻防城在军事历史地理和城市历史地理方面的主要特征。

（二）研 究 方 法

研究方法决定于学科研究的对象和性质。如前所述，驻防城时空结构所研究的内容涵盖历史军事地理和城市历史地理两个方面，这就决定了既要采用历史军事地理的研究方法，又得借鉴城市历史地理的分析方法。由于历史军事地理学和城市历史地理学所采用的研究方法与现代军事地理学和现代城市地理学的研究方法既有相同之处，又有不同之处，所以驻防城历史地理研究亦可从现代军事地理学和城市地理学中吸取有用经验。又因历史时期军事和城市地理资料来源的局限，使驻防城时空结构研究不得不采取与现代军事地理和城市地理不同的方法，如历史文献学方法、比较方法、空间分析法等。

1. 历史文献资料的搜集与运用

研究驻防城历史地理，复原清代驻防城地理面貌，正如研究历史、科学史一样需要搜集和运用大量历史文献中的第一手资料。"历史地理学家必须研究原始史料，而不能局限于引证历史研究

的现代著作。因此,文献工作是这个专业的专家的基本工作形式
之一。"①但是,浩如烟海的历史文献所提供的直接驻防城资料和
间接驻防城信息,尤其有些区域的驻防城资料残缺不全、支离破
碎,给驻防城时空结构研究带来了一定的困难。于是就给驻防城
时空结构研究提出了广泛搜集、并运用各类历史文献资料的客观
要求。研究驻防城历史地理可被利用的文献及资料基础大致
如下。

　(1)正史、政书、典籍、实录、会要、编年史

　《清实录》、《满洲实录》、《清朝通志》、《清朝文献通考》、《大
清会典》、《大清会典事例》,以及其他很多基础文献中存在大量与
驻防城发展相关的内容或背景资料。这些资料一般来自当时官方
记录,可信度较高。但在利用这些资料之前,要辨别其真伪,对那
些记载相互冲突的资料要进行逻辑考证。只有将同一类资料互相
参照对比,慎重对待模糊的资料信息并认真纠正它们的错误之后,
才可用其来论证论点。运用这些资料信息探讨驻防城时空结构
时,首先需要在搞明白清代驻防城驻防制度的基础上,确定官方驻
防城的发展过程及数量,避免出现错误;其次需要分析驻防城驻防
的社会历史和政治经济背景,确定驻防城在军事驻防以及城市发
展中的地位和作用;最后,对其他诸如驻防城与其他驻防的关系、
驻防城地理等方面的资料也应该合理利用。

　(2)志书

　志书,包括全国地理总志、通志和地方志书。作为重要的区域
性舆地著作,志书含有经济、政治、历史、文化、军事、人口、天赋、食

---

① 　B.C.热库林著,韩光辉译:《历史地理学:对象和方法》,第三章"历史地
理学的方法",北京大学出版社1992年版。

货、人物、艺文等许多方面的原始资料。志书具有较高可信度,往往具备地方官府与地方文人学士合修和当代撰修的特点,一般皆真实具体地载述了当地的军事、社会经济、人口、田赋等事实。在志书中,关于驻防城的记载也较为精详,凡是驻防城所在省、府、州、厅、县等方志,对八旗驻防情况皆有记载。无论是建置之城池部分,还是军事之武备志、驻防志部分,方志的记载皆甚为详细。应该说,作为清代重要的军事驻防形式,驻防城确为方志记载的重要内容之一。并且,方志等级越低,详细程度越高,可资利用的材料也就越丰富。有些方志对驻防城城池、驻防城兵力、官兵饷额等内容记述得非常仔细,有些八旗驻防专门性的志书甚至对驻防城的地理位置、建置经过、官兵数量及其变化、城池的兴废经过、城内空间结构等方面有细致入微的记载。因此,志书可以填补正史以及其他史料有关驻防城记录的缺失,从而为相关问题研究提供便利。

全国性的总志和大区域内的省志等对宏观把握驻防城的时空结构具有难以比拟的优势,而府、厅、县志可为更加详细地研究奠定基础。可以说,记载驻防城的清代、民国和现代方志甚多,为复原和探讨驻防城历史地理规律提供了重要的基础资料。但是应该注意到,地方志书也带有一些弊病。由于编修年代参差不一,有些方志所记载的驻防城时空结构资料缺乏同步性,需要仔细辨明后才能使用,而且有些情况下,不同的志书对同一个问题的记述也存在很大差别,对考证工作提出了更多的要求。

(3)文人官僚的满汉文奏疏以及档案、笔记、文集、谱牒、杂史

这类文献出自清代以来的名士文人之手,多为他们耳闻目睹后的记录,含有许多有价值的驻防城资料信息,对驻防城历史地理研究不无作用。奏疏是官员向帝王陈请事宜、条议是非的官用文

书,很多涉及政治、军事、经济等内容,针对性和真实性颇强。这些资料具有分散性,因而可参照其他资料用之。档案为尚未正式发表的原始书面资料,其中也含有一些驻防城相关资料。例如,清代旗务档案中以佐领为单位的八旗户口册,含有户、口、兵丁、性别、年龄、职业的驻防城人口内容,是研究驻防城的八旗户籍制度及其户口状况的宝贵资料①。另外,笔记、文集、谱牒、杂史等也是研究中的实证资料,对细致反映驻防城时空结构面貌有一定的益处。

(4)实地考察及社会调查资料

典型驻防城所在城市和区域的实地考察和社会调查,对于驻防城时空结构问题的探讨大有裨益。实地考察在历史地理研究中是相当重要的一种方法,同样适用于驻防城历史地理研究。借助有效可行的实地考察和社会调查,不仅能对驻防城有直接的认识,而且能够获得宝贵的相关信息,通过与历史文献相印证加深对问题的理解。虽然大多数驻防城在历史发展中逐渐废圮,但是有些驻防城的某些遗迹仍得以保留,为实地考察提供了可能。社会调查也是搜集资料的一种可行方法,如通过实地调查编辑而成的《满族社会历史调查》(《民族问题五种丛书》)一书,通过对当前满族概况的调查,获得了许多珍贵的驻防城相关信息。

2.其他方法

(1)序列比较和剖面分析法

作为认识客观地理事物的基本逻辑方法之一,比较方法是鉴别的基础,正所谓"有比较才能鉴别"。通过比较和鉴别才能确定客观地理现象之间的异同,才能得到对它们的正确判断和结论。

---

① 韩光辉:《北京历史人口地理》,北京大学出版社 1996 年版,第 14 页。

无论是时间上前后相继的地理事物之间,还是空间上同时并存的地理事物之间,均存在一定的差异性和同一性,可见比较法是在具有相互联系的地理事物之间进行的,彼此孤立的事物无法进行比较,即比较方法的运用要有一定的背景和条件。因此比较法不但可运用于时间上,即比较历史学方法或可称之为时间序列方法;又可运用于空间上,即比较地理学方法或可称之为剖面分析方法①。

　　研究驻防城时空结构,要从历史和地理两个方面进行。采取时间序列方法可对比分析驻防城多方面内容随时间发生的变化及其规律性,而利用剖面分析法则可根据历史资料,确定和复原驻防城的数量、分布、结构,并进行区域差异性分析,阐释形成差异的原因,进而揭示其空间规律性,这样从纵向和横向比较的角度就可以对驻防城时空发展脉络进行清晰地把握,从而加深对驻防城历史地理的研究。

　　(2)定量和定性研究方法

　　定量研究是定性研究的精确化。在没有对事物进行定量研究,弄清数量关系,找到决定事物的质的数量界限以前,对事物的性质的认识只能是初步的、肤浅的,难以对实践提出十分明确而具体的指导,因此定量研究是非常必要的。定量研究的一个重要内容就是数学及其方法的运用,运用定量方法研究驻防城历史地理问题,就是要分别或综合运用各数学分支所提供的概念、方法、技巧乃至逻辑思维方法,去进行与驻防城时空结构有关的数量指标的推导、统计、计算与描述。如对驻防城人口进行研究时,就离不开户口统计与计算的定量研究方法,而探讨驻防城区域差别时,也要运用数据来体现规模、分布特征方面的异同。定量分析是定性

---

① 韩光辉:《北京历史人口地理》,北京大学出版社1996年版,第16页。

研究的基础,通过对某一类型研究内容的定量分析,可透视规律,总结特征,理出清晰的线索,从而达到对事物本质的完全把握。

而定性研究则是指对驻防城质的方面的分析和研究,是对驻防城进行深入细致研究的总结和概括。由于事物的质的差别是最根本的差别,区分事物的质是认识事物的开始,是认识量的前提。所以必须对驻防城进行定性研究,只有如此才能对驻防城时空结构的"质"有一个比较整体性的、解释性的理解。应该说,定量研究和定性研究各有优势和弱点,两者不是相互排斥的,而是互补的,在研究中应该结合使用。

(3)图表分析法

图表的作用是把语言知识和文章内容统一在篇章的立体网络当中。它易懂易操作,因此,驻防城时空结构研究需借助图表来解释和反映地理景观。无论是古地图或现代地图,还是其他图类标识,皆可提供某些直观的信息,一定程度地弥补了文献资料的缺陷。而表格则具有把复杂的内容条理化和系统化的作用,是研究中应受到重视的方法。所以,图表分析法是研究驻防城时空结构的一个重要的方法。

(4)个案研究和复原法

个案研究法,即选取代表性的驻防城作为研究对象,填补驻防城综合研究的不足;复原法,利用文献资料,通过复原驻防城时空发展结构图,真实的展示驻防城的历史地理面貌;另外,还有现代地理学的一些相关研究方法。

第一章 驻防城数量和基本特征

第一节 驻防城概念

清朝在全国设立了很多驻防点,派遣八旗官兵驻防,并为其修建了驻扎兵营。驻防城,就是在驻防营的设立过程中形成的。关于驻防城,很多史料有所记载,如《吉林通志》述及吉林地区建有"宁古塔驻防城"、"白都讷驻防城"、"三姓驻防城"、"阿勒楚喀驻防城"、"珲春驻防城"、"五常堡驻防城"等①,《钦定八旗通志》对驻防城的记载则比较详细,仅驻防"满城"就有十余处之多。此外,许多方志资料中也可见驻防城称谓。可见,清代驻防城的存在是不容忽视的事实(见图1-1)。

关于驻防城的基本情况,《钦定大清会典》的记述相对明确:

"将军若大臣所驻亦如之。将军、副都统、城守尉等,除在省城、府厅县城驻防外,其绥远城、乍浦、庄浪、采育里、凤凰城及吉林、黑龙江将军、副都统、城守尉所驻,并西、北两路将军、参赞、办事、领事大臣所驻,皆专设驻防之城,其衙署等工,并建设如制"②。

"驻防之城"就是驻防城。这条资料对驻防城的记载包括以

---

① 光绪十七年(1891)《吉林通志》卷二十四《舆地志》十二《城池》。
② 《钦定大清会典》卷五十八。

下几个方面的信息:

1. 驻防城主要由将军、副都统、城守尉以及参赞、办事、领事大臣等官员管理所在驻防事务;

2. 大部分驻防城位于省城、府厅县城等地方城市以及吉林、黑龙江和西、北两路;

3. 绥远城、乍浦、庄浪、采育里、凤凰城等属于相对特殊的驻防城,除了采育里外也主要由将军、副都统、城守尉率领。

通过上述分析,再结合清代的官制、行政建置、驻防营建制等内容,可以对驻防城的基本特点作出总结。根据《钦定大清会典》卷四十五《兵部》:"驻防,则受治于将军、都统、副都统、城守尉、防守尉。"将军、都统、副都统、城守尉、防守尉为驻防的主要官员,而从上面材料可知,畿辅、直省等府厅县和吉林、黑龙江大部分驻防城以将军、副都统、城守尉为主要驻防官员,这些官员的级别都在正三品以上,比正四品的防守尉高。所以可以初步认定,省城、府厅县和吉林、黑龙江将军、副都统、城守尉率领的驻防城为驻防城的一个重要部分。

清代在西、北两路设置的将军分别为伊犁将军和定边左副将军,管辖新疆和唐努乌梁海、阿尔泰乌梁海等地;设立参赞、办事、领队大臣的地方包括新疆各区、西藏、青海、科布多、乌里雅苏台等。可以看出,新疆、西藏、青海、科布多、乌里雅苏台或建有将军、参赞、办事或领队大臣等率驻的驻防城。

绥远城、乍浦、庄浪、采育里、凤凰城在清代分别位于山西、浙江、甘肃、畿辅、东北盛京等地,根据上述资料,这些地方也建有驻防城,与省、府、厅、县和吉林、黑龙江地区驻防城的驻防官员级制基本一致。但是文献着重提出,表明这些驻防城应该也有自身的一些特点。

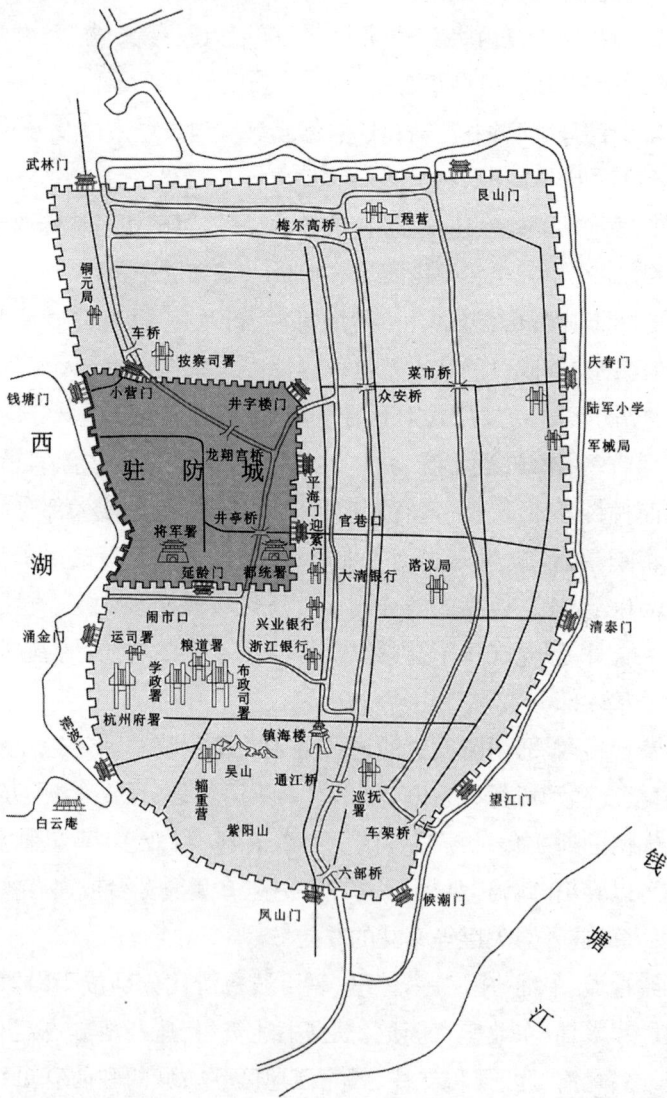

图 1-1 杭州驻防城位置情况示意图

综上,按照《大清会典》所记,可以初步确定驻防城指由将军、副都统、城守尉或参赞、办事、领队大臣所率领的驻防空间,或具有一定级别,主要位于省城、府厅县或者吉林、黑龙江、西北两路以及绥远城、乍浦、庄浪、采育里、凤凰城等地。

在上面论述基础上,还需进一步对驻防城概念作出分析。前述表明,将军、副都统、城守尉和参赞、办事、领队大臣带领的驻防官兵居处的地方一般建有驻防专城,因此只要是上述官员直接管理下的驻防城都是本文研究的主要对象。

值得注意的是,会典描述将军、副都统、城守尉和各大臣率领的驻防都建有驻防之城是概括性的说法,只是指出了大部分驻防城的基本特点。但不能据此认定,驻防城全部是指省府厅县、吉林、黑龙江和绥远城、乍浦、庄浪、采育里、凤凰城城守尉以上官员和西北由将军和参赞、办事、领队大臣等级别的官员率驻的城池。因为,事物总是处于不断的变化之中,驻防城也不例外,随着时间的发展也会出现不同的情况。根据清代驻防的发展变化,驻防城的概念内涵实际更广,建造过程中存在着一些特殊情况。

首先,西藏、青海遣派大臣的地方没有建立驻防城,仅新疆、科布多、乌里雅苏台等设立大臣的地方存在①。其中,新疆地区天山南路的一些驻防城内八旗官兵很少,有的甚至是由绿营专驻的城池②。之所以如此,与新疆地区的军府制有关。军府制是以伊犁将军为核心的军民政合一的制度,全新疆各处的军政、民政两类事务合而为一,统由一套体制进行管理。伊犁将军从职务上来讲,其权力主要在于军事的方面,即"凡乌鲁木齐、巴里坤所有满洲、索

---

① 《钦定八旗通志》卷一百十八《营建志》。
② 同上。

伦、察哈尔、绿营官兵,应听将军总统调遣。至回部与伊犁相通,自叶尔羌、喀什噶尔,至哈密等处驻扎官兵,亦归将军兼管"①。民政在新疆是服务于军事和军队的需要,地方长官必须服从伊犁将军,为军队服务,即"其地方事务,仍令各驻扎大臣照旧办理,如有应调伊犁官兵之处,亦惟咨商将军,就近调拨"②。军府制的建立,表明清朝统一新疆初期,军事统治在新疆地区居首要地位③。在这种情况下,新疆的驻防与别处就不一样,根据《钦定八旗通志》卷一百十八记载,除了八旗专驻城池外,还有一些八旗、绿营共驻的城池,更有甚者,哈密还有绿营专驻城。即是说,新疆的一些驻防城比较特别,少量绿营官兵实际上承担着驻防的作用④,有别于其他地区的驻防城。当然也应该认识到,新疆存在绿营驻防城属于特殊情况,与八旗驻防的性质不冲突。

其次,官员并非界定驻防城的唯一标准。有些驻防城由都统率领官兵驻防,军事特点非常突出,也是驻防城,如天津水师新城就是佐证⑤。另有很多驻防点,城垣具备,与一般意义上的城池不同,具有显著的军事防卫功能,且为独立的驻防城池空间。由于这些驻防所在区域空间也具有驻防城之实,本文将探讨之。虽然这些驻防城的驻防官员级别在城守尉或办事大臣之下,兵员较少,但也为驻防城。这与《大清会典》记载的规制不矛盾。根据上述材料,采育里为典型的驻防城堡,城垣具备,城内由八旗官兵按照八

---

① 《清高宗实录》卷六七三。

② 同上。

③ 秦川:《从惠远城兴建的军事功能看新疆军府制的建立》,《新疆师范大学学报》(哲社版),2003年第4期。

④ 《钦定八旗通志》卷一百十八和《皇朝文献通考》卷一百九十一。

⑤ 《钦定八旗通志》卷一百十七。

旗方位分列驻防,实为驻防城无疑。但是采育里驻防城最高驻防官员的级别在城守尉以下①。因此城守尉以下官员驻防也建有驻防城。

最后,一些驻防城在初建时以驻防功能为主,但是随着民治机构的设立,驻防城在保持驻防作用的同时还具有了一般府厅县等地方城市的特点,成为双重管理机构并存的驻防城。这类驻防城主要存在于东北地区,以盛京最多。

根据上面的分析可以发现,《大清会典》的规定扼要地阐明了驻防城的主要特点,但并不是很全面。实际而言,清代的驻防城具有如下特点:

1. 就官员而言,大部分为将军、都统、副都统、城守尉驻防官员和参赞、办事、领队大臣率驻的空间区域;另有一些驻防城驻防官员级别较低,也由八旗官兵及其家眷居处。

2. 驻防城都具有明显的驻防功能,东北地区有些驻防城在发展过程中驻防作用有所下降,逐渐成为双重管理机构并存的驻防城。

3. 就驻防城驻防官兵类型来说,以八旗为主;新疆、乌里雅苏台、科布多有少量驻防城由八旗和绿营等共驻或绿营专驻。

以上对驻防城主要特点进行了扼要分析,关于各区驻防城的具体特点见下文。

第二节　驻防城数量

与清代驻防的分布区域一致,驻防城主要分布在畿辅、直省、

---

① 《钦定八旗通志》卷一百十七。

东北、新疆四个区域。根据上述驻防城的概念特点,各区驻防城数量不一,兹分述如下(见图1-2)。

一、畿辅地区的驻防城

畿辅地区作为京师的外围防线,是清朝布防的重要区域之一。清代这一区域的驻防点甚多,及至晚清畿辅共有24处驻防点,分别是热河、昌平、固安、采育里、张家口、喜峰口、独石口、古北口、沧州、保定、顺义、三河、东安、良乡、冷口、罗文峪、霸州、玉田、宝坻、雄县、山海关、永平、千家店、密云等处。其中,由城守尉以上官员率领的比较稳定的驻防城共6处,分别是热河驻防城、察哈尔驻防城、沧州驻防城、保定驻防城、密云驻防城和山海关驻防城。采育里驻防城由防守尉,即城守尉以下官员率领。天津、郑家庄等驻防城,也由城守尉以上官员驻防,但在乾隆时裁撤。这些驻防城分布在热河地区、察哈尔、密云县、天津府、保定府、沧州、临榆县、采育里、郑家庄等地。

二、直省地区的驻防城

直省地区也是驻防的重要区域,共有西安、潼关、宁夏、凉州、庄浪、太原、右玉、绥远、归化、开封、青州、德州、荆州、广州、福州、福州水师、江宁、京口、杭州、乍浦、成都21座,分布在西安府(今西安市)、潼关厅(今潼关县)、宁夏府(今银川市)、凉州府(今武威市)、平番县(今永登县)、太原府(今太原市)、右玉县(今右玉县)、绥远厅(今呼和浩特市)、归化厅(今呼和浩特市)、开封府(今开封市)、青州府(今青州地区)、德州(今德州地区)、荆州府

(今荆州市)、广州府(今广州市)、福州府(今福州市)、江宁府(今南京市)、镇江府(今镇江地区)、杭州府(今杭州市)、平湖县(今乍浦镇)、成都府(今成都市)。分别位于今陕西、宁夏、甘肃、山西、内蒙古、山东、浙江、江苏、湖北、福建、广东、四川等省、自治区。

三、东北地区的驻防城

清世祖迁都北京,视陪都盛京为关外的政治军事中心,委正黄旗内大臣何洛会为盛京总管(三年更名盛京昂邦章京),镇守东北地区,在各要冲分派满洲八旗、蒙古八旗、汉军八旗驻防,以此为起点,东北八旗驻防体制和驻防城体系开始发展起来,正所谓"世祖章皇帝入关定鼎,以盛京为留都,设驻防昂邦章京,给总管印镇守其地,并设各城驻防"[①]。当时决定迁都的同时,确立了以盛京城为中心的共计13座驻防城的军事体系,设内大臣1名,统辖全区军政事务[②]。入关以后,盛京地区的驻防城体系不断完善,众多驻防城建立起来,在整个清代共形成了24座比较稳定的驻防城,分布在兴京、辽阳、开原、宁海(金州)、盖平、广宁、抚顺、铁岭、巨流河、白旗堡、小黑山、间阳驿、锦州、义州、小凌河、宁远、中前所、中后所、熊岳、岫岩城、复州、牛庄、凤凰城和旅顺等地。

与盛京一样,吉林、黑龙江等地区的驻防城也逐渐建立完成,根据《吉林通志》记载,吉林地区除了设置民治行政建置的吉林、双城堡驻防城外,明确记载的还有宁古塔、三姓、白都讷、阿勒楚

---

① 《钦定盛京通志》卷五十一。
② 《钦定大清会典事例》卷五四四。

喀、珲春、五常堡、打牲乌拉、富克锦、拉林等地的驻防城①。共设有 11 座,形成了以吉林为中心的驻防城体系。黑龙江地区的驻防城体系,包括齐齐哈尔、墨尔根、黑龙江、旧瑷辉、呼伦贝尔、布特哈、通肯、呼兰、兴安等地的九座驻防城②。

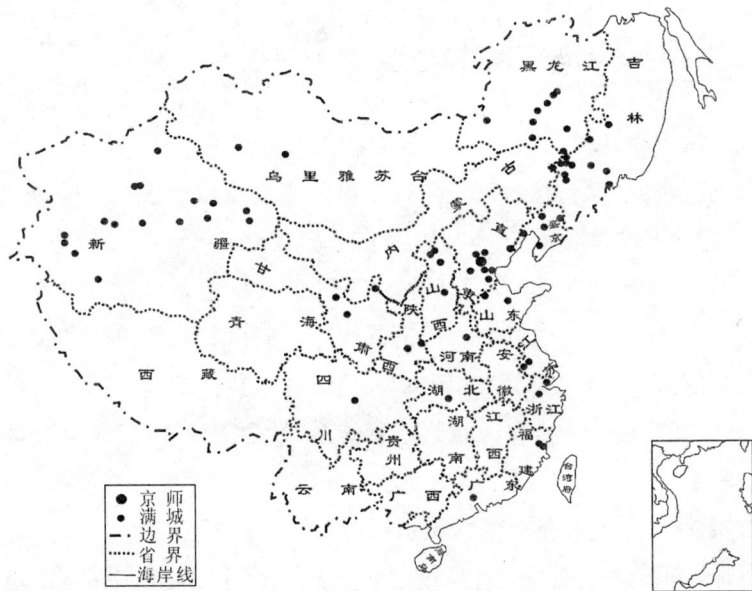

图 1 - 2 清代驻防城分布示意图

注:据嘉庆二十五年(1820)《清时期全图》③绘制,盛京地区驻防城比较密集,难以完全显示,具体情况可见《盛京驻防城分布示意图》。

总之,东北之地的驻防城共计 44 座。这些驻防城与其他规模

---

① 光绪十七年(1891)《吉林通志》卷二十四《舆地志》十二《城池》。

② 《黑龙江志稿》卷四十三《职官志》表[一上]旗官[清]和卷二十六《武备志》兵制[旗兵上]。

③ 谭其骧主编:《中国历史地图集》第八卷《清时期全图二》,1988 年版。

较小的边门互相呼应,共同形成了密集的"以城为纲,而路及边门属之"的驻防城体制①。

四、新疆地区的驻防城

新疆地区驻防城主要包括惠远、惠宁、会宁、巩宁、广安、孚远6座满城和绥靖城、永宁城、阿克苏城、叶尔羌城、和阗城、喀喇沙尔城、英吉沙尔城、徕宁城、库车城、哈密城,共16座,分布在天山南北两路。

另外,新疆之外,乌里雅苏台、科布多地区分别为乌里雅苏台城和科布多城,鉴于两城与新疆地区的驻防城大都建成于乾隆朝,且都位于西北、北部边疆区域,所以将其与新疆驻防城一并论述。

第三节 驻防城基本特征

根据史料记载,清代建有很多驻防城,前文已对驻防城的概念内涵和数量以及大致分布情况进行了阐述,除了概念上的特点,还需要对驻防城其他的一些基本特征进行分析。

一、具有显著的军防特点

首先,驻防城是清代军事驻防的重要组成部分。1644年清军入关,清朝建立起统治全国的政权,定都北京。入关的满、蒙、汉八旗官兵,大部分驻扎京师,建立京营各部,通称"京营八旗"或"京

---

① 《东三省政略》卷八。

旗",以拱卫京师;随着全国的统一,清朝统治者又陆续派八旗兵驻防于全国各地要冲,戍防腹里和边疆。驻防的数量在清中叶以后达到94个,而驻防城,即是在众多驻防的设置过程中产生的,是清代军事驻防建置上的重要内容①。驻防主要由八旗官兵负责,绿营官兵则分散防守,很少驻防,只有新疆实行军府制,建有由满营和绿营共处或绿营单驻的极少数驻防城,另外乌里雅苏台、科布多地区也存在类似情况。所以驻防城主要由八旗官兵驻防,为八旗驻防建置方面的重要内容②,乃清廷出于防卫地区安全需要而设的一种空间形式,具有突出、鲜明的军事性质。驻防城内所驻为八旗官兵,担负着军防使命。如《八旗通志初集》载:"山西太原驻防。顺治六年(1649)设。分府城西南隅为满城。……甲兵五百名内。雍正二年(1724),新增甲兵八十七名,未给房。其原设甲兵,共给房九百七十三间"③,言太原驻防城内有许多八旗甲兵驻扎防守。又如四川成都府驻防,"康熙五十八年(1719)正月,部咨,檄委成都府知府刘世奇,于府城西北隅斜板桥,监造满城一座。六十年(1722)二月完工。……再查城内所设副都统衙署一所……佐领、防御、骁骑校衙署七十二所,共八百八十八间。甲兵营房四千九百八十间。仓房四十间,库房四十间。教场一处,内演武厅三间,照壁一座,将台一座,群房、厨房、马房各三间"④,八旗官员副都统、固山、佐领、防御、骁骑校的官署以及甲兵营房构成驻防满城内部主要建制内容。再如新疆乌鲁木齐之巩宁驻防城,亦

---

① 《钦定八旗通志》卷一百十五、一百十六、一百十七《营建志》。
② 《八旗通志初集》和《钦定八旗通志》之《营建志》皆载东北、畿辅、新疆以及直省的八旗驻防中有很多满城。
③ 《八旗通志初集》卷二十四《营建志》二《八旗驻防衙署营房》。
④ 同上。

专"驻满营官兵"。上述两方面论述证实,驻防城确为清代军事驻防的主要内容之一,由八旗官兵驻守,具有显著的军防特征(也有例外,如杭州驻防城位置易攻难守)。

二、经过详细的规划设计

建造驻防城之前,一般都要经过详细地规划设计①。多数情况下,首先由官员向上题报,经朝廷批准后方能筑造。例如"宁夏驻防。雍正五年(1727)正月,陕西总督岳钟琪题报,宁夏建筑满城,盖造衙署营房"②,"潼关驻防。雍正五年(1727)三月,工部尚书臣李永绍等议准,陕西总督岳钟琪疏称,潼关添设八旗官兵,建筑城(满城)垣,盖造衙署营房"③,"河南开封府驻防。康熙五十七年(1718),河南巡抚杨宗义题准,于开封府城内西北隅,建造房屋,驻扎官兵。……五十八年(1719)筑造满城一座"④;"四川成都府驻防。……康熙五十八年(1719)正月,准兵部咨,檄委成都府知府刘世奇,于府城西北隅斜板桥,监造满城一座。六十年(1721)二月完工"等,皆为实证。

议准之后,地方官员要详细勘察地形,选择适宜的城址进行督建。宁夏盖造驻防城衙署营房等,即是由督臣年羹尧委凤翔府知府赵世朗等督修建筑的。而潼关驻防城于雍正五年(1727)三月由工部尚书臣李永绍等议准、陕西总督岳钟琪疏称后,"原议于潼

---

① 《钦定大清会典》卷五十八:"兴建城垣、衙署、祠庙、仓厫、营汛等工,皆由督抚、将军、大臣等酌定规制奏准,后饬委勘估,造册具题,覆定兴工。"
② 《钦定八旗通志》卷一百十七《营建志》六。
③ 《八旗通志初集》卷二十四《营建志》二《八旗驻防衙署营房》。
④ 同上。

关西门外,接连旧城建造。今经布政司张廷栋同旗员踏勘,潼关西门外之北,逼近黄河,水势泛涨可虑,而城内更无宽间地址。离潼关城西一里许,相近教场处,地势宽广,建筑甚宜。凡置买民屯地亩,修壕筑城,瓮砌女墙,建设城门城楼,造桥开井,盖造城守尉以下各官衙署"①,由于城内空间有限,原欲在潼关城西门外建造,但因此处迫近黄河易受水患,也不宜盖筑,所以选择了潼关城西一里许的地势宽广之地作为城址。因此,潼关驻防城在盖造之前,亦是经过了详细的勘察议证。与此相似,其他诸多驻防城在筑造时也都要经过仔细的踏勘,此不赘述。

驻防城的城址选择是规划设计中比较重要的内容,城址的好坏关系到驻防城存在时间的长短。许多驻防城的城址选择是比较成功的,如西安、杭州等,发展稳定,虽然也出现过驻防城空间不足的情况,但地理位置上的缺陷不明显。而有些驻防城在发展中由于城址选择不合适,曾遭废弃。如潼关驻防城虽然最终坐落在潼关县城西一里许的地势宽广之地,但乾隆二年(1737)城垣、营房最终还是被水冲淹倒塌,城内官兵奉旨撤回西安②。荆州、太原驻防城也曾遭水患③,或重修、或迁址。可见,有些驻防城的选址存在着不足之处。

驻防城大多内部规划结构比较合理,布局井然有序(见第六章《驻防城整体空间结构》)。《八旗通志初集·旗分志二》称:"自顺治元年(1644),世祖章皇帝定鼎燕京,分列八旗,拱卫皇居。镶黄居安定门内,正黄居德胜门内,并在北方。正白居东直门内,

---

① 《八旗通志初集》卷二十四《营建志》二《八旗驻防衙署营房》。
② 《钦定大清会典事例》卷五四三。
③ 光绪《荆州府志》卷九;光绪《山西通志》卷二三。

镶白居朝阳门内,并在东方。正红居西直门内,镶红居阜成门内,并在西方。正蓝居崇文门内,镶蓝居宣武门内,并在南方。盖八旗方位相胜之义。以之行师,则整齐纪律;以之建国,则巩固屏藩。诚振古以来所未有者也",阐述了北京内城八旗布局的有序性。按照这种固定格局,清代的驻防城布局也体现了明确、有序的特色。如黑龙江城、齐齐哈尔城、墨尔根三城初建立时,"城中通衢委巷,皆无名号可称",但是总体分布上仍然充分采纳了与京师一样的八旗分布方位,三城中八旗都有确切的方位:两黄旗北,两白旗东,两红旗西,两蓝旗南,所谓"制如京师,取五行相克意"[①]。

　　除了具有规整的整体布局外,驻防城内的建置也都十分明确、有序。兹略举几例。如密云驻防城(见图1-3),其平面布局就相当规整,城墙、城门、八旗官房的位置比较明了。而江南江宁府驻防城,设将军衙署二十五间,副都统衙署二十间,协领衙署十五间,佐领衙署十二间,防御衙署八间,骁骑校衙署六间,领催、前锋、马甲、营房俱各二间,箭亭,八旗共八座[②],各类建置规模相当明确。又如浙江杭州府驻防城,其城内布局也比较有序,各种建置的规模、占地面积甚为清楚[③],"会议府大小房三十七间,基地六亩七分五厘,将军衙署一百六十四间。基地二十七亩三分。副都统衙署一所,六十二间。基地五亩四分五厘。副都统衙署一所,六十八间,基地八亩七分五厘。副都统衙署一所,五十一间,基地八亩三分二厘。又现拨乍浦副都统衙署一所,九十一间,基地二十二亩三

---

① 《黑龙江外记》卷二。
② 《钦定八旗通志》卷一百十七《营建志》六。
③ 清龚嘉儁修《杭州府志》卷一《图说》之《驻防营城》图。

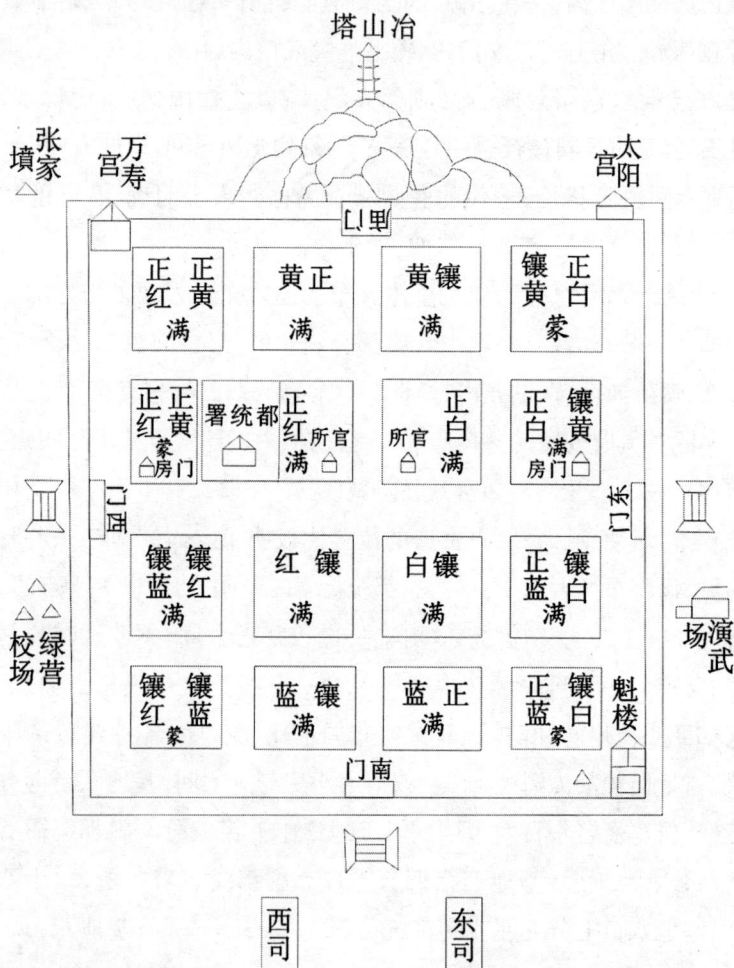

图 1-3 密云驻防城平面结构图(据民国《密云县志》①)

① 民国三年《密云县志》,臧理臣等修,宗庆煦等纂。

分三厘。共计地七十八亩九分。其余披甲兵丁营房,从前原有官给,亦有自造居住。教场在钱塘门内。右卫中前所,广阔二百三十亩,二分零。南粮仓厫一座,雍正八年(1730)建,厫房八十间,大门三间,二门三间,大堂五间,卷篷三间,仓王庙三间,厫厅九间,在江学士碑楼地方。系移驻乍浦副都统衙署改建"①。再以山东青州府驻防城为例,其衙署、营房、学房数量很多,鳞次栉比、错落有致,街道纵横如棋盘②。由是可知,驻防城建置约略可分三部分:一是军事设施,包括教场(训练场)、武器库、演武厅等;二是驻防将军、副都统下至协领、佐领一整套驻防将领的官署;三是兵丁的居住区和各种文化、生活场所③,其名称、数量十分明确,规划布局具有规整的特点(关于驻防城设施,下文详述之)。

综上所述,驻防城确为军事特征突出、经过详细规划的八旗驻防空间。

三、拥有特定的位置关系

参照史籍资料,驻防城与其他城市之间共有三种位置关系。除热河、察哈尔、布特哈等没有固定城池的驻防城外,其他或在选址上具有独立性,或依附于其他城市,与它们之间形成明显的相对位置关系。

第一种:与其他城市之间没有位置上的依附关系。这类驻防城位置上具有独立性,既非处于其他城市内部,也非位于其他城市

---

① 《八旗通志初集》卷二十四《营建志》二《八旗驻防衙署营房》。
② 宫中档雍正十年(1732)十一月偏武奏折与《清社琐记》。
③ 定宜庄:《清代八旗驻防制度研究》,第 165 页。

外近距离处。根据清代正史和方志资料记载,属于此类的驻防城数量颇多,分布在东北盛京、吉林、黑龙江地区以及新疆天山南北路、乌里雅苏台、科布多、直省、畿辅等地,如吉林地区的宁古塔驻防城、白都讷驻防城即是实证①。

第二种:处于府、州、厅县等地方城市之内。此类驻防城数量较多,多为史料所载的满城。就山西太原满城来说,其就位于府城西南隅,东北二方设立栅栏为门为界,计南北长二百六十丈,东西阔一百六十一丈七尺。而浙江杭州府满城也是位于杭州府城内。比较典型的当为陕西西安府满城,起初"自府城北门起,南至城中钟楼止,自钟楼起,东至东门止,修筑界墙,驻扎官兵",后"及康熙二十二年(1683),复增设驻防官兵,建造房屋,因其地不敷,即将城内东南隅余地,修筑界墙,自界墙中咸宁县东边起至府城南墙止,南北长四百六十步,东西宽五百一十三步,又将南界旧墙拆毁,合为满城一座"②,第一次建造时位于府城东北隅,后来虽逐渐拓展,但是仍然位于府城之中。据上,太原、杭州、西安满城等皆位于府城之内,与府城形成了显著的相对位置关系。处于府城之内的驻防城与府城之间所以立栅栏或界墙,主要是为了与府城其他部分分开,保持旗人的独立性③。另外,乍浦驻防城的城中位置可以作为很好的佐证(图1-4)。

---

① 《钦定八旗通志》卷二百十六《营建志》五。

② 《八旗通志初集》卷二十四和《钦定八旗通志》卷一百十七。

③ 许多西方人观察到旗人与汉族分开居住。如 W. A. P. Martin, *The Awakening of China* (Doubleday, Page and Co. , 1907) , p. 200; Lay, G. Tradescant. *A Brief Account of the Manchu Tartars at Chapu.* Chinese Repository 11. 8 (Aug. 1842). S. Wells Williams, *The Middle Kingdom : A Survey of the Geography, Gorvernment, Literature, Social Life, Arts, and History of the Chinese Empire and Its Inhabitants* (London, 1848), Vol. 1, pp. 115-116.

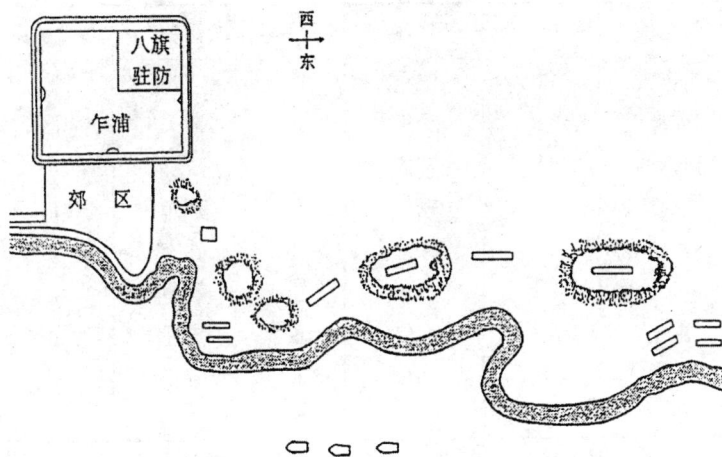

图 1-4　乍浦驻防城城中位置示意图

（据《清朝八旗驻防兴衰史》后附图）

第三种:位于其他城市外近距离处。宁夏驻防城,于雍正三年
(1725)五月完工,离汉城东北三里,后由于乾隆三年(1738)发生
强烈地震,震倒城池和房屋,又在府城西十里处另建一满城,与府
城构成明显的相对位置关系①。山东青州驻防城则位于府城北三
里地方,潼关驻防城处于潼关城西一里许,皆与他城紧邻、形成对
照②。再如凉州、庄浪驻防城都是如此(见表 1-1)。

---

①　据嘉庆张金城、杨浣雨辑:《宁夏府志》卷首《图考》之《满城图》和乾隆元
年(1736)许容等监修《甘肃通志》卷三。

②　《八旗通志初集》卷二十四《营建志》二《八旗驻防衙署营房》。

表1-1　部分驻防城与地方城市位置关系统计表①

驻防城	位置关系	满城	位置关系	满城	位置关系
宁古塔	I	孚远	III	凉州	III
珲春	I	会宁	III	潼关	III
白都讷	I	广安	I	成都	II
三姓	I	密云	III	荆州	II
阿勒楚喀	I	绥远	III	江宁	II
惠远	III	太原	II	杭州	II
惠宁	III	西安	II	乍浦	II
巩宁	III	庄浪	III	青州	III
开封	II	宁夏	III		

注：I-与他城无相对位置关系；II-位于城内；III-位于城外近距离处。

所以，就驻防城与其他城市的位置关系而言，或不紧密，或有联系，而与他城有相对位置关系的驻防城，有些处于其内部（见图1-5），有的则位于城外，彼此之间有着密切关系。

四、大部分筑有明确的城墙

一方面出于驻防需要，一方面为了与其他城市分开，除了没有建造固定城垣的特殊驻防城外，很多驻防城周围都有城垣、界墙等隔离屏障。

上述属于第一种位置关系类型的驻防城周围皆建城垣以加强戍卫，如宁古塔驻防城"所有旧城是桅木隔石铸造"，周围"五百八

---

① 《钦定八旗通志》卷一百十六、一百十七、一百十八。

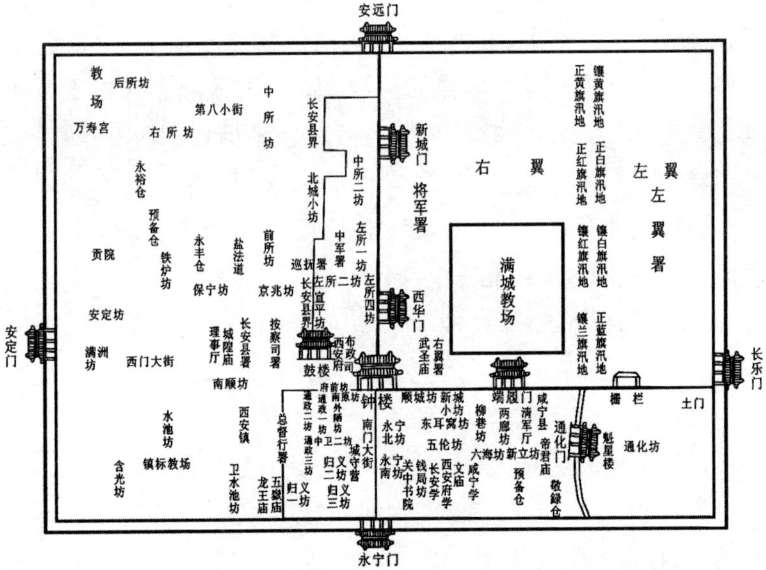

图 1-5 西安满城位置图(据《咸宁县志》卷一重绘)

十五丈",白都讷驻防城建设"城垣周围一千三百五十丈,计七里半"①,城垣具有一定规模。而其他此类驻防城也都如此,不再赘述。

位于城内的驻防城亦都围有城垣、界墙类隔离物。湖北荆州满城,位于府城以东,东、南、北三面为府城城墙,西面则筑有界墙与汉城分开②。四川成都满城,"计城垣周围八百一十一丈七尺三寸,高一丈三尺八寸。底宽五尺,顶宽三尺。城楼四座,共十二

---

① 《钦定八旗通志》卷一百十六《营建志》五。
② 清光绪顾嘉蘅等纂:《荆州府志》卷八《城池》和《钦定八旗通志》卷一百十七《营建志》六。

间"①,河南开封"(康熙)五十八年(1719)筑造满城一座,周围六里,四面土墙,高一丈,东西南三门。南门城楼三间,东西二门,城楼各一间"②,皆通过城墙作为屏障。而山西太原满城位于西南隅,其"东北二方,设立栅栏为门为界",借助栅栏和西、南两面城墙形成隔离。

位于城外近距离处之驻防城也不例外。如宁夏满城就筑有独立的城垣,其距汉城东北三里,周围六里三分,大城楼二十间,瓮城楼十二间,角楼十二间,铺楼八间,并且"城墙包砖";潼关满城"城壕宽二丈,城墙高一丈八尺。基宽一丈六尺,顶宽八尺"③,都盖造专门城垣与汉城分开。

通过上述论述可以得出结论,驻防城一般具有突出的军事性质,经过详细规划后建造而成,大部分与其他城市之间存在三种位置关系,且筑有城垣、界墙等。

小　　结

驻防城,指一定规模的、主要由八旗官兵驻防的军事功能突出的驻防空间。主要分布在畿辅、直省、东北、新疆以及乌里雅苏台、科布多地区,各地区驻防城的数量不一。驻防城具有一定的特征:军防特点显著;经过规划设计;有特定位置关系;除了城池不确切的驻防城外,大部分驻防城造建了城垣、界墙。

---

① 《八旗通志初集》卷二十四《营建志》二《八旗驻防衙署营房》。
② 同上。
③ 《八旗通志初集》卷二十四《营建志》二《八旗驻防衙署营房》和《钦定八旗通志》卷一百十七《营建志》六。

第二章　驻防城管理结构和军事实力

第一节　驻防城管理结构

一、驻防城组织系统

驻防城驻防组织系统,指驻防城内部的驻防主官、属员层次、职责分工及其相互关系。主要是以将军和城守尉、防守尉为主官的两大基本系统。

(一)将军为驻防城最高驻防长官者

根据驻防民族构成不同而有别。

第一,满、蒙八旗驻防城内下设副都统,副都统下辖协领,协领下辖佐领、防御、骁骑校等官。各官数量不一(见图2-1)。

第二,汉军八旗驻防城内下设副都统,管辖协领、参领,协领、参领管辖防御、骁骑校下级官员。如杭州、福州驻防城就是如此(见图2-2)。

第三,其他八旗。实行总管制,每旗设总管、副总管,下辖佐领、骁骑校等,规模大者总管上置副都统、领队大臣等。如呼伦贝尔即是(见图2-3)。

```
        ┌──────────┐
        │  副都统   │
        └──────────┘
             │
        ┌──────────┐
        │  协领     │
        └──────────┘
             │
   ┌─────────┼─────────┐
┌────────┐ ┌────────┐ ┌────────┐
│  佐领  │ │  防 御 │ │ 骁骑校 │
└────────┘ └────────┘ └────────┘
```

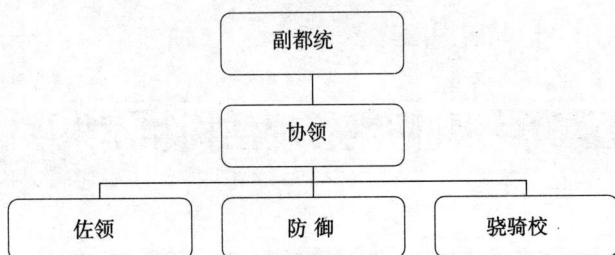

图2-1　满、蒙八旗组织结构图

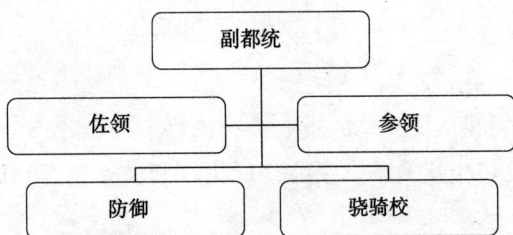

```
        ┌──────────┐
        │  副都统   │
        └──────────┘
       ┌────┴────┐
┌────────┐     ┌────────┐
│  佐领  │     │  参领  │
└────────┘     └────────┘
       ┌────┴────┐
┌────────┐     ┌────────┐
│  防御  │     │ 骁骑校 │
└────────┘     └────────┘
```

图2-2　汉军八旗组织结构图

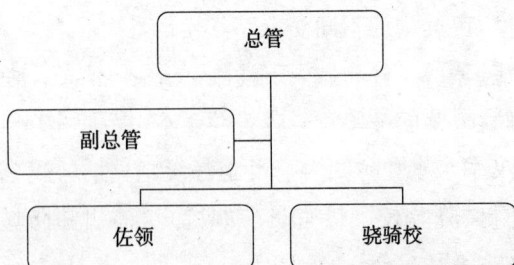

```
        ┌──────────┐
        │   总管    │
        └──────────┘
             │
┌────────┐   │
│ 副总管 │───┤
└────────┘   │
       ┌─────┴─────┐
┌────────┐     ┌────────┐
│  佐领  │     │ 骁骑校 │
└────────┘     └────────┘
```

图2-3　其他八旗组织结构图

（二）城守尉或防守尉为驻防城最高驻防长官者

下设防御、佐领和骁骑校。根据赵生瑞先生研究，这类驻防城佐领、防御、骁骑校的比例一般为：佐领+防御＝骁骑校或三者相等。如保定、沧州、太原、德州城守尉所辖均为防御、骁骑校各4名，兵丁各500—600名。盛京地区各城守尉所管多为佐领、防御、骁骑校等官员。① 防守尉管理下的驻防城主要位于东北。

另外，有些驻防城为执行特定任务的兵营，如水师营，一般以协领或参领为统辖官员，下辖佐领、骁骑校若干，有的则在协领上又委以副都统，如乍浦水师驻防城就是佐证。新疆很多驻防城为绿营、八旗共驻或绿营单驻，最高官员为参赞、办事或领队大臣，下辖绿营和八旗换防官员，情况较为特殊。

以上为驻防城的主要组织系统，另有其他各级机关，如将军、副都统下均设有印房和左、右二司。区域不同，各级机关的设置也不尽相同，这里不再赘述。

二、驻防城级别

每一座驻防城都有最高驻防官员，级别有相同者，有不同者。驻防城最高官员的级别可以看作是所在驻防城的级别。根据《钦定盛京通志》记载："自将军而下，其最重且要者，则设副都统驻扎，次则城守尉驻防，次则佐领、骁骑校驻防。盖城守尉隶副都统，协领、佐领隶城守尉，骁骑校等员复隶协领、佐领，而皆统隶于将

---

① 赵生瑞：《清代营房史》，第30页。

军。其设官之数,皆准设兵多寡,因地异宜。"①驻防将领品级之高低,是驻地重要程度的标志,是兵丁数量多寡的标志,更是驻防城规模大小的标志。所以驻防城的级别基本上可以通过直管最高驻防官员的级别来反映。

驻防城的级别可以分为城守尉以上和以下两种,城守尉以上包括将军、都统、副都统、城守尉、参赞、办事、领队大臣等级别(见图2-4),城守尉以下包括协领、防守尉、佐领、防御等级别(见图2-5)。前面已经论述,因为很多驻防城的最高官员不断调换,所以很难将驻防城的级别固定下来,只能阐明曾设置过的最高官员的情况。

设置过将军的驻防城包括:西安、绥远、宁夏、京口、成都、青州、吉林、齐齐哈尔、黑龙江、惠远、乌里雅苏台、凉州、江宁、荆州、杭州、福州、广州、宁古塔、墨尔根,将盛京计算在内共20处,其中,京口、青州、黑龙江、凉州、宁古塔、墨尔根等后来都裁撤,因此至晚清时共14座将军驻防城(包括盛京)。

曾以副都统为最高官员的驻防城包括:密云、庄浪、京口、乍浦、成都(后改为将军)、青州、熊岳(后改防守尉)、兴京、金州、吉林(后改将军)、白都讷、三姓、阿勒楚喀、双城堡、黑龙江、呼伦贝尔、兴安(副都统衔总管)、塔尔巴哈台、巴里坤会宁、古城孚远、乌什永宁、通肯、布特哈、呼兰、墨尔根、拉林、珲春、宁古塔、锦州、归化城、山海关等,其中晚清时仍由副都统率领的驻防城分别是密云、京口、乍浦、青州、兴京、金州、白都讷、三姓、阿勒楚喀、双城堡、黑龙江、呼伦贝尔、兴安(副都统衔总管)、塔尔巴哈台、和阗、通肯、呼兰、墨尔根、拉林、珲春、宁古塔、锦州、凉州、归化城、山海关。

---

① 《钦定盛京通志》卷首。

曾以城守尉为最高驻防官员的驻防城包括保定、郑家庄、庄浪、太原、凤凰城、兴京、义州、广宁、金州、齐齐哈尔、古城孚远、呼兰、复州、开原、盖州、岫岩、锦州、潼关、沧州等,其中晚清仍由城守尉驻防的为保定、庄浪、太原、凤凰城、义州、广宁、古城孚远、复州、开原、盖州、岫岩、辽阳、德州等。

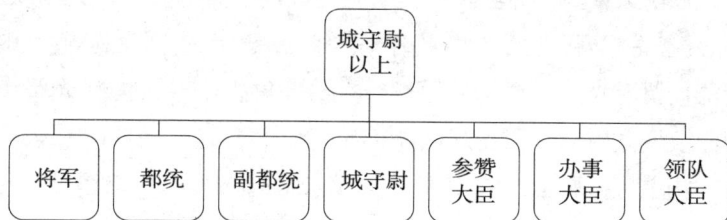

图2-4　城守尉以上官员率驻的驻防城级别示意图

以协领、参领为最高驻防官员的驻防城包括福州水师、三姓、阿勒楚喀、双城堡、五常堡、齐齐哈尔、富克锦、打牲乌拉、拉林、珲春、旅顺等,其中晚清仍由协领驻防的为福州水师、双城堡(光绪八年总管裁后设)、五常堡、富克锦、打牲乌拉、旅顺等。

防守尉为最高驻防官员的驻防城包括采育里、熊岳、牛庄、广宁、铁岭、盖州、沧州,其中晚清仍然由防守尉驻防的驻防城包括防守尉、熊岳、牛庄、铁岭、沧州。

佐领曾为最高驻防官员的为凤凰城、牛庄、义州、巨流河、小黑山、小凌河、中后所、旧爱辉、中前所、闾阳驿、白旗堡、岫岩、开原、辽阳、宁远等城,晚清仍由佐领驻防的为巨流河、小黑山、小凌河、中后所、旧爱辉、中前所、闾阳驿、白旗堡、宁远等城。

以参赞大臣为最高驻防官员的包括塔尔巴哈台绥靖城、叶尔羌、乌鲁木齐[乾隆三十七年(1772)设,三十八年改都统]、科布多、乌什永宁、喀什噶尔徕宁,清末仍由参赞大臣驻防的为塔尔巴哈台(光绪十四年副都统裁撤前)、叶尔羌、科布多等。

办事大臣为最高驻防官员包括和阗、库车、叶尔羌、喀什噶尔徕宁、乌什永宁、阿克苏、喀喇沙尔、哈密,晚清仍为最高官员的为库车、乌什永宁、喀喇沙尔、哈密等。

领队大臣为最高驻防官员的驻防城包括英吉沙尔、巴里坤会宁、吐鲁番广安、古城孚远、喀什噶尔徕宁、惠宁城、阿克苏等,其中晚清仍留者为英吉沙尔、巴里坤会宁、吐鲁番广安、古城(光绪十一年改城守尉前)、阿克苏、喀什噶尔、惠宁等城。

据上可以看出,将军级驻防城在东北、直省、新疆、乌里雅苏台等地,参赞、办事、领队大臣等管理的驻防城主要分布在新疆、科布多等地。

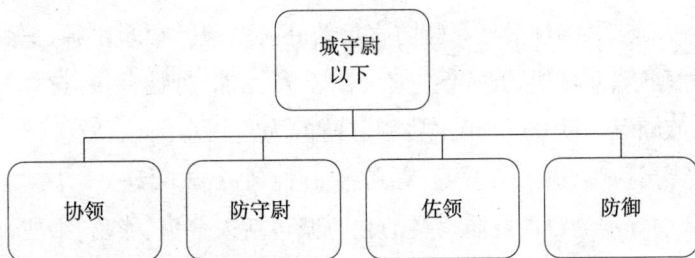

图2-5　城守尉以下官员率驻的驻防城级别示意图

三、驻防城管理体系

由于驻防城驻防官员的级别不同,各驻防城的级别也不同,而且驻防城最高官员与别的驻防城官员之间往往存在隶属关系,形成不同的等级规模结构,与此一致,大部分驻防城也就形成了一定的管理序列体系。

由于驻防城的最高驻防官员多有变化,所以管理体系也会变化。笔者拟以光绪朝为准,对驻防城的管理系统作出统计,其中晚清以前已废止的驻防城则以废止时的隶属关系作为参照,见表2-1。

(一) 畿 辅 地 区

驻防城之间的管理系统比较简单。密云、热河、山海关为单独驻防城,没有形成驻防城体系;保定、采育里、沧州则由京师左翼、右翼大臣统辖管理;郑家庄、天津水师废止较早。总体上序列体系不甚明显。

(二) 直 省 地 区

西安、宁夏、荆州、成都、广州等驻防城将军没有兼辖其他驻防城官员,未形成驻防城等级序列。绥远城将军则分管归化、右玉驻防城;凉州副都统管理庄浪城守尉;江宁将军兼管京口副都统;杭州将军兼管乍浦驻防城副都统;福州将军兼管福州水师协领;青州副都统兼管德州城守尉,形成了由两城或三城构成的驻防城序列。

(三) 东 北 地 区

东北驻防城管理体系非常整齐。盛京将军、吉林将军、黑龙江将军都统辖着级别不同的驻防城。

1. 盛京地区

盛京将军下辖金州、锦州、兴京等副都统级驻防城,三者又下辖一定的驻防城。金州副都统兼辖熊岳防守尉、盖州、复州城守尉、旅顺协领等。

锦州副都统分辖宁远佐领、义州以及小凌河、中前所、中后所驻防城佐领。

兴京副都统:凤凰城城守尉、开原城守尉、抚顺防御;开原城守尉下辖铁岭防守尉。

辽阳城守尉、牛庄防守尉、岫岩城守尉、广宁城守尉,隶属盛京将军,广宁城守尉兼辖巨流河、白旗堡、小黑山、间阳驿等城佐领。

2. 吉林、黑龙江地区

吉林将军、黑龙江将军兼辖其余各城驻防最高官员,分别形成了以将军所在吉林城和齐齐哈尔城为首的驻防城管理序列。

3. 新疆、乌里雅苏台、科布多地区

一般以将军为最高统率,兼管由都统、城守尉或各大臣直接管理的驻防城。

表2-1　驻防城最高驻防官员和隶属关系统计表

驻防城	最高直接管理官员	上级隶属官员	晚清最高直接管理官员	晚清上级隶属官员	驻防城	最高直接管理官员	上级隶属官员	晚清最高直接管理官员	晚清上级隶属官员
采育里	防守尉	稽查小八处大臣、左翼大臣巡查	防守尉	左翼大臣	沧州	城守尉	天津水师都统、稽查小八处大臣、左翼大臣	防守尉	左翼大臣

驻防城	最高直接管理官员	上级隶属官员	晚清最高直接官员	晚清上级隶属官员	驻防城	最高直接管理官员	上级隶属官员	晚清最高直接管理官员	晚清上级隶属官员
保定	城守尉	稽查小八处大臣、右翼大臣巡查	城守尉	右翼大臣	山海关	总管、副都统	无	副都统	无
郑家庄	城守尉	乾隆三十二年(1767)废			天津水师	都统	乾隆三十二年(1767)废		
密云	副都统	无	副都统	无	热河	都统	无	都统	无
西安	昂帮章京、将军	无	将军	无	潼关	城守尉	乾隆二年(1737)废		
绥远	将军	无	将军	无	归化城	都统、副都统	绥远将军	副都统	绥远将军
宁夏	将军	无	将军	无	凉州	将军、副都统	无	副都统	无
庄浪	副都统、城守尉	无	城守尉	凉州副都统	江宁	昂帮章京、将军	无	将军	无
京口	将军、副都统	无	副都统	无	荆州	将军	无	将军	无
成都	副都统、将军	无	将军	无	杭州	将军	无	将军	无
乍浦	副都统	无	副都统	无	福州	将军	无	将军	无
福州水师	协领	福州将军	协领	福州将军	广州	将军	无	将军	无
太原	城守尉	山西巡抚	城守尉	山西巡抚	德州	城守尉	初青州将军、后青州副都统	城守尉	副都统
青州	将军、副都统	无	副都统	无	五常堡	协领	吉林将军	协领	吉林将军
熊岳	副都统、防守尉	盛京将军	防守尉	金州副都统,由将军统辖	锦州	城守尉、副都统	盛京将军	副都统	盛京将军
凤凰城	佐领、城守尉	兴京副都统	城守尉	兴京副都统	宁远城	佐领	锦州副都统	佐领	锦州副都统
兴京	城守尉、副都统	盛京将军	副都统	将军	辽阳	佐领、城守尉	盛京将军	城守尉	盛京将军

— 51 —

驻防城	最高直接管理官员	上级隶属官员	晚清最高直接管理官员	晚清上级隶属官员	驻防城	最高直接管理官员	上级隶属官员	晚清最高直接管理官员	晚清上级隶属官员
牛庄	佐领、防守尉	盛京将军	防守尉	将军	岫岩	佐领、城守尉	盛京将军	城守尉	将军
义州	佐领、城守尉	锦州副都统	城守尉	锦州副都统	盖州	防守尉、城守尉	金州副都统	城守尉	金州副都统
广宁	防守尉、城守尉	盛京将军	城守尉	盛京将军	开原	佐领、城守尉	兴京副都统	城守尉	兴京副都统
金州副都统	城守尉、副都统	盛京将军	副都统	盛京将军	复州	城守尉	金州副都统	城守尉	金州副都统
铁岭	防御、防守尉	开原城守尉	防守尉	开原城守尉	抚顺	防御	兴京副都统	防御	兴京副都统
巨流河	佐领	广宁城守尉	佐领	广宁城守尉	白旗堡	佐领	广宁城守尉	佐领	广宁城守尉
小黑山	佐领	广宁城守尉	佐领	广宁城守尉	间阳驿	佐领	广宁城守尉	佐领	广宁城守尉
小凌河	佐领	锦州副都统	佐领	锦州副都统	中前所	佐领	锦州副都统	佐领	锦州副都统
中后所	佐领	锦州副都统	佐领	锦州副都统	旅顺	协领	熊岳副都统	协领	熊岳副都统
吉林	副都统、将军	无	将军	无	宁古塔	将军、副都统	无	副都统	吉林将军
白都讷	副都统	吉林将军	副都统	将军	珲春	协领、副都统	吉林将军	副都统衔协领、副都统	吉林将军
三姓	协领、副都统	吉林将军	副都统	吉林将军	拉林	协领、副都统	吉林将军	副都统	吉林将军
阿勒楚喀	协领、副都统	吉林将军	副都统	吉林将军	打牲乌拉	协领	吉林将军	协领	吉林将军
双城堡	协领、副都统衔总管	协领由阿勒楚喀副都统兼辖	协领、副都统	协领由阿勒楚喀副都统兼辖	富克锦	协领	三姓副都统	协领	三姓副都统
齐齐哈尔	参领、城守尉、副都统、将军	无	将军	无	墨尔根	将军、副都统	无	副都统	黑龙江将军
黑龙江	将军、副都统	无	副都统	黑龙江将军	呼兰	城守尉、副都统	黑龙江将军	副都统	黑龙江将军

驻防城	最高直接管理官员	上级隶属官员	晚清最高直接管理官员	晚清上级隶属官员	驻防城	最高直接管理官员	上级隶属官员	晚清最高直接管理官员	晚清上级隶属官员
呼伦贝尔	统领、副都统衔总管、副都统	黑龙江将军?	副都统衔总管、副都统〔光绪七年(1881)改〕	黑龙江	布特哈	总管、副都统、总管	黑龙江将军	总管、副都统、总管	无
旧爱辉	佐领	黑龙江将军	佐领	将军	通肯	副都统	黑龙江将军	副都统	黑龙江将军
兴安	副都统衔总管	将军	副都统衔总管	将军	惠宁城	领队大臣	将军	领队大臣	将军
惠远城	将军	无	将军	无	喀什噶尔徕宁	参赞、办事、领队大臣	将军	领队大臣	将军
塔尔巴哈台绥靖	参赞大臣、副都统	将军	参赞大臣、副都统	将军	乌什永宁	副都统、参赞、办事大臣	将军	办事大臣	将军
英吉沙尔	总兵官领队大臣	由喀什噶尔办事大臣兼辖,统辖于将军	领队大臣	由喀什噶尔办事大臣兼辖,统辖于将军	阿克苏	办事、领队大臣	曾由乌什参赞大臣兼辖,统于将军	领队大臣	将军
叶尔羌	办事、参赞大臣	将军	参赞大臣	将军	喀喇沙尔	办事大臣	将军	办事大臣	将军
库车	办事大臣	将军	办事大臣	将军	哈密	办事大臣	将军	办事大臣	将军
和阗	办事大臣、副都统	曾由叶尔羌城办事大臣兼辖,统于将军	副都统	曾由叶尔羌城办事大臣兼辖,统于将军	古城孚远	领队大臣、副都统、城守尉	乌鲁木齐都统	领队大臣、城守尉(光绪十一年)	乌鲁木齐都统
乌鲁木齐巩宁	参赞大臣、都统	将军	都统	将军	吐鲁番广安	领队大臣	乌鲁木齐都统	领队大臣	乌城都统
巴里坤会宁	领队大臣、副都统	乌鲁木齐都统	领队大臣	乌城都统	科布多	参赞大臣	定边左副将军	参赞大臣	定边左副将军
乌里雅苏台	定边左副将军	无	定边左副将军	无					

第二节　驻防城军事实力

驻防城人口是一个复杂的问题,值得探讨的内容非常丰富。其人口构成不仅包括八旗官兵,还有家眷,而且,新疆诸如叶尔羌、塔尔巴哈台等驻防城由于驻防功能突出,城内不仅包括八旗人员,还有绿营兵种,人口成分较多。很多驻防城虽然在初立时城内人口主要为八旗官兵及其家眷和非军职旗人杂工及闲散人员①,但是由于民治机构的发展及人口的流动,人口构成更加错综复杂。有的增加了大量汉人平民,有的则商业发展较快,商人逐渐成为一股重要的居民群体。还有很多其他情况存在,如年龄构成、性别构成、兵丁比、户量等问题在不同的驻防城内的情况不同。这些问题无法一言以蔽之。鉴于这种情况,笔者对于该问题将不展开分析,就驻防城在由清一代的综合军事实力为主要研究对象,同时对各驻防城之间兵员的调动、迁移进行研究。这样有利于加深对驻防城的认识,揭示驻防城在驻防兵员规模,即军事实力上的不同,进而阐明驻防城之间的主要联系。而其他诸多问题,待以后挖掘资料进一步探明。

关于驻防城综合军事实力的比较,也需要说明一下。根据以上论述,大部分驻防城是在乾隆六十年(1795)以前完成建立,少量建成于乾隆六十年之后,其中光绪朝数量较多。辛亥革命后,清朝军事实力一落千丈,驻防体系遭到破坏,大部分驻防城也就不复存在,逐渐消失在历史的长河中。所以,驻防城在辛亥革命以前的

---

① 任桂淳:《清朝八旗驻防兴衰史》,第73页。

发展实际上可以分为两个大的时间段,即乾隆以前和乾隆以后。其中,乾隆以前为驻防城的建立发展时期,乾隆以后的同治之乱对驻防城的负面影响不容忽视,很多遭到破坏,后来在光绪朝得以恢复,所以后者也有两个不同的发展阶段,即同治乱前和乱后,乱前为驻防城的稳定时期,乱后则是驻防城的破坏恢复时期。可见清代驻防城的发展过程是曲折复杂的。在这种变化下,很多驻防城官兵的调动也很频繁,难以用完全固定的标准、模式概括,考虑到这种情况,本文主要根据《清实录》、《钦定大清会典》、《大清会典则例》、《钦定八旗通志》、《八旗通志初集》的记载,以地区为类,对比驻防城顺治、康熙、雍正、乾隆、嘉庆、道光、咸丰、同治、光绪各朝的主要官兵数量,以史料记载的驻防城废止前最近时期较为稳定的官兵量为据,实际上就是以大部分官员和兵员数量在经过各种调整之后的近乎是最后的数额为准。乾隆以前废止的以最后官兵数额为准,乾隆以后废止的主要以晚清,即光绪朝为准,其中光绪二十五年(1899)是截止时间。之所以如此,是因为大部分驻防城官兵数量的变化频繁,以其他时期为准不甚合适,只有以调整后的最后时期的驻防官兵数额来反映该驻防城的军事实力较为妥贴,也更有说服力。毕竟清朝在经历各种变化之后,驻防城最终保持着的官兵数额更能反映朝廷重视的程度。

举例来说,荆州驻防城在康熙时期设立后,将军、副都统、防御、骁骑校等官员及兵丁数量在清代变化较小,仅协领、佐领在雍正元年(1723)分别增2名和减2名,所以反映军事实力的官兵数量就以雍正元年(1723)调整后并保持到光绪朝的数额为准。

这种方法是考虑到各种原因后所选择的综合研究方法。

一、军 事 实 力

(一)驻防城官兵类型

1. 主要官员

关于驻防城的组织系统以及官兵类型,前文已经阐述。这里就驻防城的主要官员及其级别情况作一阐述,为下文的官兵数量的比较研究作铺垫。

(1)三品以上

将军。驻防城八旗中的最高长官,从一品,专由满人充任。全国曾先后设置了 18 处,右玉、青州、凉州、京口 4 处裁撤后,清末实存 14 处,其中盛京、吉林、黑龙江、乌里雅苏台、绥远、伊犁主要位于东北、内外蒙、新疆等地区,其余分布在内地直省地区①。

都统。从一品,与将军品级相同,部分驻防城为最高军政长官。天津、归化、热河、乌鲁木齐巩宁等驻防城都曾由都统管理各项军政事务。尤其乌鲁木齐都统,原受伊犁将军节制,后来成为"统辖满汉文武官员,督理八旗、绿营军务,总办地方刑钱事件"②的地方最高军政长官。

副都统。正二品,在将军辖区内的驻防城副都统,由将军兼辖;非将军辖区的,为驻防城最高军政长官。

副都统衔总管。正二品,东北地区的一些驻防城内建置,如双城堡城。

---

① 赵生瑞:《清代八旗营房史》,第 23 页。
② 《三州辑略》,嘉庆十年抄本。

城守尉。正三品,至清末共 16 名。隶属关系上,位于将军、副都统管辖范围内的驻防城城守尉分别由将军、副都统兼辖。设置城守尉的驻防城所在地区没有将军、副都统等上级官员的,如太原、开封,由巡抚节制,沧州、保定由京城特派的左右翼大臣管辖,情况不一。另外,先后设置过城守尉官员的还有盛京、黑龙江以及西安将军所属的潼关等驻防城。

参领。正三品,一般为汉军八旗所在驻防城内设有,如杭州、福州。

总管。正三品,管理的驻防城相对较少,有的初设后改制,如山海关驻防城,起初由总管统辖,后来改为副都统管理。

协领。从三品,有的为将军或副都统管理下的驻防城内分管一旗官兵或分掌部分机关事务的协助将领,有的专辖有驻防城。

(2)正四品以下

防守尉。正四品,管辖下的驻防城包括盛京将军辖区的牛庄、熊岳和铁岭三城。

佐领。正四品,为管理驻防城八旗佐领单位军政事务的基层主官,一般隶属于协领及以上官员。专门由佐领作为最高直接管理官员的驻防城在新疆、直省、畿辅地区未设,仅存在于东北地区的盛京、吉林等区的一些驻防城体系中。

副总管。正四品,仅在少数驻防城内存在。

防御。正五品,职责与佐领同,但统兵数量较少。或与佐领并设,或不设佐领只设防御。

骁骑校。正六品,是佐领的副手,数额与佐领相同。

笔帖式。是驻防城行政人员的一类,一般为通过了翻译考试的旗人。也像位居其上的官员一样,以七品至九品的品级划分,以此来表明其在政府中的地位。只属行政部门,不属军队①。

此外还有一些其他官员,如水师营、护军营、步兵营等相关官员以及其他诸如印房章京、官粮饷、驼马官等。

以上为驻防城涉及的主要驻防官员,由于驻防城的不同,各种官员的设置类别及其数额既有一致的地方,也存在着一定的差异。

2. 兵丁类型

驻防城驻防兵丁,根据来源、饷额②的不同,可以分为 5 种类型。

(1)领催、前锋、护军

领催经管档案登记和俸饷支领等基层机关事务,每佐领下 5 人,由优秀马甲和闲散中挑补。前锋、护军由技艺精湛的马甲、养育兵中挑补。月饷 3 两,岁米 30 石。

(2)马甲

有马兵、骑兵、骁骑等称谓,由本佐领下布甲、养育兵、匠役和闲散中挑补。月饷 2 两,岁米 30 石。

(3)步甲、炮甲

步甲,或称步兵、步军。炮甲为专门管理火炮的步甲。都由户下人、另户、闲散中挑补③。月饷 1 两,岁米 3.6 石。

(4)匠役

分弓、箭、鞍、铜、铁等类。也由另户、户下人、闲散中挑补。月

---

① 《驻粤八旗志》卷五;《杭州八旗驻防营志略》卷十五。
② 陈峰:《清代军费研究》,武汉大学出版社 1992 年版,第 32、34 页。
③ 最早八旗正身旗员的户籍为正户。正户子弟成丁分户另住称正身另户,或称另户。

饷 1 两,岁米 9 石。

(5)养育兵

由于清军的数额与日俱增,有些驻防城内形成了大批生活无着的余丁,养育兵就是根据这些人员而抽建的预备兵。由闲散、另户和骁骑子弟中挑补。

(二)各地区驻防城军事实力比较

1. 军事实力统计

下文首先对驻防城的官兵实力以及乾隆六十年(1795)官兵数量进行列表统计,然后进行比较,对其中的一些特点进行了说明。统计军事实力时,主要依据《钦定大清会典事例》、《钦定大清会典》以及《钦定八旗通志》和其他一些方志等史料,畿辅、直省、东北地区的主要根据会典和会典事例,新疆、乌里雅苏台、科布多等主要依照《钦定八旗通志》卷三十五。其中,除了将行政官员笔帖式统计在内,以及按照《钦定八旗通志》的记载将新疆、乌里雅苏台、科布多驻防城的少量其他官员计算在内外,主要对将军、都统、副都统、城守尉、防守尉、协领、佐领、参领、防御、骁骑校等军事驻防官员以及兵丁进行了缕析,这样可以更好地阐明驻防城军事上的实力及其差别。

同时还需要说明的是,在进行兵员军事实力统计时,对领催、前锋、马甲、步甲、炮甲等主要兵员情况进行了列表,放在"兵员军事实力"一栏,其中不包括匠役、养育兵,主要是考虑到匠役、养育兵不如前者更能反映军事实力。但由于匠役、养育兵也是驻防城军事人员,所以将他们与领催、前锋、马甲、步甲、炮甲等全部计算在内,专门放在了"综合官兵数量"一栏。

附表:驻防城八旗官兵数量及其军事实力统计系列表。

表2-2-1 畿辅八旗官兵数量及其军事实力统计表

驻防城	官员军事实力(名)	兵员军事实力(名)	合计(名)	乾隆六十年官兵数量(名)	综合官兵数量①(名)	最高驻防官员
采育里	4	50	54	55	55	防守尉
沧州	10	500	510	511	525	城守尉
保定府	11	500	511	511	526	城守尉
山海关	28	1100	1128	828	1128	初总管,后改副都统
郑家庄	21	600	621		621	城守尉
天津水师	107	2144	2251		2251	初都统,后副都统
密云	51	1880	1931	1931	1935	副都统
热河	61	2200	2261	2261	2261	副都统
总计	293	8974	9267	6097	9302	

材料截止时间为咸丰四年(1854),依据光绪《钦定大清会典事例》卷五四四、五四五,光绪《钦定大清会典》卷八六。

注:大名府虽然也曾设立由城守尉官员率领的驻防点,但是顺治五年(1648)设立后,旋即于翌年,即顺治六年(1649)改驻保定府,所以该处驻防本文不予考虑。而保定府则在清代属于由城守尉管理的较为稳定的驻防点,府城内建有驻防城。郑家庄历经顺治、雍正时设定,后于乾隆三十二年(1767)裁撤。天津水师驻防城,雍正三年(1725)设立,后来于乾隆三十二年(1767)裁撤。

---

① 取各时期官兵最高数量,将匠役和养育兵等计算在内。

表2-2-2　直省八旗官兵数量及其军事实力统计表

驻防城	官员军事实力(名)	兵员军事实力(名)	合计(名)	乾隆六十年官兵数量①(名)	综合官兵数量②(名)	最高直接驻防官员
西安	123	5600	5723	5723	6711	将军
潼关	18	1032	1050		1050	城守尉
青州	49	1671	1720	1720	1836	将军
太原	9	600	609	509	609	城守尉
德州	9	512	521	521	565	城守尉
开封	31	900	931	831	1011	城守尉
合计	239	10315	10554	9304	11782	

以上材料截止时间为光绪元年(1875),以光绪《钦定大清会典事例》卷五四三、五四五、《钦定大清会典》卷八六和《钦定八旗通志》卷三十五为基本资料编成。

江宁	76	2424	2500	2546	2620	将军
京口	49	1394	1443	1443	1741	将军
荆州	171	4780	4951	4951	5839	将军
成都	74	1750	1824	1824	2064	将军
合计	370	10348	10718	10764	12264	

材料截止时间为光绪六年(1880),以光绪《钦定大清会典事例》卷五四五为基本资料编成。

杭州	82	1762	1844	2004	1986	将军
乍浦	41	1632	1673	1673	1739	副都统
福州	42	1880	1922	1922	2162	将军
福州水师	11	592	603	603	611	佐领

---

①　根据定宜庄研究,清代八旗驻防点的数目,有清一代始终处于变化之中,但是密云满城建立之后,驻防设施基本定型,乾隆六十年(1795)全国的驻防基本稳定下来。与此相同,驻防城人口也处于不断地调整之中,所以以乾隆六十年(1795),即驻防城基本稳定的时间作为参考比较合适,利于更好的对比分析这一年全国驻防城的官兵数量。见定宜庄《清代八旗驻防研究》,第114页。

②　取各时期中官兵最高数量,将匠役和养育兵等计算在内。

续表

驻防城	官员军事实力（名）	兵员军事实力（名）	合计（名）	乾隆六十年官兵数量|（名）	综合官兵数量（名）	最高直接驻防官员
广州	32	3124	3156	3156	4682	将军
合计	208	8990	9198	9358	11180	

材料截止时间是光绪九年（1883），依据光绪《钦定大清会典事例》卷五十五、《清史稿》之《职官志四》、《八旗通志》二集《营建志》及《兵制志》、民国《杭州府志》卷四一、《钦定大清会典》卷八六。

驻防城	官员军事实力（名）	兵员军事实力（名）	合计（名）	乾隆六十年官兵数量|（名）	综合官兵数量（名）	最高直接驻防官员
宁夏	57	2700	2757	2757	3429	将军
凉州	31	1350	1381	1381	1471	初将军，后改副都统
庄浪	16	760	776	776	866	初副都统，后改城守尉
绥远	20	2700	2720	2720	3060	将军
归化城	101	5000	5101	5101	5101	副都统
右玉	9	300	309	309	398	初将军，后改城守尉
合计	234	12810	13044	13044	14325	
总计	2102	42463	44565	42470	49551	

此表以光绪《钦定大清会典事例》卷五四三、五四五为主要参考资料编成，此外还有《绥远城驻防志》①、《中国边疆民族管理机构沿革史》②。

注：潼关满城，雍正五年（1727）设，官兵18名，兵丁1032名，最高官员为城守尉。乾隆二年（1737）由于满城城垣、营房被水冲淹倒塌，城内官兵奉旨撤回西安。江宁驻防城，蒙古协领带领下的官兵于雍正元年（1723）设立后，于乾隆二十八年（1763）移驻京口。

---

① 《绥远城驻防志》，内蒙古大学出版社1991年校注本。

② 赵云田：《中国边疆民族管理机构沿革史》，中国社会科学出版社1993年版。

表2-2-3 东北八旗官兵数量及其军事实力统计表

驻防城	官员军事实力（名）	兵员军事实力（名）	合计（名）	乾隆六十年时官兵数量（名）	综合官兵数量（名）	最高驻防官员
熊岳	18	954	972	971	981	副都统
锦州	26	960	986	986	986	副都统
兴京	10	475	485	486	494	副都统
金州	25	730	755	750	764	副都统
凤凰城	18	635	653	653	662	城守尉
辽阳	16	449	465	465	503	城守尉
义州	33	1181	1214	1214	1232	城守尉
盖州	8	385	393	393	395	城守尉
广宁	16	400	416	406	421	城守尉
开原	18	855	873	873	883	城守尉
复州	18	599	617	617	626	城守尉
牛庄	8	377	385	385	387	防守尉
铁岭	5	200	205	204	207	防守尉
岫岩	19	547	566	566	575	防守尉
旅顺	16	560	576	576	576	协领
宁远	4	200	204	204	206	佐领
巨流河	4	200	204	204	206	佐领
白旗堡	4	200	204	204	205	佐领
小黑山	4	200	204	204	205	佐领
闾阳驿	4	200	204	204	205	佐领
小凌河	4	200	204	204	205	佐领
中前所	4	200	204	204	205	佐领

驻防城	官员军事实力（名）	兵员军事实力（名）	合计（名）	乾隆六十年时官兵数量（名）	综合官兵数量（名）	最高驻防官员
中后所	4	200	204	204	205	佐领
抚顺	4	130	134	134	136	防御
合计	290	11037	11327	11321	10780	
依据光绪《钦定大清会典则例》卷五四四、民国《奉天通志》卷一七一、光绪《钦定大清会典》卷八六和《钦定八旗通志》卷三十五。						
吉林	148	3774	3922	3922	3922	将军
宁古塔	39	1400	1439	1439	1439	初将军，后改副都统
珲春	26	450	476	459	459	副都统
三姓	41	1520	1561	1561	1561	副都统
拉林	19	406	425	425	425	副都统
阿勒楚喀	27	406	433	429	433	副都统
白都讷	35	1000	1135	1135	1135	副都统
打牲乌拉	21	700	721	721	721	协领
双城	17	313	340		340	副都统衔总管
五常堡	9	212	221		221	协领
富克锦	11	420	431		431	协领
合计	393	10601	10994	10091	11087	
依据光绪《钦定大清会典则例》卷五四四、民国《奉天通志》卷一七一、光绪《钦定大清会典》卷八六。						
齐齐哈尔	99	2013	2112	2359	2493	将军
墨尔根	41	876	917	917	1128	副都统

驻防城	官员军事实力(名)	兵员军事实力(名)	合计(名)	乾隆六十年时官兵数量(名)	综合官兵数量(名)	最高驻防官员
黑龙江	66	1353	1419	1453	1733	副都统
呼兰	31	484	515	452	531	副都统
通肯	61	1104	1165		1180	副都统
兴安城①	33	1016	1049		1049	副都统衔总管
呼伦贝尔	124	2496	2620	1913	2620	副都统
布特哈	313	1998	2311	2196	2311	副都统
合计	768	11340	12108	9290	13045	
总计	1451	32978	34429	30702	34912	

依据《黑龙江志稿》卷四十三《职官志》和卷二十六《武备志》,军事实力以光绪二十五年(1899)《大清会典》所记为准,乾隆时期数量依据乾隆四十四年(1779)《盛京通志》。

注:吉林地区双城堡嘉庆时期设,五常堡同治八年(1869)设,富克锦光绪七年(1881)设。黑龙江地区通肯城光绪二十四年(1898)设。

---

① 兴安城以光绪十三年(1887)为据。依据《黑龙江志稿》卷四十三《职官志》,兴安城为光绪八年(1882)将军文绪奏设,十年完成,址在喀勒塔尔奇站以东十八里之太平湾。十九年,将军依克唐阿以建城专治事实无奏效,奏裁兴安城。所以,兴安的设置非常短暂。正如《黑龙江述略》所言:"兴安城创始于将军文绪。编旗设官,事甚匆遽。总管由齐齐哈尔满洲协领内拣补,公中副管由各城拣选通习文艺之员,分领左右二司,以资教导,实则寄居站房,徒拥虚位,并城署亦同虚设。"虽然该区可以与墨尔根、黑龙江形成掎角之势,"然听其自生自灭,漠然无所与,则国家岁费四千金之饷亦何谓矣",在设兵管理方面收效甚微。

表 2-2-4 乌里雅苏台、科布多、新疆驻防城八旗官兵数量统计表

驻防城	官员军事实力（名）	兵员军事实力（名）	合计（名）	乾隆六十年时最高官兵数量（名）	综合官兵数量（名）	最高驻防官员
乌里雅苏台	5	50	55	55	55	定边左副将军
科布多	3	15	18	17	55	参赞大臣
惠远城	446	1801	2247	2247	2359	将军
惠宁城	85	3320	3405	3405	3640	领队大臣
巩宁	85	3157	3242	3242	3461	都统
古城	28	980	1008	1008	1112	领队大臣
会宁	25	980	1005	1005	1109	领队大臣
广安	23	560	576	576	576	领队大臣
喀什噶尔	33	300	308	308	308	参赞、办事、领队、帮办等大臣
英吉沙尔	5	60	65	65	65	领队大臣
叶尔羌	45	206	251	251	251	办事大臣
乌什	38	200	238	238	238	参赞大臣
塔尔巴哈台	40	1150	1190	1190	1190	参赞大臣
阿克苏	2	50	52	52	52	领队大臣
库车	8					

驻防城	官员军事实力（名）	兵员军事实力（名）	合计（名）	乾隆六十年时最高官兵数量（名）	综合官兵数量（名）	最高驻防官员
喀喇沙尔	8					
和阗	4					
总计	883	12829	13712	13659	14471	

此表以《钦定八旗通志》卷三十五、一百十八和光绪《钦定大清会典事例》卷五四三、五四五为基本依据编成。此外还有《绥远城驻防志》①、《中国边疆民族管理机构沿革史》②等文献。

注:新疆驻防城中,满城主要由八旗官兵防卫,容易统计,塔尔巴哈台和南疆诸城内包括绿营,换防频繁,不甚固定。鉴于此,本文以《钦定八旗通志》卷三十五、一百十八记载为依据,对这些驻防城的驻防官员和八旗官兵进行统计。由于哈密为绿营专驻之城,所以表中不予列出,而喀喇沙尔与和阗则几无换防八旗官兵。

2. 区域内军事实力对比

(1)畿辅地区

察哈尔外,以热河驻防城兵员数量最多,这与热河驻防由三处分散的防点组成有很大关系。其次为天津水师、密云、山海关等由都统、副都统直接管理的驻防城。郑家庄、保定、沧州三城由城守尉管理,官兵军事实力相近,尤其沧州和保定基本一致。采育里则是防守尉管理的驻防城,兵员数量最少。总体上,2000名以上 2座,1000—1500名1座,1500—2000名1座,500—600名3座,100

---

① 《绥远城驻防志》,内蒙古大学出版社 1991 年校注本。

② 赵云田:《中国边疆民族管理机构沿革史》,中国社会科学出版社 1993 年版。

名以下 1 座(见图 2 - 6)。

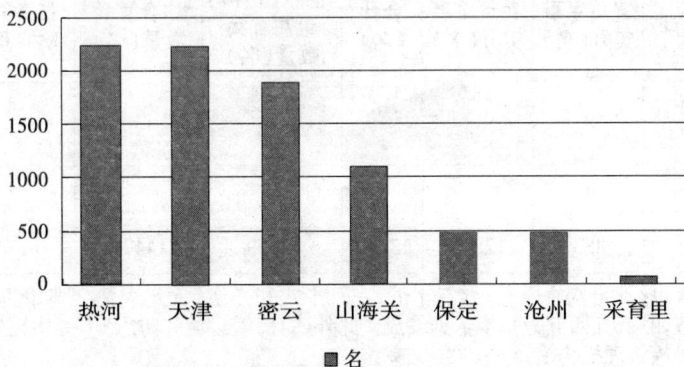

图 2 - 6　畿辅重要驻防城军事实力对比图

(不包括察哈尔驻防城)

(2)直省地区

官兵达到 5000 名以上的驻防城共 2 处,西安和归化。如前所述,后者由于驻防兵员为土默特 2 旗,城池内的驻防兵员有限,所以与西安集中在城内的情况不同。因此西安驻防城为直省军事实力最强的驻防城。此外,驻防官兵在 4000 名以上的是荆州驻防城,有 4951 名;3000 名以上的为广州驻防城,有 3156 名。2000—3000 名之间的为绥远、宁夏、江宁 3 城;1000—2000 名之间的包括潼关、青州、京口、成都、杭州、乍浦、福州、凉州等 8 城。其余 6 城在 1000 员以下,以右玉军事实力最弱。因此,军事实力在 3000 名以上的共 4 座,2000—3000 名共 3 座,1000—2000 名共 8 座,1000员以下的共 6 座,分别占 19%、14%、38%、29%(见图 2 - 7)。

直省驻防城的军事实力一般与驻防官员的级别一致,将军、副都统为首的较之城守尉、佐领为强。

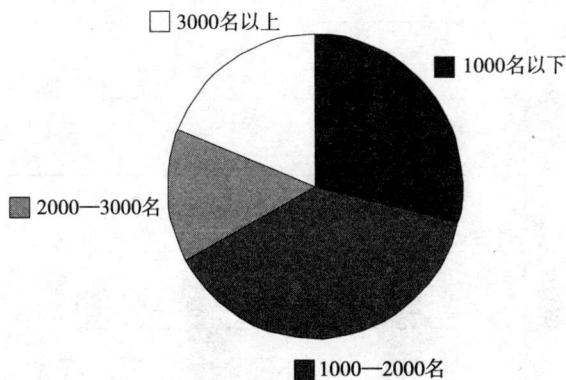

图 2-7 直省不同军事实力的驻防城数量对比图

（3）东北地区

盛京将军辖区。军事实力位于前三名的分别是义州、锦州、熊岳，最少的为抚顺驻防城。

大部分驻防城主要官兵数额保持在 1000 名以下，500—1000名的除了锦州、熊岳外，分别为锦州、凤凰城、开原、复州、岫岩、旅顺 6 城，其余 15 城都在 500 名以下。500 名以下的驻防城中，铁岭、宁远、巨流河、白旗堡、小黑山、闾阳驿、小凌河、中前所、中后所都由佐领率领。铁岭外，各城官兵军事实力极为一致，都是 204名，较抚顺多，但比其他驻防城小（见图 2-8）。

吉林将军辖区。军事实力最强的为吉林驻防城，为 3922 名；1000 名以上的为三姓、宁古塔、白都讷等，官兵都在 1000 名以上，其余 7 城官兵额在 1000 名以下，其中，500 名以上的为打牲乌拉城，以下者包括数额相近的珲春、阿勒楚喀、富克锦、拉林城，其余为双城、五常堡 2 城。

黑龙江将军辖区。建有确切城垣的三城中，齐齐哈尔城军事

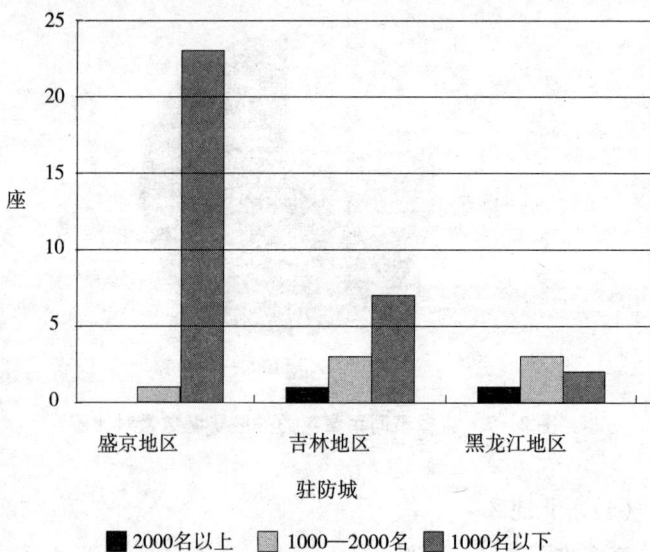

图 2 - 8　盛京、吉林、黑龙江地区驻防城军事实力比较图

注:图中不包括盛京和黑龙江分散型驻防城

实力最强,其次为黑龙江城,墨尔根较少。比较分散的驻防城中,呼伦贝尔居首,布特哈次之,然后依次为通肯、兴安等城。2000 名以上共 3 城,1000—2000 名之间共 3 城,1000 名以下共 2 城,墨尔根为 500 名以上,呼兰为 500 名以下。

　　总之,东北地区驻防城中,盛京和黑龙江地区分散型驻防城外,吉林城官兵最多,军事实力也最强;其次为齐齐哈尔城,为 2112 名。1000—2000 名之间的盛京 1 座,吉林 3 座,黑龙江 3 座。大部分驻防城主要官兵都是在 1000 名以下。盛京 23 座,吉林 7 座,黑龙江 2 座。

　　(4)新疆、乌里雅苏台、科布多地区

　　驻防城八旗官兵军事实力较强的分别为惠宁、巩宁、惠远、塔尔巴哈台绥靖城、古城、会宁、广安等城,官兵数额在 500 名以上,其余诸如乌里雅苏台、科布多、喀什噶尔、英吉沙尔、叶尔羌、乌什等城都在 500 名以下,而库车、喀喇沙尔、和阗等城则几无八旗兵员,仅有驻防大臣及其他一些官员。其中,惠宁、巩宁官兵超过 3000 名,惠远城超过 2000 名,古城、会宁、绥靖城超过 1000 名,阿克苏、英吉沙尔、乌里雅苏台、科布多换防官兵不到 100 名,八旗实力较弱。总之,官兵超过 1000 名的共 6 城,1000 名以下的共 11 座,100 名以下的就有 7 座。各城八旗军事实力存在差异,而长期驻防的诸如惠宁、巩宁、惠远、古城、会宁、广安等城的实力明显高于由八旗官兵换防的绥靖城外的其余 10 城。

3. 区域间对比

(1) 总量对比

首先列表如下:

表 2－3　清代不同区域驻防城军事实力总量对比表

驻防城所在区域		官员军事实力(名)	兵员军事实力(名)	合计(名)	乾隆六十年官兵数量(名)	综合官兵数量(名)
直省		2102	42463	44565	42470	49551
畿辅		293	8974	9267	6097	9302
东北	总　计	1451	32978	34429	30702	34912
	盛　京	290	11037	11327	11321	10780
	吉　林	393	10601	10994	10091	11087
	黑龙江	768	11340	12108	9290	13045
新疆、科布多、乌里雅苏台		883	12829	13712	13659	14471

根据上表,直省地区的驻防城无论是官员数量还是兵员数量、总量以及将匠役、养育兵计算在内的综合官兵总量,都比其他地区多,这一方面表明了清朝对直省驻防城建设的重视,另一方面也说明了直省专门驻防城具有的较高规模。东北地区的驻防城军事实力位居其次,在三万名以上,说明清朝对龙兴之地的充分关注。然后依次为新疆、乌里雅苏台、科布多地区和畿辅地区,其中畿辅最少,当与该区驻防城数量较少有关(见图2-9)。

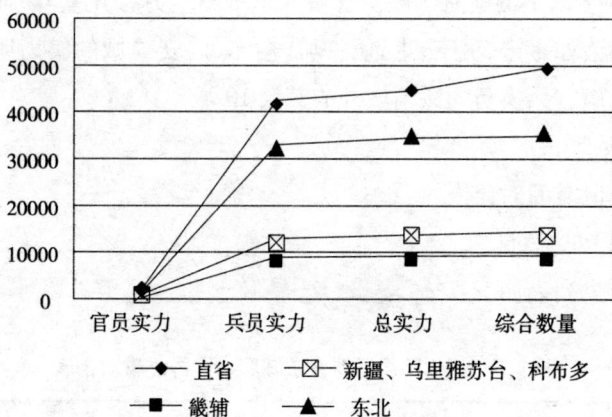

图 2-9 清代各区域驻防城军事总体实力对比图

(2)具体比较

如果以 1000 名为界限,驻防城中,1000 名以上的共 36 座。直省共 15 座;畿辅 4 座;东北盛京 1 座,吉林 4 座,黑龙江 6 城,共 11 座;新疆外蒙地区的共 6 座,以直省为首、东北次之,新疆、畿辅再次之。可以看出,直省官兵军事实力较强的驻防城数量最多,说明清朝对直省要冲之地赋予了颇高程度的重视。1000 名以下者共 53 座。直省 6 座,畿辅 4 座,东北盛京地区 23 座,吉林 7 城,黑龙江

2座,共32座,新疆、外蒙地区共11座,表明东北地区驻防城数量很多,但军事实力较低的驻防城占主体。此外,新疆、乌里雅苏台、科布多许多驻防城为换防八旗,所以八旗军事实力甚微(见图2-10)。

如果具体分析,5000名以上的驻防城共2座,即西安和归化两座,前者为集中于固定城垣内的城池,后者则较为零散;4000—5000名之间的共1座,即荆州城;3000—4000名之间的共4座,分别为广州、吉林、惠宁、巩宁;2000—3000名之间的共9座,为惠远、布特哈、呼伦贝尔、齐齐哈尔、热河、天津水师、绥远、宁夏、江宁等城;1000—2000名之间的共20座。余则为1000名以下者,其中100名以下的共8座。

再仔细分类比较还可以发现,在1000名以上的驻防城中,归化、热河与通肯、兴安、布特哈、呼伦贝尔等城属于分散型的没有确切城垣的驻防城,京口、福州等为驻防设施组建相对集中但无明确界墙的驻防城。其余则都为官兵集中、城垣具备的驻防城。1000名以下的驻防城中,呼兰为分散型的没有确切城垣的驻防城,右玉与德州、沧州、保定、郑家庄等为设施组建相对集中但无明确界墙的驻防城,其余也都为官兵集中、城垣具备的驻防城。

二、官 兵 调 动

(一)区域内调动及其特点[①]

总的来说,清代全国驻防官兵的调动以东北盛京地区和京师

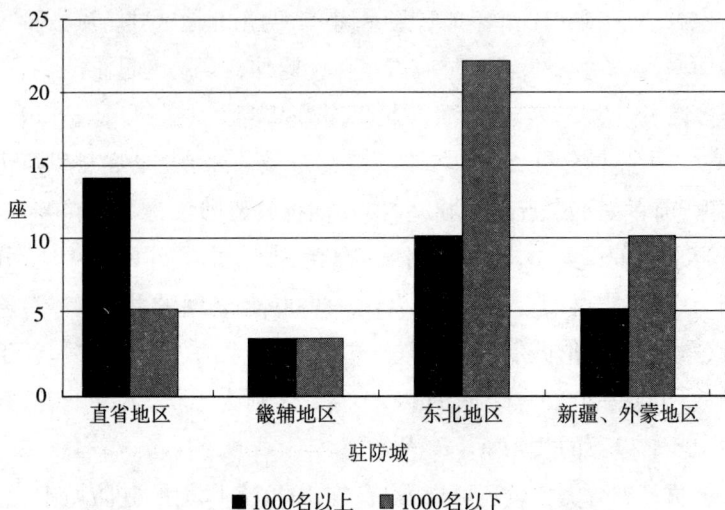

图2-10　清代不同地区的驻防城军事实力对照总图

（以1000名为参考界限）

为主要源地,除此以外,区域内和区域间的一些驻防城之间存在着调动情况,兹说明如下:

1.畿辅地区

调动情况较少,仅保定和沧州之间出现过互调现象,其余多由京城拨送。但是,畿辅驻防城与直省、新疆等地的一些驻防城之间在驻防官兵上有所调动。下文将在探讨宏观区域间特征时分析。

2.直省地区

很多驻防城之间都有过官兵输出输入的情况。

根据图2-11,直省驻防城之间,西安、太原、右玉、德州等属于输出型驻防城,多向其他城拨调官兵,乍浦、宁夏、绥远、成都、福州等为输入型驻防城,多由他城输入官兵。各城中,荆州、江宁、太原、杭州、乍浦、德州等与他城之间发生过两次以上的兵员调动,属于军事活动较频繁的驻防城。各城之间,荆州与成都、西安、江宁,江宁与乍浦、德州、太原,太原和江宁之外的宁夏、杭州,杭州和太原之外的乍浦、德州、福州,右玉和绥远城之间等都出现过或多或少的官兵调动,彼此军事上的联系较多。

3. 东北地区

盛京地区。盛京各驻防城的官兵来源主要是盛京城及其所在区域,根据《皇朝文献统考记载》,盛京曾向兴京、开原、锦州、抚顺、铁岭、牛庄、盖州、广宁等城输送过官兵。盛京之外其他驻防城之间的调动较少,康熙十九年(1680)锦州曾由辽阳、盖州拨来100名兵员,宁远州、中前所、中后所、小凌河等则都从锦州拨来过数量均等的104名官兵。

吉林地区。吉林城、宁古塔城、白都讷、三姓、打牲乌拉等城都向别的驻防城调拨过官兵,其中,吉林城输出兵员最多,其次为宁古塔城,三姓城最少。吉林、白都讷、三姓、珲春、阿勒楚喀、打牲乌拉、宁古塔等城也都由别的防城输入过官兵,其中珲春、阿勒楚喀兵员则很少外输。总体而言,宁古塔和吉林、吉林和白都讷、吉林和三姓、宁古塔和珲春、吉林和阿勒楚喀、白都讷和阿勒楚喀、吉林和打牲乌拉、三姓和珲春、三姓与阿勒楚喀、打牲乌拉和宁古塔、打牲乌拉和珲春之间都有过兵员调动的发生,吉林地区大部分驻防城之间的联系是比较频繁的。

黑龙江地区。爱辉城和墨尔根城为主要输出类驻防城,前者主要向墨尔根和黑龙江等城输出过官兵,后者则分别在康熙三十七、三十八、四十五年向齐齐哈尔城调拨过1000多名的官兵。因此爱辉与墨尔根、黑龙江城军事联系紧密,墨尔根城则与齐齐哈尔城联系紧密。

另外,上述三区之间在官兵调动方面也有联系,但具体情况由于资料所限不得而知。

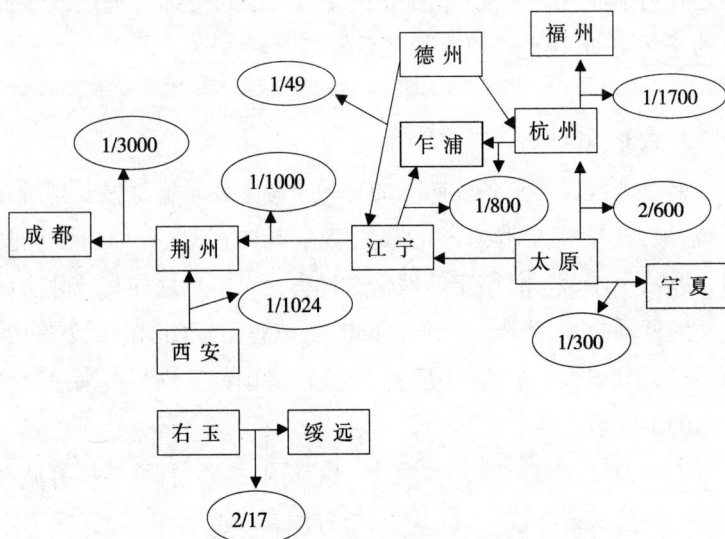

图 2 - 11 直省驻防城之间官兵调动情况示意图

(分隔符前数字代表调动次数,分隔符后数字代表总计调动兵员数)

注:德州和杭州、太原和江宁之间的调动官兵数量由于资料所限,情况不详。

4. 新疆、乌里雅苏台、科布多地区

新疆地区驻防城官兵的主要来源是内地,各驻防城之间除了换防官兵按照一定的时段调动外,大规模的调动较少。根据《皇朝文献统考》卷一百九十一,乾隆"二十七年于遣往新疆换防满洲兵二千名、索伦兵一千名内,除分设回城满洲兵六百名,索伦兵三百名,其余皆安设伊犁及乌鲁木齐以备分拨替换驻防之用",换防

官兵也会成为长期驻防的力量。总体上,新疆南部一些驻防城官兵换防现象不多见,而乌里雅苏台和科布多地区驻防城也是如此。

附表:区域内驻防城之间互调官兵统计系列表。

表2-4-1　畿辅地区驻防城之间互调官兵统计表

时间	输出兵源驻防城	官兵数量(名)	接受官兵驻防城
顺治十五年(1658)	保定府	253	杭州
顺治十五年(1658)	保定府	不详	沧州
			德州
乾隆二十八年(1763)	郑家庄	不详	福建水师
乾隆二十九年(1764)	热河	1000	伊犁
乾隆三十二年(1767)	天津水师裁撤	1081	凉州
		229	福州
		498	广州
乾隆二十七年(1772)	沧州	11	保定

表2-4-2　直省驻防城之间互调官兵统计表

山　东

时间	输出兵源驻防城	官兵数量(名)	接受官兵驻防城
顺治十五年(1658)	德州	不详	杭州
顺治十五年(1658)	保定	不详	德州
顺治十七年(1660)	德州	49	江宁
康熙六年(1667)	德州	28	沧州
康熙六年(1667)	沧州	16	德州
康熙三十八年(1699)	京师	42	德州
康熙三年(1664)	京师	71	德州

山　西

时间	输出兵源驻防城	官兵数量（名）	接受官兵驻防城
顺治八年（1651）	太原	90	京城
顺治十五年（1658）	太原	300	杭州
雍正九年（1731）	太原	300	宁夏
乾隆二年（1737）	右卫	将军1,副都统1,其他官兵具体数字不详	绥远
乾隆六年（1741）	右卫	15	绥远
乾隆十二年（1747）	京城	1200	绥远

江　南

时间	输出兵源驻防城	官兵数量（名）	接受官兵驻防城
顺治十七年（1660）	德州	49	江宁
	太原	50	江宁
康熙二十二年（1683）	江宁	1000	荆州
康熙五十八年（1719）	江宁	1000	西藏
康熙六十年（1721）	西藏	1000	江宁
雍正八年（1730）	江宁	800	乍浦

福　建

时间	输出兵源驻防城	官兵数量（名）	接受官兵驻防城
康熙十九年（1680）	杭州	1700	福州
乾隆十九年（1754）	京城	骁骑、步军等,具体数字不详	福州
乾隆二十八年（1763）	郑家庄	620	福州水师
乾隆三十二年（1767）	天津水师	229	福州

浙 江

时间	输出兵源驻防城	官兵数量(名)	接受官兵驻防城
顺治十五年(1658)	保定	1000	杭州
	德州		
康熙十三年(1674)	太原	300	杭州
雍正七年(1729)	杭州	800	乍浦
雍正八年(1730)	江宁	800	乍浦

荆 州

时间	输出兵源驻防城	官兵数量(名)	接受官兵驻防城
康熙二十二年(1683)	西安	1024	荆州
	江宁	1000	
	京城	1543	
康熙五十七年(1718)	荆州	3000	成都①

陕 西

时间	输出兵源驻防城	官兵数量(名)	接受官兵驻防城
康熙二十二年(1683)	西安	1324	荆州
乾隆二十八年(1763)	凉州	3000	伊犁
	庄浪		
乾隆三十二年(1767)	天津水师	1000	凉州
乾隆三十四年(1769)	西安	2000	伊犁
乾隆三十七年(1772)	西安	972	巴里坤

---

① 《皇朝文献统考》卷一百八十六:六十年以调赴四川兵三千名内留一千六百名于成都,余还归驻防,复增设骁骑六百名。

时间	输出兵源驻防城	官兵数量（名）	接受官兵驻防城
乾隆三十八年（1773）	西安	副都统1， 其他官兵具体 数字不详	凉州

广 州

时间	输出兵源驻防城	官兵数量（名）	接受官兵驻防城
乾隆二十八年（1763）	京城	具体数字不详	广州
乾隆三十二年（1767）	天津水师	498	广州

2-4-3 盛京驻防城之间互调官兵统计表

时间	输出兵源驻防城	官兵数量（名）	接受官兵驻防城
康熙十九年（1680）	辽阳	50	金州
	盖州	50	
同上	盛京	30	兴京
		180	开原
康熙二十九年（1690）	盛京	472	锦州
		104	抚顺
		104	铁岭
同上	锦州	104	宁远州
		104	中前所
		104	中后所
		104	小凌河
乾隆元年（1736）	盛京	245	牛庄
		245	盖州
乾隆六年（1741）	盛京	240	牛庄
		240	盖州
		20	广宁城

表 2－4－4 吉林驻防城所在驻防之间互调官兵统计表

时间	输出兵源驻防城	官兵数量（名）	接受官兵驻防城
康熙十年（1671）	宁古塔	723	吉林
康熙二十九年（1690）	吉林	800	黑龙江
	宁古塔	209	
康熙三十八年（1699）	吉林	1032	盛京
康熙五十二年（1713）	吉林	400	白都讷
康熙五十四年（1715）	吉林	80	三姓
同上	宁古塔	40	珲春
雍正三年（1725）	吉林	100	阿勒楚喀
	白都讷	100	
雍正五年（1727）	吉林	1000	打牲乌拉处
乾隆十七年（1752）	三姓	60	珲春
乾隆二十一年（1756）	三姓	318	阿勒楚喀
乾隆二十五年（1760）	打牲乌拉	4	宁古塔
同上	打牲乌拉	400	宁古塔
		200	珲春
乾隆三十年（1765）	打牲乌拉	4	宁古塔

表 2－4－5 黑龙江驻防城之间互调官兵统计表

时间	输出兵源驻防城	官兵数量（名）	接受官兵驻防城
康熙二十九年（1690）	爱辉城	555	墨尔根城
康熙三十七年（1698）	墨尔根城	副都统 1 名，具体数字不详	齐齐哈尔城
康熙三十七年（1698）	爱辉城	1045	黑龙江城
康熙三十八年（1699）	墨尔根城	748	齐齐哈尔城
康熙四十五年（1706）	墨尔根城	248	齐齐哈尔城

表2-4-6　新疆八旗官兵数量及其军事实力统计表

时间	输出兵源驻防城	官兵数量(名)	接受官兵驻防城
乾隆三十(1765)、三十一(1766)、三十二(1767)年	凉州、庄浪	3336	惠远
乾隆三十年(1765)、三十一年(1766)	热河	1032	惠远
乾隆三十年(1765)	西安	2000	伊犁
乾隆三十八年(1773)	庄浪	3461	乌鲁木齐巩宁

(二)区域间调动及其特点

1. 调动情况

(1)东北和新疆之间

最显著的一次调动发生在乾隆二十九年(1764):

"拨盛京防御一人、骁骑校二人、兵四百四名,凤凰城防御一人、兵四十五名,辽阳城防御一人、骁骑校二人、兵六十六名,开原城防御一人、兵九十四名,牛庄城防御一人、兵二十三名,广宁城骁骑校一人、兵六十名,熊岳城防御一人、兵五十一名,复州城防御一人、骁骑校一人、兵五十二名,秀岩城骁骑校二人、兵二十八名,金州城防御一人、兵四十四名,盖州城防御一人、兵十五名,锦州城防御一人、兵二十四名,义州城骁骑校二人、兵六十一名,兴京兵二十三名,抚顺城兵十名,往驻西域之塔尔巴哈台。"[①]

共拨15城兵往新疆塔尔巴哈台驻防,规模之大毋庸置疑。

---

① 《皇朝文献通考》卷一百八十二。

（2）畿辅和直省之间

畿辅和直省一些驻防城之间保持着较多的联系,具体情况见下表:

表 2 - 5　畿辅和直省之间驻防城官兵调动统计表

时间	输出兵源驻防城	官兵数量(名)	接受官兵驻防城
顺治十五年(1658)	保定府	253	杭州
同上	保定府	不详	德州
乾隆三十二年(1767)	天津水师裁撤	1081	凉州
		229	福州
		498	广州
康熙六年(1667)	德州	28	沧州
同上	沧州	16	德州
乾隆二十八年(1763)	郑家庄裁撤	620	福州水师

（3）畿辅和新疆之间

驻防城方面的联系主要表现在热河和伊犁驻防城之间,见下表:

表 2 - 6　畿辅和新疆之间驻防城官兵调动统计表

时间	输出兵源驻防城	官兵数量(名)	接受官兵驻防城
乾隆二十九年(1764)	热河	1000	伊犁
乾隆三十年(1765)、三十一年(1766)	热河	1032	惠远①

① 《钦定新疆识略》卷五记:"惠远城满营,自乾隆二十九年始至三十一年止。调热河、凉州、庄浪、蒙古官兵陆续携眷移驻。"

（4）新疆和直省之间

西安、凉州、庄浪和伊犁地区、乌鲁木齐、巴里坤地区的联系较多,见下表:

表2-7　新疆和直省之间驻防城官兵调动统计表

时间	输出兵源驻防城	官兵数量(名)	接受官兵驻防城
乾隆二十八年(1763)	凉州	3000	伊犁
	庄浪		
乾隆三十年(1765)	西安	2000	伊犁
乾隆三十四年(1769)	西安	2000	伊犁
乾隆三十七年(1772)	西安	972	巴里坤
乾隆三十年(1765)、三十一、三十二年	凉州、庄浪	3336	惠远
乾隆三十八年(1773)	庄浪	3461	乌鲁木齐巩宁

2. 各区域之间驻防城官兵调动特点

第一,互相调动的区域主要在东北和新疆之间、畿辅和直省之间、畿辅和新疆之间、新疆和直省之间,而东北和直省、东北和畿辅区域间的驻防城官兵调动较少。

第二,新疆的驻防城官兵为输入型,八旗官兵主要来自盛京、畿辅和直省地区,其中,东北调往新疆地区的官兵规模最大的一次是乾隆二十九年(1764),当时从盛京15城内抽出了大量兵员前往塔尔巴哈台地区;畿辅分别于乾隆二十九年(1764)、三十年、三十一年往伊犁、惠远等地派遣了2000多名兵员;直省的西安、凉州、庄浪是新疆驻防城八旗官兵的主要源地,西安往伊犁地区和巴里坤城,凉州、庄浪往伊犁地区和乌鲁木齐巩宁城都分别输送了大量的驻防兵员。

第三,畿辅和直省一些驻防城之间官兵的调动较为频繁,彼此联系相对密切。其中,福州和福州水师两座驻防城官兵来源地分别是乾隆三十二年(1767)和二十八年(1763)的天津水师驻防城和郑家庄驻防城。天津水师驻防城裁撤后,还为凉州、广州等地的驻防城提供了一定的兵员。保定府驻防城兵力曾向杭州、德州转移过,以补给后备兵员。此外,由于距离较近,都可作为京师外围的防点,德州和沧州驻防城之间也发生过兵员互调的现象。

小　结

驻防城有着自身的驻防组织系统和级别,从驻防管理上考虑,各区都形成了一定的驻防城等级管理序列。

就军事实力而言,各区域内驻防城之间互有差异,情况不一。就区域之间比较而言,直省地区的驻防城无论是官兵的数量,还是将匠役、养育兵计算在内的官兵总量,都比其他地区多。这一方面显示了直省驻防城具有的较高规模,另一方面也表明了清朝对直省驻防城建设的重视。东北地区的驻防城军事实力位居其次,一般在三万名以上,说明清朝对龙兴之地的驻防也比较关注。然后依次为新疆、乌里雅苏台、科布多地区和畿辅地区,其中畿辅最少,与该区驻防城数量较少有关。具体而言,如果以1000名为界限,驻防城中1000名以上的共36座:直省15座;畿辅4座;东北共11座,其中盛京1座,吉林4座,黑龙江6座;新疆外蒙地区共6座。因此,以直省为首,东北次之,新疆、畿辅再次之。直省军事实力较强的驻防城数量最多,充分说明清朝对直省要冲之地赋予了颇高程度的重视。1000名以下驻防城共53座:直省6座;畿辅4座;

东北共 32 座，其中盛京地区 23 座、吉林 7 城、黑龙江 2 座；新疆、外蒙地区共 11 座。可见，此类军事实力较低的驻防城中，以东北地区数量最多。此外新疆、乌里雅苏台、科布多许多驻防城由换防八旗官兵防卫，军事实力甚微。

就官兵互调而言，区域内基本上都有一些驻防城互相调动的情况，其中吉林、直省、新疆比较频繁，其他区域内较少。区域之间，产生联系的区域主要是东北和新疆之间、畿辅和直省之间、畿辅和新疆之间、新疆和直省之间，东北和直省以及东北和畿辅区域间的驻防城调动极少。新疆地区的驻防城为输入型，八旗官兵分别来自盛京、畿辅和直省地区，畿辅和直省地区有些驻防城之间官兵的调动也比较频繁，彼此联系相对密切。

第三章 驻防城时间发展和地域分布

第一节 畿辅驻防城的时间发展和地域分布

畿辅驻防是清代驻防体系的一个重要组成部分,驻防要点颇多,驻防的兵力也较为庞大。清朝为这些驻防兵员筑造了相应的驻扎场所,驻防城就是其中重要的组成部分。畿辅驻防的情况复杂,驻防营的数目繁多,本书严格按照驻防城的内涵特征,不仅研究由城守尉、副都统、将军以及众大臣率驻的驻防城,而且也要探讨城垣具备、军事功能突出且以八旗官兵为主的驻防空间。

根据史料记载,畿辅地区城守尉及以上官员管辖的驻防分别是郑家庄、沧州、保定府、热河、张家口、山海关、密云、天津水师等,而采育里一处为防守尉率驻,比较特殊。

一、驻防城的时间发展和特点

(一)时 间 发 展

畿辅地区的驻防城包括郑家庄、沧州、保定府、热河、山海关、密云、采育里、天津水师 8 处。按照各城所在行政区划类别划分,畿辅地区的驻防城分为两类,沧州、保定、热河、山海关、密云、天津水师等处驻防城皆位于府州厅县内或近距离处,郑家庄、采育里则为县级以下行政区划内的驻防城。

1. 沧州驻防城

据《钦定八旗通志》卷一百十七记载,沧州驻防城顺治五年(1648)设,"城守尉衙署一所,防御衙署四所,骁骑校衙署四所,笔帖式衙署两所",甲兵三百十一名,另有弓匠、铁匠共四名,各给住房,"俱在州城内西北隅",教场在沧州城北门外,"周围七十九丈五尺",雍正十三年(1735)驻防城增设相关设施,盖箭亭三间,鸟枪教场一座,"在城外西北"。同时值得注意的是,驻防城火药库在城内东南隅,并未集中在州城西北隅。沧州驻防城与直省广州、福州等处驻防城建置形式一致,相关设施大都在一起,另有一些设施位于其他位置,体现出一定的分散性。

2. 保定府驻防城

《钦定八旗通志》卷一百十七载,保定府驻防顺治六年(1649)设,起初未给衙署,驻防官员俱在圣庙中办事。康熙二十八年(1689),直隶巡抚于成龙题准建设城守尉衙署一所、防御衙署四所、骁骑校衙署四所、笔帖式衙署两所,甲兵各给住房,都在府城南门,自此驻防城逐渐成型。驻防城内建有广盈仓一座,在清苑县西北,教场在南门外迤西,周围二百八十九丈。乾隆元年(1736)还增建了火药库,房三间,看库堆子一间。

3. 天津水师驻防城

《钦定八旗通志》卷一百十七记载,清廷酌议为天津府水师官兵设建驻防,雍正四年(1726)四月兵部右侍郎莽鹄立等亲往该处踏勘地形,丈量应筑营房地基,自南至北二百二十五丈,自东至西二百六十丈,"周围约五里",并"余绘图进呈"。后来,经过工部议准,按照该侍郎所进图式建筑城堡,"内盖兵丁营房四千间,每一连十间,隔作五段,前后量留院落,中分街巷,设立水沟以泄积水,建造桥梁以便人行,建设堡门四座,炮台四座,以备守望",驻防城正式竣工。防城初设副都统管理事务①,乾隆七年(1742),"驻防副都统照宁夏例给衙署二十间",后经兵部等衙门议定,副都统被授都统职衔,"加建大厅、头门、鼓亭、号房等二十间,住房十八间,共计衙署一所五十八间",由都统负统辖训练之责②。同时,还建设理事厅衙署一所,"计二十二间",教习衙署二所,"内一所十八间,一所十五间",另有协领、佐领、防御、拨什库、笔帖式等衙署官房及教习、千总、把总、舵工和水手等房。雍正六年(1728),增设火攻营一座,建火药房二十四间,在营墙外东北隅;雍正八年(1730),又于北门外建演武厅三间。

天津驻防城曾被称为新城,位于天津芦家嘴地方。乾隆三十二年(1767)天津水师营裁撤,驻防兵绝大部分分驻于凉州、福州、广州等府,尚有692名"分别归入民籍三百五十八名","改补绿旗营三百三十四名",驻防城不复存在。同是乾隆三十二年(1767),大沽营游击移至天津水师旧地,驻防之新城(驻防城)改名为葛沽营,将中军守备移驻大沽口,抽拨天津镇二百名官兵驻守葛沽存营,调拨正定镇属兵二百名驻守葛沽存城③,至此绿营基本取代该城原有驻防八旗营。

---

① 《皇朝文献通考》卷一百八十三。
② 《钦定大清会典则例》卷五十二。
③ 《皇朝文献通考》卷一百八十三。

4. 郑家庄驻防城

郑家庄距京约十余公里。雍正元年（1723）五月在该处设立驻防，遣城守尉领之，驻防城随之建成。据《清世宗实录》卷七，"郑家庄修改房屋，驻扎兵丁，想皇考圣意，或欲令二阿哥前往居住，但未明降谕旨，朕未敢揣度举行。近弘晳既已封王，令伊率领子弟于彼居住发，甚为妥协……"①，明确了郑家庄驻防的事宜并遣兵往之。清廷于此设城守尉1名，统辖八旗满洲、蒙古、汉军，另将满、蒙两旗合为1佐领，汉军四旗合为1佐领，共为2佐领，甲兵600名，匠役12名②。

郑家庄驻防及驻防城的建立比较特殊，"郑家庄虽庄也，而比屋居者鳞次焉"，虽然负有驻防的使命，为畿辅驻防体系的一个部分，但军事的作用却十分有限③，情况特殊。乾隆二十八年（1763）裁郑家庄驻防，城守尉以下官兵拨补福建水师营，驻防最终遭到撤除，驻防城也就不复存在了④。

5. 采育里驻防城

采育里驻防的建立与城垣的造设时间基本同步。顺治二年（1645），采育里置立驻防，并建驻防城相关建置：防守尉衙署一所，十九间；防御衙署二所，各十二间，骁骑校六间，甲兵五十名，各营房二间，分布在防守尉衙署东西，俱在采育大街。驻防城"中分

---

① 《八旗通志初集》卷二十七。
② 《畿辅通志》卷九十九。
③ 定宜庄：《清代八旗驻防研究》，辽宁民族出版社2003年版，第54页。
④ 《钦定大清会典》卷九十六。

六段,周围一千二百五十二丈八尺","城堡周围俱土墙",教场在衙署后。①

6. 山海关驻防城

山海关,"为边疆锁钥,宜设大员"②,顺治元年(1644)设立驻防,由城守尉率领,康熙二十七年(1688)改设总管,乾隆七年(1742)改设副都统,添设左右翼协领二员,驻防级别上升。山海关驻防城位于临榆县内,"副都统衙署五十八间,左右翼协领衙署各十八间,八旗佐领衙署各十五间"。③

7. 密云驻防城

密云驻防城的建立与驻防的设立基本同步。乾隆四十五年(1780)设立密云副都统,派遣满、蒙兵二千进行驻防④,并在密云县城北面建驻防城一座⑤。

8. 热河驻防城

热河驻防城与热河驻防的设立也基本同步。与黑龙江地区布特哈、呼兰等驻防城一样,热河驻防城没有集中在独立的城垣内驻防,而是比较分散的进行防卫。雍正二年(1724)设总管一人管理驻防事务,"乾隆三年(1738)裁总管副管","设副都统一人"⑥,改

---

① 《钦定八旗通志》卷一百十七《营建志》六。
② 同治朝《畿辅通志》卷一百二十"经政略,兵制二,驻防",第9页。
③ 《钦定八旗通志》卷一百十七。
④ 《清史稿》本纪十四之《高宗本纪》五。
⑤ 民国三年《密云县志》,臧理臣等修,宗庆煦等纂。
⑥ 《钦定大清会典则例》卷一百二。

由副都统统辖,嘉庆十五年(1810)则升为都统。总管、副都统、都统衙署坐落在承德府城内,而驻防官兵大部分分布于热河、喀喇河屯、桦榆沟等处①。

以上为驻防重心——畿辅地区驻防城的建置情况。需要补充说明的是,察哈尔驻防也是由都统、副都统高级官员率驻的重要驻防点,"二十六年设察哈尔都统一人",驻扎张家口,总理游牧八旗事务,并兼辖张家口驻防官兵,另设副都统二人,"各在左右翼游牧边界驻扎"②。可见都统驻在张家口关城内,而副都统则率领八旗驻防主要兵力,即察哈尔左右翼八旗分散在广大的区域内,这与驻防城内兵员集中的情况存在很大区别,所以察哈尔驻防具有特殊性,没有形成严格意义上的驻防城。

(二)时间发展特点

表 3-1　畿辅地区驻防城创建时间表

驻防	设置时间	驻防城	创建时间
沧　州	顺治五年(1648)	沧州	顺治五年(1648)
保定府	顺治六年(1649)	保定府驻防城	康熙二十八年(1689)
天津府	雍正四年(1726)	天津府驻防城	雍正四年(1726)
郑家庄	雍正元年(1723)	郑家庄驻防城	雍正元年(1723)
采育里	顺治二年(1645)	采育里驻防城	顺治二年(1645)
山海关	顺治元年(1644)	山海关驻防城	顺治元年(1644)
密云县	乾隆四十五年(1780)	密云驻防城	乾隆四十五年(1780)
热　河	雍正二年(1724)	驻防城	乾隆三年(1738)

---

① 《钦定八旗通志》卷一百十七。
② 《皇朝文献通考》卷一百八十三。

由表 3 - 1 可以看出,畿辅地区的驻防城共有 8 处,除了保定府是顺治六年(1649)设驻防、而驻防城于康熙二十八年(1689)才开始创建以及热河雍正二年设驻防、乾隆三年(1738)驻防城完成外,其余各驻防城的创建时间与驻防的设立时间基本同步。其中,山海关驻防城顺治元年(1644)创建工程就已开始启动,时间颇早;而密云驻防城建立时间较晚,乾隆四十五年(1780)始设。就驻防城设立时期而言,主要建成于顺治、康熙、雍正、乾隆四个时期,其中顺治、康熙、雍正时期为驻防城的主要建立阶段,而乾隆时期密云驻防城的建立是畿辅驻防城完全建立的标志。

二、驻防城的地域分布及其特征

根据上面论述,除了察哈尔、热河分散型驻防城外,畿辅地区驻防城主要分布在顺天府、保定府、天津府和永平府四府,其中密云、郑家庄和采育里驻防城位于顺天府,保定驻防城处于保定府,天津、沧州驻防城位于天津府境,山海关驻防城则坐落在永平府临榆县。若以京师为参照中心,采育里城离其最近,其次为密云驻防城,然后依次是天津府、保定府、沧州、郑家庄、山海关驻防城,共同形成了较为严密的驻防城体系。这些驻防城所在驻防与其他地方的驻防共同构成了畿辅地区的驻防网络,拱卫着都城北京的安全。(参见图 3 - 1)

就各驻防城与京师的相对位置而言,位于其南侧区域的驻防城共 4 座,分别是采育里、天津府、保定府和沧州,位于东部区域的仅山海关驻防城一座,北部的为郑家庄、密云驻防城。驻防城的设置实际上是这些地区军事重要性的反映。各驻防城中,天津驻防城比较特殊,乃水师力量发展的产物,是为了容纳水师官兵而造设的建置。

　　清朝驻防城的设置与驻防一样,与其所在区域重要的军事战略作用有一定的因果关系。顺天府作为京师所在区域,"居庸障其背,河济襟其前,山海扼其左,紫荆控其右,雄山高峙,流河如带"①,军事上较之他府有难以比拟的突出地位,因此清廷在该区设置了很多驻防城以加强对北京的防卫(东南区域建造的采育里城,西北、东北面布设的郑家庄、密云驻防城,都是典型的例证)。保定府则"北控三关,南通九省,地连四部,雄冠中州,控雁门之紫塞,引鸡距之清流"②,北有重关天险,南有水陆之利,自然条件和战略地位都相当重要,清朝在此设立两处驻防并造设驻防城、委派城守尉级官员进行统领自在情理之中。

　　永平府也是负山带河形胜之地,其四塞险固,"碣石之依,长城之枕,护燕蓟为京师屏翰,拥雄关为辽左咽喉"③,所以清廷未忘设驻防于此,并在军事位置十分重要的山海关置立重兵,建立驻防城,派副都统进行管理。按山海关为长城东段著名关口,关城北倚燕山,南临渤海,为冀、辽间的咽喉要地,雄踞山海狭口之间,军事位置非常重要。天津府则东靠大海,"西眺瀛沧","枕漳卫之长流,倚卢白之重阻",为京城东南"屏翰"④,重要性不言而喻;沧州驻防城地处天津府西南方位,能够与府城驻防遥相呼应,是戍卫府之南部的重要防卫要地。故而清朝在此两处地方建立驻防,造设驻防城以满足广大八旗官兵居处的需要。总之,畿辅地区驻防城

---

① 《大清一统志》卷四。
② 《大清一统志》卷十。
③ 《大清一统志》卷十三。
④ 《大清一统志》卷十七。

图 3-1 畿辅驻防城空间分布示意图

（不包括热河、察哈尔特殊驻防城）

所在的地域大都具有一定的战略意义,战略位置的拥有是驻防城建立的一个重要因子。

第二节　直省驻防城时间发展和地域分布

一、驻防城的时间发展和特点

(一)时间发展

直省,指清朝各行省,是与东北、畿辅、新疆等地区相对而言的。

1.直省最初的驻防城

清初八旗驻防,多属临时性质,或为配合军事行动,或因占领一地后局势未稳而暂未撤离,变动较为频繁。清初,遣兵追击李自成,途中占领河南,于开封、卫辉、怀庆等府"酌留官属兵丁驻防"①。顺治二年(1645),于直隶顺德府、山东济南府、德州、临清州、江北徐州、山西潞安府、平阳府、蒲州等八处派兵驻扎,以镇压这些区域的抗清活动。后来随着清军的节节胜利,这些驻防逐渐发生变动。汉中、武昌、广东、福建等地也是主要的战场,也曾临时设立八旗驻防点②,但这些驻防具有不稳定性,没有建筑能够满足官兵长期居住需要的驻防城。

清廷因军事需要而设立的上述驻防点多属临时性质,但是也

---

① 《清世祖实录》卷八,顺治元年(1644)九月戊子。
② 《清世祖实录》卷八九、一零二、一三九。

在顺治年间建立了一些稳固的驻防点,并筑造了相应的驻防城。顺治二年(1645)建立江南江宁、陕西西安、浙江杭州等地驻防,"驻防江南江宁府左翼四旗满洲蒙古二千名,弓匠五十六名,铁匠五十六名";置"陕西西安府右翼四旗满洲蒙古二千名,弓匠二十八名,铁匠五十六名";建立杭州驻防,兵额往往发生变动,直到顺治十五年(1658)方稳定下来,兵丁4000多名。江宁、西安、杭州是入关后最早建立的较为稳定的三处驻防点。在三处驻防点置设的过程中,修造了专门容纳八旗官兵的城池,即驻防城。

陕西西安府驻防满城,顺治二年(1645)设,自府城北门起南至钟楼止,自钟楼起东至东门止,"修筑界墙驻扎官兵",南北长一千二十八步,东西长一千二百步。满城建立后,初尚能满足官兵居处需要,然而随着兵丁的大量增加,空间愈显不足,康熙二十二(1683)年增设驻防官兵并建造房屋后,满城"其地不敷",不得不在城内东南隅余地修筑界墙,自南界墙中咸宁县东边起,至府城南墙止,南北长四百六十步,东西宽五百十三步,将南界旧址拆毁"合为满城一座",进一步拓展了满城范围①。

杭州驻防满城,顺治五年(1648)建筑,围长七里,高一丈五尺,计营内及城外共地一千四百三十六亩四分一厘三毫②。

江南江宁府驻防满城,顺治六年(1649)于钟山之阳始造,顺治十七年重造,自府城内太平门东至通济门东,长九百三十丈,连女墙高二丈五尺五寸,周围三千四百十二丈五尺。该城后来得以拓展,康熙十三年五月,朝廷覆准江南总督阿席熙疏请,"照河南修城之例劝输建造",江宁盖造营房一千五百间,又覆准总督题

---

① 《钦定八旗通志》卷一百十七。
② 同上。

请,添盖营房二百七十一间,共计盖造营房一千七百七十一间。①

驻防势力后来转向山西,顺治六年(1649)建立太原府驻防,设"正蓝镶蓝二旗满洲蒙古六百十有二名,游牧察哈尔二百四十八名,弓匠二名,铁匠二名"。及至顺治十一年,驻防延及山东,设立了德州驻防,顺治十六年又注重加强江南的驻防力量,建立京口驻防,派遣"八旗汉军领催四百二名,骁骑千五百九十八名,炮手四十名,铜匠二名,药匠二名,弓匠铁匠各八名。"②太原、德州、京口驻防为顺治年间设立的驻防点,较之杭州、西安、江宁驻防建设较晚。清朝为了长期驻防,同样在此三处官兵建造了驻防城。

太原驻防城。顺治六年(1649)设,分府城西南隅为满城,东北二方设立栅栏,关门为界,南北长二百六十丈,东西阔一百六十一丈七尺。清光绪十二年(1886),汾河发水,满城受其患,积水丈余,房屋倒塌,"巡抚刚毅奏请于府城东南隅别建新城",不得不于第二年,也即1887年,重新迁筑新城,即新满城。③因此可知,太原满城有新旧之分,旧满城和新满城相隔238年。太原驻防城最高统领官为城守尉,属于城守尉级驻防城。

德州驻防城。顺治十一年(1654)设,"经户部差郎中莽佳萨马哈等,将德州城内东北隅所有民房拨给官兵驻防"。雍正二年(1724),因地方窄小不能演放鸟枪,于州城东门外设教场一处,占地一顷九十一亩七分八厘八毫五丝,内建演武厅一座,三间。德州设城守尉管理驻防事务(驻防城属城守尉级别),由青州副都统兼辖,"将德州驻防官兵即就近交青州将军稽察管辖"④。

---

① 《钦定八旗通志》卷一百十七。
② 《钦定大清会典则例》卷一百七十四。
③ 光绪《山西通志》卷二三。
④ 《世宗宪皇帝上谕八旗》,上谕旗务议覆,卷十。

京口驻防城。顺治十六年(1659),清廷命建衙署营房,"设将军衙署一所,一百二十九间,副都统衙署二所,一所九十七间,一所六十三间",另有其他诸多设施,皆位于镇江府城内。雍正十三年(1735),题请移建炮台,安设炮位、大门、卷蓬、官厅、官房、营房、库房等项,设立演放炮地一处,周围共二百二十六丈五尺,在镇江府北门外雩山之旁。① 京口驻防城初置总管领驻防事宜,后来立将军统辖,升为将军级驻防城②。

据上,顺治时期,也即清初建立的驻防城共六处,分别是江宁、西安、杭州、太原、德州、京口等,这些驻防城中,江宁、西安、杭州、太原筑有城垣,而德州、京口两城未专门修建城垣,城内设施相对分散。这些驻防城在建立之后,除了官兵屡有更换外,没有大的变动,基本上比较稳定。

2. 直省驻防城的确立、完善

除了上述最初设立的驻防城外,直省后来又建立了许多驻防城,体系逐渐得到了完善。从分布区域来说,这些驻防城分别位于黄河以北、黄河沿线、黄河以南、长江沿线、长江以南和长江西南等区域。

(1)康熙年间驻防城的建立

福建福州府驻防城(长江以南)。福建地处沿海,清初抗清斗争活动频繁。康熙十九年(1680)清廷开始于此设防,杭州副都统胡启元率镶黄、正白、镶白、正蓝四旗马步兵 1026 名进驻福州,同年在原耿精忠属下官兵衙署营房基础上设立了驻防城,建立"将

---

① 《钦定八旗通志》卷一百十七。
② 《皇朝文献通考》卷一百八十五。

军衙署一所,七十七间,副都统衙署一所,六十间,协领衙署四所,各十五间,参领衙署四所,各十二间,防御衙署二十所,各八间,骁骑校衙署二十所,笔帖式衙署四所,俱各六间",基本形成了驻防城的形制。后雍正二年(1724)、三年增设了火药库、社仓,六年增加副都统1名,"造给衙署一所七十二间",驻防城得以彻底确立。随着汉军的大量出旗(乾隆二十年汉军开始出旗),福州驻防城满洲八旗兵员数量增加,城内驻防设施不断变更,或变价出卖,或转作他用,驻防城先前稳定的格局随之发生了变化。①

广东广州府驻防城(长江以南)。驻防始于康熙二十年(1681),当时旧有15佐兵丁被分入上三旗,由将军、副都统管辖,康熙二十二年(1683)增派下五旗汉军,合为3000之数,是年"题明将旧存官房分拨驻防官员兵丁"②,将原有房屋分于将军、副都统、协领、参领等官兵,驻防城逐渐成型。雍正五年(1727),增设裕信仓一座,八旗官兵各于居住空地设箭道一处,驻防城格局基本确立。乾隆六年(1741)后,广州驻防城官兵调整频繁,城内设施屡有变更,驻防城内部格局不可避免地受到了影响。

荆州驻防城(沿江、江北)。荆州一带具有重要的战略位置。吴三桂败亡后,清朝认识到荆州地方十分紧要,开始考虑荆州将军、副都统的人选,康熙二十二年(1683)二月正式设立驻防,兵额4000名,由京师与西安、江宁等处调拨③。同年,开始建立驻防相关设施,为官兵配给衙署营房,"另设办事公署一所",将府城"中立界墙,长三百三十丈",分城以其西为汉城,东为满城(即驻防

---

① 《钦定八旗通志》卷一百十七。
② 同上。
③ 《清圣祖实录》卷一百一十一。

城),周围一千二百五十八丈。驻防满城建立后,很长时期内未受到废圮破坏,乾隆五十三年(1788)发生水灾,"冲坍官房",驻防城受到了影响,后来清朝又"复照旧修理"。①

右卫驻防城(位于黄河以北,属山西驻防体系)。右卫驻防城是右卫驻防的产物,位于今山西北部右玉县(雍正三年改右玉县),距大同 100 公里。康熙三十二年(1693)开始在该处设置八旗驻防,主要是为了在军事上应付噶尔丹部②。翌年(1694)增加官兵,加强驻防力量③,派八旗满、蒙、汉军护军 2299 人,领催 2604人,铁匠 112 人,由将军统领。随着八旗官兵的大量置设,为满足他们居住需要的衙署营房等也逐渐设立,驻防城得以形成。该城初设"将军一员,衙署一所,坐落本城鼓楼西街路北,计房六十一间",副都统二员,衙署二所,一所"坐落本城东街路北,计房二十间",一所"坐落本城鼓楼西街路北,计房三十间",同时建设的还有其他官员的衙署以及兵丁的营房。右玉驻防城驻防官兵屡有调整,因此驻防城级别和内部的设施也多有变化,例如乾隆二年(1737)将军曾移驻绥远城,乾隆三十三年(1768)裁汰副都统一名,改设城守尉一名(右卫驻防城随之降至城守尉级)。④

归化驻防城(黄河以北,属于山西驻防体系,靠近长城和蒙古)。明隆庆六年(1572)至万历九年(1581),阿拉坦汗召用能工巧匠在土默川建起了呼和浩特旧城,明廷赐名为"归化城"。为满足噶尔丹战事的需要,康熙三十二年(1693)在该城建立了驻防,

---

① 《钦定大清会典则例》卷一百七十四。

② 《清圣祖实录》卷一百八十六,康熙三十六年(1697)十二月乙丑。

③ 《清圣祖实录》卷一百六十。

④ 《钦定八旗通志》卷一百十八。

由将军管理军政事务。康熙三十五年（1696），皇帝亲征噶尔丹，以归化城为临时驻地向漠北进发，该城于是在将军费扬古的督建下得到了扩建。乾隆元年（1736年），清政府为了进一步巩固它在蒙古地区的统治，彻底征服了噶尔丹，并重修了归化城。归化驻防城的情况特殊，城池本身所驻兵员不多（土默特二旗主要分处在城外）。归化城与右玉驻防城联系密切，将军费扬古曾于康熙三十四年（1695）身兼右卫将军之职。

开封驻防城。康熙五十七年（1718），兵部商议于开封设置八旗驻防。康熙五十八年，开始置设驻防官兵，五十九年，"设驻防河南开封府（沿河、黄河以南）八旗满洲蒙古鸟枪领催十名，鸟枪骁骑一百九十名，领催三十名，骁骑五百七十名，弓匠八名铁匠八名①"，驻防力量迅速增加。康熙五十八年（1719），河南巡抚杨宗义题准于开封府城内西北隅建造房屋驻扎官兵，筹划筑建八旗驻防相关设施。当时"筑造满城一座"，驻防城正式形成，"周围六里，四面土墙，高一丈，东西南三门"。之后驻防城本身变化不大，但内部设施却屡有增建，如雍正六年（1728）建救火班房，雍正十二年设义学2所，乾隆二年（1737）"添火药库房"等。②

成都驻防城。四川历来为兵家必争之地。清初朝廷并未在此设八旗驻防，后来为配合针对准噶尔部的战事，开始着手驻防事宜，并派遣少量官兵防卫。康熙五十七年（1718）盖造官房七百三十二间，兵房四千八百间（此时所建皆为一般衙署营房）。康熙五十八年，"于府城西北隅斜板桥造满城一座"，驻防城形成，"周围八百一十一丈七尺三寸，计四里五分，高一丈三尺八寸，底宽五尺，

---

① 《钦定大清会典则例》卷一百七十四。
② 《钦定八旗通志》卷一百十七。

顶宽三尺,城门楼四座"①。其时管理驻防城事务的最高官员为副都统,驻防城属于副都统级。雍正朝大规模"改土归流"之后,四川省军事位置的重要性日趋显露,准噶尔、大小金川之乱更是让清廷认识到了四川省军事位置的重要性,所以于乾隆四十一年(1776)三月设将军1名(初驻雅州,后移驻成都)进行管理②。将军管辖成都驻防城后,原"副都统衙署作为将军衙署"使用③。

(2)雍正年间新驻防城的建立

宁夏驻防城。宁夏治所在今银川市,自古为中原门户。康熙朝为控扼三藩军队北上,曾于康熙十五年"设驻防陕西宁夏府"(沿黄河以西,靠近长城)④,进行临时驻防⑤。西宁一战,宁夏地区变得重要起来,清廷于是开始筹划在此地设立长久驻防,"雍正二年,设满城一座"⑥,建立驻防城容纳官兵。雍正三年(1725),设宁夏将军1名,副都统2名,同时并置协领、佐领、防御、骁骑校、笔帖式等官及广大兵员,驻防城军事力量得到增强。雍正八年(1730)和乾隆二年(1737)又分别有两批太原八旗驻防兵被调往宁夏。乾隆三年(1738),因地震将城垣房屋全行坍塌,驻防城被毁,于是又于"(乾隆)四年重建城垣","在汉城西门外"⑦重建新驻防城(满城)。所以宁夏共有新旧两座驻防满城。乾隆十一年(1746)时,宁夏驻防城甲兵达到3400名,后来兵额缩减,到乾隆三十四年(1769)时不足初设时的2200名之数,而且右翼副都统

---

① 《钦定八旗通志》卷一百十七。
② 《清史列传》卷二九"明亮传"。
③ 《钦定八旗通志》卷一百十七。
④ 《钦定大清会典则例》卷一百七十四。
⑤ 定宜庄:《清代八旗驻防研究》,辽宁民族出版社2003年版,第41页。
⑥ 《钦定八旗通志》卷一百十七。
⑦ 同上。

也被裁撤,城池的驻防作用有所削弱。

潼关驻防城。雍正五年(1727)三月,工部尚书李永绍等议准,陕西总督岳钟琪疏称,潼关添设八旗官兵,兵额1000名,设城守尉1名,下设防御8名,骁骑校8名。雍正五年(1727)还"在潼关城(沿河,位于黄河之南)西一里许筑城,并设官员衙署,兵丁营房"①。驻防满城周围四百九十二丈二尺,以一百八十丈为一里,合计二里七分三厘四毫零②,为城守尉级驻防之城。

福州八旗水师驻防城。福州除了城内布设大量兵员外,还置立了水师营,并且修造城池以示容纳。福州八旗水师营驻防于雍正六年(1728)设,同时造设衙署营房。建"协领衙署一所,十五间,佐领衙署二所,每所十二间",另有其他诸多相关建置。这些设施位于福州府闽县三江口洋屿地方,军器库、火药、教场等在一里外的洋屿鹤山边。驻防城初设时"唯临江一面建有城垣、营门",其余三面"未建",乾隆二年(1737)添筑围墙,"高一丈二尺,设四门,围长二里三分"。③

乍浦驻防城。清代,平湖县乍浦地方系浙海口要路,通达外洋诸国,距离杭州仅二百余里,军事战略位置突出。雍正六年(1728),挑选兵员在此驻扎防守,与杭州"易于照应"④。雍正七年(1729)建立水师左营进行驻防,于杭州府驻防满洲蒙古内选余丁四百二十六名,合康熙六十年(1721)裁兵后所剩三百七十四名兵员,共八百名官兵移驻乍浦。雍正八年1730则调江宁八

---

① 《八旗通志初集》卷二十八,第534页。

② 《钦定八旗通志》卷一百十七。

③ 同上。

④ 《清世宗实录》卷七十二,雍正六年(1728)八月乙未。

百名兵丁组成水师右营,由副都统 1 名统领,驻防体制进一步得以完善。乍浦虽设水师之兵,仍建有驻防城池(乍浦城)以供官兵居处,情况特殊。雍正六年(1728),驻防城造设副都统、协理、佐领等官员衙署,"左营衙署营房系雍正七年(1729)建","右营衙署营房系雍正八年(1730)建"。乍浦驻防城主要由八旗官兵据守,满营内也有一些绿营水手,计"四百名,每名房一间,在城内东南隅"。乾隆三十一年(1766)增设火药局,五十六年奏准令左右两翼每营选满洲教习一名,设清语总学房、蒙古语学房各一所。①

青州府驻防城。作为京师左臂,山东一带在金元以前位置最重要的是济南,明代海疆多事,青州地位逐渐上升。清初,由于对青州的重要性有不同认识,所以青州的军事力量未得到加强。清廷本来计划在登、莱两府的沿海地方设立水师营,作为建立八旗水师的宏伟计划之一,但是官员田文镜却奏其不便。雍正七年(1729),议政大臣等议复:"山东青州府,为适中之地,内与陆路各营声势联络,外与沿海营汛呼吸相通,设立满洲兵驻防可以资弹压而重保障。"②,于是青州开始设置驻防官兵。雍正十年(1732)兵丁派驻到位,设将军 1 名,并设副都统 1 名、协领 4 名以及马甲2000 名、步甲 400 名。驻防设置的同时,也开始建造驻防满城以供居住,"满城一座","四门,城楼四座,大城月城共门八座,出水闸三座,周围长一千零四十九丈"。从雍正七年(1729)至乾隆二十五年(1760),青州一直是将军级驻防城,后乾隆二十六年(1761)裁汰将军员缺,由副都统进行管理。最高驻防官员更替

---

① 《钦定八旗通志》卷一百十七。
② 《清世宗实录》卷八十三,雍正七年(1729)七月甲寅。

后,驻防城内一些设施也被调整,将军衙署改为副都统衙署,而副都统衙署则改为公廨门,公廨门改为万寿宫。乾隆三十五年(1770)陆续裁汰佐领四名,以其房为存贮器械库,又裁汰马甲五百名,以其房作为档房,并分给兵丁使用①。

(3)乾隆年间驻防城的确立完善

绥远驻防城。绥远,西界黄河,北通扎萨克,东接察哈尔大青山前后,为满洲蒙古八旗牧场喇嘛游牧地方②,是军事上值得重视的形胜之地。乾隆二年(1737),清朝开始有意于此塑造驻防力量,设"满洲蒙古汉军三千九百名"。为了使驻防官兵获得居住之所,雍正十三年(1735)就已动工兴建绥远城(或称新城),至乾隆二年(1737)终于竣工,"设立城垣衙署官房等项,城长九里十三步,内土外砖"③。绥远城由将军率管驻防事务,故而为将军级驻防城。驻防城驻防官兵更换频繁,城内设施也多有变动。

凉州府驻防城(西北,黄河以北,近长城)。凉州为甘肃咽喉,通省关键。雍正十三年(1735),清廷开始着手设驻防于甘肃凉州府,并设八旗满洲兵一千三百六十名,蒙古兵三百二十名,汉军兵三百二十名,内委前锋校十有六名,前锋一百八十四名,鸟枪领催五十二名,鸟枪骁骑兵八百四十八名,领催五十二名,骁骑兵八百四十二名,炮手五十二名,步军六百名,弓匠箭匠铁匠各二十四名。但是该处驻防的正式设置为乾隆二年(1737),当时置将军1名,副都统1名,并建立驻防满城一座,"围长一千三百十四丈,计七

---

① 《钦定八旗通志》卷一百十七。
② 《清高宗实录》卷一百三十九,乾隆六年(1741)三月甲午。
③ 《钦定八旗通志》卷一百十八。

里二分,高二丈四尺,外砖里土,城门四",城内的设施乾隆初年陆续建立完成①。凉州驻防城初为将军级别,乾隆二十七年(1762)由于准噶尔回疆全面平定,大量满洲、蒙古兵员被移往伊犁,仅留副都统 1 名统领,驻防城也就降为副都统级。

庄浪驻防城。与凉州一样,庄浪也于雍正十三年(1735)开始酌量设置驻防官兵,"八旗满洲六百八十名,蒙古汉军各一百六十名,内委前锋校八名,前锋九十二名,鸟枪领催二十六名,鸟枪骁骑四百二十四名,领催二十六名",并置骁骑、炮手、步兵、工匠、箭匠、铁匠等。乾隆二年(1737)设置副都统 1 人,从西安、蒙古、汉军内抽调马步兵四五千名,以弹压蒙古、番人②。也建立了驻防满城,"设城垣一座,长八百四丈,计四里四分,高二丈四尺,四门",由副都统率领,为副都统级驻防城。后来乾隆二十八年(1763),庄浪副都统被改设城守尉,由凉州副都统统辖,驻防城降为城守尉级③。

(二)时间发展特征

1. 驻防和驻防城之间设置时间上的特征

根据上述,可以对驻防城和其所在驻防建设时间上的特点作出分析(见表 3 - 2)。

---

① 《钦定八旗通志》卷一百十七。
② 《清世宗实录》卷一百五十六,雍正十三年(1735)五月戊辰。
③ 《军机处录副奏折》乾隆二十八年(1763)六月一日,定宜庄:《清代八旗驻防研究》,第 43 页。

表3-2　驻防城和所在驻防设置时间对比表

驻防	建立时间	驻防城	建立时间
陕西西安	顺治二年	西安满城	顺治二年设,康熙二十二年扩建
浙江杭州	顺治二年	杭州满城	顺治五年
江南江宁	顺治二年	江宁满城	顺治六年,康熙十三年增建
山西太原	顺治六年	太原旧、新满城	顺治六年、光绪十二年
山东德州	顺治十一年	德州驻防城	顺治十一年
江南京口	顺治十六年	京口驻防城	顺治十六年
福建福州	康熙十九年	福州驻防城	康熙十九年
广东广州	康熙二十年	广州驻防城	康熙二十年
湖北荆州	康熙二十二年	荆州满城	康熙二十二年
山西右卫	康熙三十二年	卫驻防城	康熙三十二年
山西归化	康熙三十二年	归化驻防城	明隆庆、万历年间建
河南开封府	康熙五十八年	开封满城	康熙五十八年
四川成都府	康熙五十七年	成都满城	康熙五十八年
宁夏府	康熙十五年	宁夏旧、新满城	雍正二年、乾隆四年
陕西潼关县	雍正五年	潼关满城	雍正五年
福建福州水师营	雍正六年	水师驻防城	雍正六年
浙江乍浦	雍正六年	乍浦满城	雍正六年
山东青州府	雍正七年	青州满城	雍正七年
绥远	乾隆二年	绥远驻防城	乾隆二年
甘肃凉州府	雍正十三年	凉州满城	乾隆二年
甘肃庄浪	雍正十三年	庄浪满城	乾隆二年

注:驻防主要指开始设立的时间,而驻防城指竣工的时间

　　据表3-2,清廷在直省共建21座驻防城,这些驻防城和所在驻防之间设置时间上存在三种情况:第一种是驻防城和驻防设置基本同步,就是说驻防设立的时候驻防城的筹建工作也展开了;第

二种是驻防城的城池不是清朝新建的,而是先有城池,设防后即具有驻防城之实;第三种是驻防设置在前,驻防城的建立则相对较晚。属于第一种情况的驻防城包括西安、太原、德州、京口、福州、广州、荆州、右卫、开封、潼关、福州水师、乍浦、青州、绥远 14 城。符合第二种情况的驻防城仅有归化城一座。属于第三种情况的包括杭州、江宁、成都、宁夏、凉州、庄浪 6 城。需要说明的是,太原、宁夏两满城由于在发展中遭到废圮,皆被重新改建过,改建的新城在时间上要晚于驻防的设置。由上可见,直省驻防城中与驻防建造同步的约占 67%,比重较高,晚于驻防的占 29%,而早于驻防的则仅占 4%,比例最小。这就充分说明,直省驻防城中绝大部分是为重新造设之城。

2. 各时期驻防城的设置数量比较

根据上面论述,直省驻防城在顺治时期共造设六处,分别是西安、杭州、江宁、太原、德州、京口,其中西安、杭州、江宁虽然驻防设置时间一致,但以西安满城设建最早,其次为杭州,江宁最晚。而江宁、太原满城虽然所在驻防置设时间相差四年,但是都在顺治六年建成,竣工时间一致。六个防城中,京口驻防城设置时间最晚,顺治十六年始成。康熙年间始置满城共 7 座,分别是福州、广州、荆州、右卫、归化、开封府、成都府,福州、广州、荆州建城时间前后比较紧凑,而右卫、归化两城之间以及开封、成都两城之间驻防城的完全形成时间基本上一致,分别是康熙三十二年和五十八年。雍正时期造设宁夏、潼关、福州水师、乍浦、青州五处驻防城,都在雍正中叶以前建成,以宁夏建设最早,青州较晚。乾隆时期共筑绥远、凉州、庄浪三处满城,都竣工于乾隆二年,时间完全一致。据此,从时间发展来说,直省驻防城的创建大致可分为三个阶段:顺治时期为驻防城的初创阶段;康熙、雍正年间则为驻防城的基本确立时期;乾隆二年(1737)为驻防城达到完备的时间。

二、驻防城的地域分布及其特征

(一)直省驻防城子系统

1.山东驻防城体系

德州驻防城顺治十一年(1654)设立时,派遣城守尉一人管理驻防事务,从此德州驻防城演变为城守尉级驻防城。后青州设立驻防,雍正"七年设青州驻防将军一人,副都统一人",驻防城级别曾属于将军级,乾隆二十六年(1761),裁青州将军一人,"留副都统管辖驻防官兵",青州驻防城从而下降为副都统级。自从青州设立副都统管理具体事务后,德州城守尉就受其统领,所辖驻防也由青州副都统兼辖,因此山东驻防实际上形成了由德州、青州两处驻防构成的体系,而这两处驻防下的驻防城从而也组成了一个城池系统,青州副都统为管理这一体系具体事务的相对稳定的最高长官。

2.山西驻防城体系

山西驻防城总的体系由右玉、归化、绥远三城和太原城构成,其中,前三城在发展过程中基本属于同一个系统,由绥远将军兼辖,而太原城起初比较独立,后来由山西巡抚兼辖,因此属于独立驻防城,与右玉、归化、绥远三城共同形成了山西地区的驻防城系统。其实,山西境内的驻防城系统并非一直处于稳定的状态,而是随着驻防官员级别的不断调整有所变化。根据史料记载,各驻防城的官员及驻防城级别调整情况如下：

右玉驻防城。康熙三十二年（1693）设驻防和城池，翌年（1694）设立驻防将军一人，护军统领二人，左右翼副都统四人，三十七年裁右卫驻防护军统领二人，副都统二人，乾隆二年（1737）裁右卫将军一人，副都统一人，"留副都统一人管辖右卫官兵"，乾隆三十三年（1768）设右卫城守尉一人，裁副都统一人，因此右玉驻防城级别经历了由将军级—副都统级—城守尉级的变化。

归化驻防城。归化城驻防主要由副都统管理，最初由右卫将军兼辖，乾隆二年（1737）将军移驻绥远城后，副都统主管驻防事务，乾隆二十八年（1763）复裁归化城都统一人，令土默特二旗归绥远将军兼辖，"只留归化城副都统一人"[1]。所以，归化城主要为副都统级驻防城。

绥远驻防城。乾隆二年（1737）裁右卫将军一人，副都统一人，改驻绥远城，设绥远城驻防建威将军一人，副都统二人，绥远城成为将军级驻防城。乾隆二十六年，裁归化城都统一人，并裁绥远城副都统一人，而将军仍驻此城，管理右玉、归化城驻防事务。[2]

太原驻防城。顺治六年（1649）设驻防时置最高官员城守尉，后来"乾隆二十一年（1756）定太原城守尉归山西巡抚兼辖"[3]，为独立的驻防城池，但仍属山西驻防城体系的一部分。

3. 江南驻防城体系的形成

体系由江宁和京口两驻防城构成。京口驻防城，顺治十一年

---

① 《皇朝文献通考》卷一百八十四。
② 同上。
③ 同上。

(1654)设总管督理驻防事务,十六年设镇海将军1人、副都统2人,是为将军级驻防城。乾隆二十二年(1757)裁京口将军1人,留副都统驻镇江,管辖驻防官兵,归江宁将军兼辖,将军每隔一月至京口查阅营伍①,这样京口驻防城降为副都统级。江宁驻防城,顺治二年(1645)设江宁驻防将军一人、副都统二人,乾隆三十四年(1769)裁江宁副都统一人,是为将军级驻防城。据上可知,乾隆二十二年(1757)京口驻防事务由江宁将军辖领,形成了江南驻防城体系。

4.浙江驻防城体系

杭州驻防城初设驻防时,各置满洲佐领、蒙古佐领骁骑校,以总管一人统之,又设汉军都统一人,副都统二人,管辖汉军兵,仍由总管节制。康熙十三年(1674),裁杭州驻防总管及汉军都统,改设满洲将军一人,满洲副都统二人,汉军副都统二人。可见杭州驻防满城是将军级驻防城。虽然乾隆十六年(1751)、二十七年各裁汉军副都统一人,但将军未裁,驻防城级别没有变化。乍浦驻防城,雍正七年(1729)移杭州驻防右翼副都统一人往驻乍浦,驻防城是为副都统级。乍浦驻防城所在驻防主要由杭州将军兼辖,与杭州驻防形成一体,两处驻防城也就形成了浙江区域的驻防城体系。

5.宁夏、甘肃驻防城体系

康熙十五年(1676)设宁夏驻防将军1人、左右翼副都统2人,所以宁夏驻防城属将军级。乾隆二年(1737)设凉州驻防将军

---

① 《皇朝文献通考》卷一百八十五。

1 人,副都统 1 人,凉州驻防城初属将军级;后乾隆二十八年(1763)裁凉州将军 1 人,"只留副都统管辖"①,驻防城降为副都统级。乾隆二年(1737)设庄浪驻防副都统 1 人,庄浪驻防满城从而成为副都统级;后乾隆二十八年(1763)裁庄浪副都统 1 人,改设城守尉管辖,满城级别继而降为城守尉级。乾隆三十八年(1773)凉州增加西安移来副都统 1 人,庄浪增设城守尉 2 人,驻防城级别都没有发生大的变化。据上,宁夏、甘肃驻防城体系由宁夏、凉州、庄浪三城构成,其中宁夏级别最高,其次为凉州驻防城,庄浪最低。另有陕西驻防城体系,由将军所在的西安城和城守尉所在的潼关城组成,这里不再详述。

　　上述为直省总体驻防城体系框架下的次级驻防城系统,驻防城有些为将军级,有些为副都统级,有些属于城守尉级。总体上来说,将军级驻防城包括西安、绥远、江宁、杭州、宁夏、福州、广州、荆州、成都等处,副都统级驻防城(主要指与将军不同城者)包括青州、归化、京口、乍浦、凉州等处,城守尉级驻防城包括德州、右玉、太原、庄浪、开封、潼关等处。另外需要说明的是,福建水师驻防城驻防官员级别在城守尉以下,驻防城与其他驻防城不一样,情况比较特殊。

(二)空间分布特征

　　1.直省中,青海、云南、广西、贵州、湖南、安徽、江西等地没有建设驻防城或满城,而甘肃、陕西、山西、河南、湖北、山东、四川、浙江、江苏、福建、广州 11 省皆有建置,其中山西 4 城,为数最多,甘

---

① 《皇朝文献通考》卷一百八十八。

肃3城,位居其次,陕西、山东、江苏、浙江4省皆设2城,四川、广东、福建、河南、湖北5省皆置1城(见图3-2)。

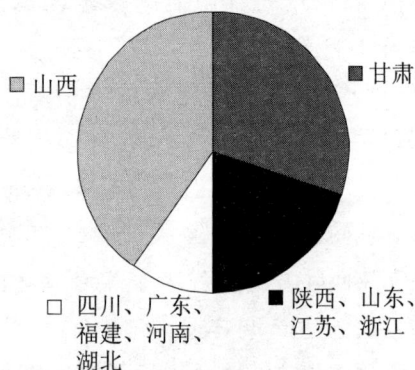

图3-2　清代直省驻防城建置数量比较图

2.大部分驻防城分布在府、厅、州县城内部或外部,与直省的一些地方城市发生或多或少的关系。这些地方城市有的为省城,包括西安府城、江宁府城、成都府城、广州府城、福州府城、杭州府城、开封府城、太原府城;有的为一般厅城,包括归化城厅城、绥远城厅城;有的则是州城,如德州;有的则为一般县城,如右玉县、潼关县、平番县等。最为特殊的当是乍浦和福州水师驻防城,前者位于一般城镇乍浦之境,后者则是处于闽江口附近(见图3-3)。

3.从自然地域分布角度来讲,驻防城所在可以分为黄河以北、沿黄河分布、黄河或长江之间、沿长江分布和长江以南等区城。位于黄河以北的包括庄浪、凉州、归化、绥远、太原、德州、青州等驻防城,沿河分布的包括宁夏、潼关、开封3城,而成都、西安位于黄河、长江之间,荆州、江宁、京口等处驻防城则沿江分布,杭州、乍浦、福州、广州等驻防城位于长江之南。另外,通过地图还可以发现,凉州、归化、绥远、右玉等处驻防城都沿长城一线分布,北可控扼蒙古,内可进行戍卫,军事作用甚为明显;广州、福州、福州水师、杭州、乍浦、江宁、京口、青州等驻防城距海颇近,尤其福州水师、乍浦两城,是水陆两面都具有驻防作用的城池。总之,直省之内,北有可遏制蒙古的归化、绥远等城,西北有可接应内地和西北边域的凉州、庄浪、宁夏等城,东部沿海则有水路兼备的杭州、乍浦、江宁、京口、青州等城,再加上中部作为内应的西安、开封、荆州等城、西南极具威慑力的成都驻防城和东南互相照应的广州、福州、福州水师等城,完全形成了一个严密的直省驻防网络体系。

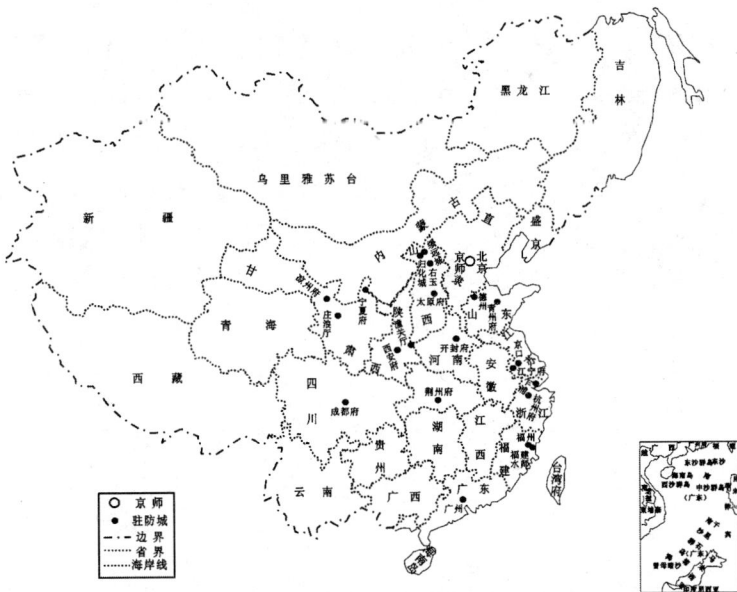

图3-3 直省驻防城空间分布示意图

4. 驻防城所在区域的战略地理形势。

直省驻防城是因驻防发展的需要而产生的,它们的建立在一定程度上反映出清朝在直省的军事驻防思路,同时更能表明驻防所在区域重要的战略地理形胜。顺治朝直省最初驻防城为西安、杭州、江宁、太原、德州、京口等处,西安府,"金城千里,天府之国,被山带河,四塞以为固,汧陇以东,商洛以西,厥壤肥饶,所谓陆海之地,践华为城,因河为池",地理条件优越,而且"左据函谷二崤之阻,表以太华终南之山,右界褒斜陇首之险,带以洪河泾渭之川",乃军事战略形胜之域。① 就西安城本身而言,也是古都之地,清朝时则是陕西省治所处之城,重要性毋庸置疑。杭州府则川泽沃衍,且有海陆之饶,是"东南巨屏",为都会之地,"号繁盛之乐土",具有不容忽视的战略作用,"包络山川,左江右湖,控引岛蛮,南跨吴山,北兆武林,左带长江,右邻湖曲"。② 江宁府不仅"钟山龙盘,石头虎踞",而且拥有长江天堑之险,正所谓"东以赤山为成皋,南以长淮为伊洛,北以钟山为曲阜,西以大江为黄河,控至长江,呼吸千里,足以虎视吴楚,应接梁宋,控引二浙",具有山川天然地利,军事上可"外连江淮,内控湖海",意义重大③。太原府也据地理上的战略优势,"左有恒山之险,右有大河之固襟,四塞之要冲,控五原之都邑,临谷为堑,因山为障,带二水之双流,据百岭之重阻,云代为之前襟,泽潞为之后翼④"。德州不仅是山东境内重要的八旗驻防,是扼运河南北的交通咽喉和清初引军南下的

---

① 《大清一统志》卷一百七十八。
② 《大清一统志》卷二百十六。
③ 《大清一统志》卷五十。
④ 《大清一统志》卷九十六。

通衢之处,而且与太原一样,是畿辅驻防的外围防点之一①。京口驻防城位于镇江府城内,该处"形势襟带江山,表里华甸,经途四达,苞总形胜,因山为垒",交通便利,山势险峻,形胜雄伟,战略上可"控制南北,内控江湖,北拒淮泗,山川形胜"②,是用武重要之处。由上,顺治时期驻防城分布在东部、东南和畿辅外围的地理形胜之地。

康熙年间始置驻防城共 7 座,分别是福州、广州、荆州、右卫、归化、开封府、成都府。宁夏驻防城虽然雍正二年(1724)始成,但是康熙十五年就已经开始驻防于此。由驻防城的建立可以分析,该时期加强了东南、中部、北部长城附近、西南和西北地区的驻防力量,且各城所在之地也都具有一定的战略地理形胜。福州驻防所在福州府地,"闽越地肥衍,吻海而派江,附山以居",东靠大海,是东南都会之域③;广州府则为负山带海之地,"地总百越,山连五岭,连山隔其阴,巨海敌其阳"④,山海形胜显著。荆州、开封两府地,前者"方城以为城,汉水以为池,西通巴巫,东有云梦之饶,北据汉沔,利尽南海,东连吴□,西通巴蜀,含带蛮夷",土地殷旷,乃军事重镇,具有"左顾川陕,右控湖湘,而下瞰京洛"的战略优势⑤,后者"天下之冲,四通八达之交",为要塞之地和交通枢纽,曾为"舟楫车马商贾辐辏"地,拥有战略地理条件,"冈阜缭转,龙蟠虎伏","结坤之络,振干之枢",优势不言而喻⑥。右卫、归化位于长

---

①　定宜庄:《清代八旗驻防研究》,辽宁民族出版社 2003 年版,第 19 页。

②　《大清一统志》卷六十二。

③　《大清一统志》卷三百二十五。

④　《大清一统志》卷三百三十九。

⑤　《大清一统志》卷二百六十八。

⑥　《大清一统志》卷一百四十九。

城附近,前者所处地区"东接恒山,西距黄河,雁门崎其前,桑干绕其后"①,后者与绥远城彼此呼应,北可控制蒙古,南则安定山西。成都府则为巴蜀沃野,天府之土,"抗峨眉之重阻",其地四塞,水陆所凑,乃西南控抚周围地区的险要之地②。宁夏府北邻大漠,南距平凉,东接榆延,西连甘肃,"黄河襟带于东南,贺兰蹲峙于西北",地险民富,可以说是四塞腴区③。

雍正时期造设潼关、福州水师、乍浦、青州4处驻防城,其中福州水师、乍浦、青州三城皆离海较近,表明该时期沿海布防力量的增加。潼关满城的设置与潼关自古既有的战略地理形势关系非常紧密,而且驻防城的建立还可以增加陕西区域的驻防力量。

乾隆时期共筑绥远、凉州、庄浪3处满城,绥远城位于杀虎口外,后有大青山,前有伊克土尔根、巴汉土尔与治所,左有喀尔沁之水、红山口之水汇其右,"地势宽平,山林拱向,实当翁公岭喀尔沁口军营之冲"④。凉州和庄浪满城所处的凉州府西连番部,东控宁夏,北接沙漠,再加上南部的黄河天险和沙河、西山的自然形胜,是西部重要的军事要地⑤。

因此,清代在直省建造驻防城并非无中生有,而是军事驻防发展的产物,各城所在区域都具有一定的战略地理形势,而这正是驻防城发展的一个因素。

---

① 《大清一统志》卷一百十一。
② 《大清一统志》卷二百九十二。
③ 《大清一统志》卷二百四。
④ 《大清一统志》卷一百二十四。
⑤ 《大清一统志》卷二百六。

第三节　东北驻防城时间发展和地域分布

一、盛京地区驻防城的时间发展和地域分布

(一)驻防城的时间发展和特点

1. 驻防城的创建

(1)顺治朝驻防城的初步发展

清世祖迁都北京,视陪都盛京为关外的政治军事中心,委正黄旗内大臣何洛会为盛京总管(三年更名盛京昂邦章京),镇守东北地区,在各要冲分派满洲八旗、蒙古八旗、汉军八旗驻防。以此为起点,东北八旗驻防体制和驻防城体系开始建立,正所谓"世祖章皇帝入关定鼎,以盛京为留都,设驻防昂邦章京,给总管印镇守其地,并设各城驻防"①。以此为起点,盛京地区的驻防和驻防城大量发展起来。

根据《钦定皇朝文献通考》卷一百八十二所记,顺治年间驻防和驻防城的设置情况如下:

顺治元年(1644)八月,世祖章皇帝以将迁都燕京,分设盛京八旗驻防兵,以正黄旗内大臣何洛会总统之,以镶黄旗梅勒章京阿哈尼堪统左翼,以正红旗梅勒章京硕詹统右翼,并且规定八旗每旗设满洲协领一人、满洲佐领四人、蒙古佐领一人、汉军佐领一人,统辖八旗满洲蒙古汉军兵。同时又以傅喀讷为熊岳城守官,设满洲佐领三人、汉军佐领一人;梭木拜为锦州城守官,拜楚喀为凤凰城

---

① 《钦定盛京通志》卷五十一。

城守官,额勒格为宁远城守官,各设满洲佐领 2 人、汉军佐领 2 人。胡世塔为兴京城守官,丹达礼为辽阳城守官,伊勒慎为牛庄城守官,青善为岫岩城守官,爱扬阿为义州城守官,各设满洲佐领 1 人、汉军佐领 1 人,并于盖州及耀州海州等处各设满洲佐领 1 人,汉军佐领 1 人,统兵驻防。三年改盛京驻防内大臣为昂邦章京。四年设广宁驻防,十七年设广宁城防御二人,兵二十八名,增设盛京城兵一百四十五名,合原设兵共九百四十五名,箭匠十名,铁匠十四名,是年,增定凤凰城兵为一百五十名,牛庄城兵为五十名。

　　在驻防和官员兵丁普遍设置的条件下,盛京地区的驻防城也逐渐建立起来,上述熊岳、锦州、凤凰城、宁远、兴京、辽阳、牛庄、岫岩、义州、盖州、耀州、广宁等都是因军事防卫需要而设的驻防城,承担着重要的防御作用。从时间角度分析,这些驻防城中除了广宁城稍晚,顺治四年(1647)始设外①,大都在顺治元年(1644)就已在驻防广泛设置后成为军事作用突出的驻防城。

　　另外,熊岳、锦州、凤凰城、宁远、兴京、辽阳、牛庄、岫岩、义州等城所置最高长官为城守官,盖州、耀州置所设为佐领,广宁为防御。从驻防官员的官职高低判断,城守官较佐领、防御高,前九座驻防城军事上的重要性比后三座显著。而在置设城守官的九城中,熊岳、锦州、凤凰城、宁远四城派驻的满洲军、汉军佐领都比兴京、辽阳、牛庄、岫岩、义州等城多了一名,所以前四城在驻防官员的设置上比后五城充实。同时还可发现,这一时期各驻防城的兵丁数量颇少,顺治十七年(1660)广宁城兵 28 名、牛庄城 50 名、凤凰城为 150 名即为实证。总之,上述驻防城起初由盛京总管统辖,后由昂邦章京统领,是入关以后顺治朝形成的不甚完备的驻防城

---

　　① 《四库全书》之《钦定盛京通志》卷五十一。

体系。

前述针对顺治年间驻防城的设置进行了扼要分析,尚需就驻防城本身进行研究,对驻防城的具体来源作出探析。一方面,上述驻防城大部分是建立在明代卫城的基础之上,有些在顺治以前就已经容兵驻防,具有驻防城之实,这些城包括:

熊岳驻防城。位于旧熊岳县故址,天命六年(1621)设驻防后就已成为驻防城,顺治元年(1644)仍旧;

凤凰驻防城。明成化十七年(1481)筑,崇德三年(1638)自通远堡移兵设驻防后成为驻防城;

辽阳城。即明辽东都司城,天聪六年(1632)驻防后为驻防城;

盖平驻防城。即明盖州卫城,天聪七年(1633)设驻防后即成为驻防城;

有些是顺治元年(1644)驻防后才演变为驻防城,分别是:

锦州驻防城。即明广宁中、左二屯卫城;

宁远城。明宣德三年(1428)建,即宁远卫城;

岫岩城。金岫岩县地,清初隶盖平县;

义州城。即明义州及广宁后屯二卫地,清初属广宁。

此外,广宁城也曾是明广宁中、左、右三卫地,金时置广宁府,元设广宁路,明洪武间指挥王雄因旧址修筑。清太祖辛酉年(1621)征明抚降之,顺治四年(1647)即在此驻防,并演变成驻防城。

另一方面,兴京、牛庄、耀州等城并非承袭原明旧城,而是满洲统治者在征服过程中建立的。兴京城本在天聪七年(1633)建置,并在后来扩筑外城;牛庄在海城县西四十里,天聪八年(1634)建后设防为城;耀州城则在海城县城西南六十里,周围二里三百步,南北二门,清初修筑,大将扬古利守此,曾于此败明将毛文龙。

总之,伴随着驻防的设立,顺治朝盛京地区的驻防城一部分在努尔哈赤、皇太极时期创建驻防城的基础上有了一定的补充完善,一部分则充分利用原来明代的卫城,形成了以总管或昂邦章京统辖的最初驻防城系统的雏形。

(2)康熙朝驻防城的基本建立

康熙年间,盛京地区的驻防城在顺治时的基础上又增加了许多,驻防城大都仍然伴随着驻防的建立而产生。

康熙元年(1662)改盛京昂邦章京为镇守辽东等处将军统领驻防官兵,四年改辽东将军为镇守奉天等处将军领之。在奉天将军的领辖下,盛京地区的新驻防点不断建立。康熙十八年(1679),设开原城防御三人、兵一百八十名。十九年设金州防御一人,佐领骁骑校各二人、兵一百名,又拨辽阳兵五十名、盖州兵五十名往驻金州。后康熙二十六年(1687),复州新设城守尉一人、防御八人、兵一千名,二十九年(1690)不仅从盛京拨防御 4 人、兵100 名往驻抚顺城,而且还委派等量的官兵额数至铁岭城驻防。同年,在原未设驻防的中前所、中后所、小凌河以及巨流河、白旗堡、小黑山、闾阳驿等地新设佐领各 2 人、骁骑校 2 人,兵各 100名。康熙五十三年(1714)还新设金州水师营,置旅顺驻防新城,派驻协领、佐领等官和兵丁驻防。康熙朝还在诸多边门布置驻防军事力量,如新台、白石嘴、清河等,这里不再赘述。

在上述驻防纷纷建立的基础上,新的驻防城也就产生了。上述除边门驻防非设置在城池内外,其余 13 处驻防皆布防于特定的城池内,而这些城池由于特定军事驻防的存在而具有了驻防城的特性。与顺治朝一样,康熙时期所置驻防城有些仍是承袭明代的卫城或他城,有些则是清代重新建立的。

　　因明代旧有城池而成的驻防城包括：

　　开原驻防城。本元开原路地，后成为明卫城，清康熙十八年（1679）设驻防后为驻防城。

　　宁海驻防城。即明金州卫城，清初隶盖平县，康熙十九年（1680）设驻防后成为驻防城。

　　复州驻防城。本明复州卫城，清初隶盖平县，后康熙二十六年（1687）设驻防成为驻防城。

　　抚顺驻防城（也叫抚西城），位于承德县，明洪武二十一年置千户所于此，旧名亦叫抚顺城，清朝康熙二十九年（1690）在该城设章京驻防，从而成为驻防城。

　　铁岭驻防城。在辽河东，古银州地，明设卫，清康熙二十九年（1690）设驻防后成为驻防城。

　　中前所驻防城。明宣德三年建，康熙二十九年（1690）设驻防后成为驻防城。

　　中后所城。明宣德三年建，康熙二十九年（1690）驻防后成为驻防城。

　　闾阳驿城。即明代驿城，康熙二十九年（1690）驻防后成为驻防城。

　　巨流河城。崇德元年建，康熙二十九年（1690）驻防后为驻防城。

　　旅顺新城。明时修建，康熙五十三年（1714）设驻防后成为驻防城。

　　康熙时期建立的驻防城为：

　　小凌河城。康熙二十九年（1690）驻防后为驻防城。

　　白旗堡城。康熙二十九年（1690）自山海关移驻为驻防堡城。

　　小黑山城。康熙二十九年（1690）驻防后为驻防城。

从以上陈述可以判断,康熙时期盛京地区的驻防城共增设13座,康熙十八、十九、二十一、二十六、五十三年各设一处,其余8城皆于康熙二十九年(1690)置设,所以是年,即康熙二十九年(1690)为驻防城建设的高峰期。如将顺治朝的驻防城一并统计,康熙二十九年(1690)盛京地区的驻防城共计24个:熊岳、锦州、凤凰城、宁远、兴京、辽阳、牛庄、岫岩、义州、盖州、耀州、广宁、开原、金州、复州、抚顺、铁岭、中前所、中后所、小凌河及巨流河、白旗堡、小黑山、闾阳驿。实际上,整个清代盛京地区的驻防城共24个,耀州由于后来驻防撤销被废弃。因此,顺治至康熙间,盛京地区的驻防城全部建立完成。

康熙年间在新驻防城建立的同时,顺治年间所建诸城也有了进一步的完善。由于驻防城在军事上主要受辖于驻防官员,官员的调整能反映出驻防城的重要性和体系的变化,所以本书拟通过驻防官员的调整情况说明驻防城的完善概况。

首先,顺治时期建置的驻防城的官员得到了合理的调整。康熙十三年(1674),广宁城增加防御1人,十四年锦州设城守尉1人,佐领骁骑校各8人,义州城设城守尉1人,佐领、骁骑校各7人。十八年,增添广宁城佐领、骁骑校各3人,锦州佐领、骁骑校各7人。及至二十六年,又增设兴京城守尉1人,防御骁骑校各4人;凤凰城城守尉1人,防御6人,骁骑校8人;辽阳城守尉1人,防御骁骑校各8人;熊岳城守尉1人,防御8人;岫岩城守尉1人,防御8人。二十八年,增设熊岳、岫岩骁骑校各8人。二十九年,广宁城增设防守尉1人。三十一年,凤凰城、辽阳、熊岳、岫岩等城各增佐领一人,骁骑校一人,并且增设了义州城佐领骁骑校各七人。第二年,即康熙三十二年(1693),增设义州城佐领骁骑校各5人。

其次,康熙时期建立的驻防城驻防官员也得到了程度不一的调整。康熙二十一年(1682),增设开原佐领骁骑校各 1 人、兵 29 名。二十六年增设开原城守尉 1 人,防御 4 人,骁骑校七人;金州增设城守尉 1 人、防御 7 人,二十八年增复州、金州骁骑校各 8 人。三十一年,增设开原、复州、金州佐领骁骑校各 1 人,五十年,增设金州佐领骁骑校各 3 人。

所以,至康熙末,盛京地区的驻防城不仅大都创建完成,而且驻防城官员的设置日趋合理,其中将军为最高军事大员,其次为城守尉、防守尉、佐领、骁骑校等官。如果从驻防城最高官员角度而言,设立城守尉的驻防城为锦州、义州、兴京、凤凰城、辽阳、熊岳、岫岩、开原、宁海(金州①)、复州、旅顺、牛庄等;设防守尉的为广宁城,康熙二十九年(1690)设;抚顺、铁岭最高军事官员为防御,盖州、宁远州、中前所、中后所、小凌河、巨流河、白旗堡、小黑山、闾阳驿等城为佐领。

2. 驻防城的发展

顺治、康熙时期,盛京地区的驻防城基本上完成了建立,到雍正、乾隆时期,驻防城又有了进一步发展,尤其是乾隆时驻防城的修缮工作进行得如火如荼。

(1)雍正时期驻防城体系的完全建立

雍正朝新增了旅顺新城,驻防城不仅完全建立,而且形成了完整的驻防城体系。因为驻防城体系基本上与驻防体系一致,而驻防体系又主要由驻防官员的从属关系体现出来,所以分析驻防城

---

① 据《史部,地理类,都会郡县之属,钦定盛京通志》卷五十一:"宁海驻防,即金州驻防,康熙二十年(1681)设。"

体系首先需要阐明雍正时期盛京地区官员的从属关系。关于驻防官员的从属关系,根据《钦定盛京通志》卷五十一所言可知:"谨案以上各驻防皆奉天将军统辖之地,自将军而下其辎重且要者则设副都统驻扎,次则城守驻防,次则佐领、骁骑校驻防。盖城守尉隶副都统,协领、佐领隶城守尉,骁骑校等员复隶协领、佐领,而皆统隶于将军。其设官之数皆准设兵多寡,因地异,宜以奋武卫、固疆圉",将军为最高军事长官,其次为副都统,然后依次为城守尉、佐领、骁骑校,其中副都统领城守尉,城守尉领协领、佐领,而协领、佐领又领骁骑校,形成了官员级别上的严密层递关系(见图3-4)。

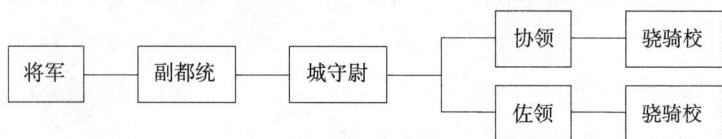

图3-4　雍正时期盛京地区官员的隶属关系图

　　根据上述关系,参照雍正时期《钦定皇朝文献通考》卷一百八十二,雍正朝驻防城的官员屡有调动,其中最为突出的是雍正二年移盛京副都统1人驻锦州城和五年熊岳城副都统的建立。将盛京1名副都统考虑进去,盛京地区共有3位副都统。以3位副都统为首,盛京地区的驻防城也形成了三大体系:盛京副都统驻防城序列;锦州副都统驻防城序列;熊岳副都统驻防城序列。此三大序列中的驻防城皆受将军辖领,统一在将军管辖下的驻防城系统内。

　　盛京副都统驻防城序列。盛京城作为满清统治者的留都,与其他驻防城有所区别,故而本书拟不纳其入驻防城体系进行研究。然而,以盛京副都统为首的驻防城序列在此一时期却甚为突出,统领的驻防城包括由城守尉率驻的兴京、辽阳、开原、宁海(金州)、盖平和由防守尉专辖的广宁等 6 处级别较高的驻防城以及抚顺、铁岭、巨流河、白旗堡、小黑山、闾阳驿等级别稍低的驻防城,其中抚顺、铁岭驻防城由防御率驻,分别由兴京、开原两城城守尉兼辖,而巨流河、白旗堡、小黑山、闾阳驿等由佐领统领的驻防城则由广宁城防守尉管理。此外防守尉所驻牛庄城,以及城守尉统率的凤凰城,也都是盛京副都统驻防城序列的组成部分。以上共 14 座驻防城。

锦州副都统驻防城序列。雍正二年(1724)设副都统,统领城守尉所率锦州城和义州城,以及佐领专辖之小凌河、宁远、中前所、中后所(今绥中)4 处驻防城。以上共 6 座驻防城。

熊岳副都统驻防城序列。雍正五年(1727)始设熊岳副都统,统领城守尉统领的熊岳城、岫岩城、复州城和旅顺新城等驻防城。以上共 4 座驻防城。总体上,盛京将军驻防区专城驻防共 24 座。

(2)乾隆时期驻防城修缮高潮的出现

乾隆时期,驻防城的发展达到了高峰,这可由驻防城的修缮得以反映。根据《钦定盛京通志》卷二十九所记,乾隆时期许多驻防城在以前的基础上被重新修整完善,具体情况见表 3－3:

表 3－3　乾隆年间被修缮的驻防城名目及时间简表

驻防城	修缮时间	驻防城	修缮时间
抚顺(抚西)	乾隆四十三年(1778)	巨流河	乾隆四十三年(1778)
辽阳城	同上	盖平	同上
开原城	同上	宁海县	同上
岫岩城	同上	锦州府	同上
熊岳	同上	宁远	同上
中前所	同上	中后所	同上
义州	同上		

由上表可知,盛京 24 处驻防城,有 13 处曾在乾隆时期被重修,并且,所有被修缮的驻防城中除了宁远城整修时间为四十二年,其余抚顺、辽阳、开原、岫岩、熊岳、中前所、义州、巨流河、盖平、宁海县、锦州、宁远、中后所 13 城全都在四十三年被修,充分说明乾隆四十三年(1778)是盛京地区驻防城的修缮高潮期。

乾隆时期不仅驻防城本身的修缮工作达到高峰期,而且驻防城的驻防官兵也在不断调整增减,就防御以上的官员来讲,各城具体的官员调整情况如下:

乾隆十二年(1747),改奉天将军为镇守盛京等处将军统领所有驻防。是年,改熊岳锦州城守尉一人为协领,拨盛京防御十人、兵四百八十名分驻牛庄城、盖州城,各防御五人。十三年,裁牛庄城、盖州城防御各四人,增设防守尉各一人。至此,牛庄、盖州主要城守官员为防守尉,设置防守尉官员的驻防城也就有了三个:广宁、牛庄、盖州。总之,通过上面的论述可知,由于乾隆时期各驻防官员的变化不大,盛京地区驻防城序列没有进行明显地调整,实际上仅盖平城(盖州城)"天聪七年(1633)设,原属奉天将军(盛京副都统),乾隆十五年(1750)改归熊岳副都统就近专辖"[①]。

(3)乾隆以后驻防城的进一步调整发展

乾隆之后,盛京地区没有新的驻防城产生,只是驻防城的官兵仍在不同的时段有所调整,就官员来讲,雍正五年(1727)所设熊岳副都统于道光二十三年(1843)移驻金州,更名为金州副都统,先前由熊岳副都统兼辖的驻防城序列有所更正,成为金州副都统驻防序列:领熊岳、盖州两处协领,复州城守尉,熊岳防守尉以及旅顺新城。

咸丰八年至光绪三十年(1858—1904)为盛京驻防八旗走向

① 《钦定盛京通志》卷五十一。

衰落的时期,同时也是驻防城走向衰落的时期。这个历史阶段东北的形势发生了重大变化,半殖民地半封建化的程度日渐加深,八旗防军在内外各种力量的打击下被极度削弱。光绪元年(1875)以后,八旗兵局部向新式军队过渡,练军就是这个过渡期的产物,八旗兵走向衰亡的趋势已无法逆转,正如《清史稿》所说,起用湘、淮军以后,"至是兵制盖数变矣"。盛京将军驻防区经过调整后形成了如下驻防城序列:

盛京副都统:领辽阳、岫岩、广宁3城城守尉,牛庄、铁岭2城防守尉和抚顺城防御。巨流河、白旗堡、小黑山、闾阳驿4城佐领均隶属广宁城守尉。

兴京副都统:领兴京城协领以及开原城和凤凰城2城城守尉。

锦州副都统:领锦州城协领,小凌河、宁远城、中前所、中后所4城佐领和义州城城守尉。

金州副都统:领金州、熊岳、盖州3城协领,复州、旅顺城守尉和熊岳城防守尉。

以上盛京将军驻防区专城驻防共25处(将盛京城计算在内),与雍正时期的驻防城序列有异同之处。相同之处,两个时期的驻防城序列皆包括盛京副都统、锦州副都统所领驻防城序列,序列中很多驻防城除了官员有所调整外,属性上没有发生很大的改变。不同的是,此时期所形成的驻防城序列又建置了兴京副都统,产生了新的驻防城序列,原属盛京副都统的开原、凤凰两城被纳入其中。另外,原熊岳副都统道光时移设为金州副都统后,形成以金州副都统为首的驻防城序列,并一直延续到此时期。

3. 双重性质驻防城的发展

所谓双重性质主要是由于盛京地区相当一部分驻防城在发展

中不仅承担军事驻防方面的任务,而且驻防城内部还设有民署机构管理民人事务,所以已经不再是纯粹意义上的军事城池,实际上还具有府厅州县等一般城市的特点,因而也就具有了双重性质。可以说,正是因为盛京地区的驻防城具有如此特点,才与新疆、畿辅、直省等地的驻防城之间产生了诸多区别,关于这点下文将详加阐述。

由上所述,盛京地区的驻防城并非全部具有双重性质,在驻防和驻防城衰落以前,根据驻防城管理机构的差异可将它们分为两类:一般意义上的驻防城(为驻防专城,有的仅设有管理旗民交涉事务的官员);双重性质的驻防城(驻防和州县同城,既是驻防城,又因设有重要的民署而具有一般府、州、县城的特点)。

一般意义上的驻防城指光绪之前的发展时段内一直都是由八旗旗署管理的专门驻防城池,非府、州、县城。主要包括:

兴京城,天聪七年(1633),设城守尉驻此。乾隆二十八年(1763),增设理事通判厅。凡驻防旗务以城守尉治之,仍统于奉天将军,凡旗民交涉事务以通判治之,仍统于奉天府尹。

凤凰城,天聪八年(1634),驻官兵于通远堡,崇德三年(1638),移驻于此,设城守尉及佐领、防御、骁骑校等员管理驻防旗务,雍正年间,定旗民交涉事务分属熊岳通判管理。

牛庄城,在奉天府海城县西40里,明为海州卫地,置牛庄驿于此,天命六年(1621),设防御驻此管理驻防旗务。

熊岳城,清初设城守尉及佐领、防御、骁骑校等员驻此。雍正五年(1727),移置副都统镇守后又增设理事通判厅,凡驻防旗务以城守尉治之,隶于副都统,仍统于奉天将军,凡旗民交涉事务以通判治之,统于奉天府尹。

岫岩城,清朝康熙二十六年(1687)设城守尉及佐领、防御、骁骑校等员驻此,雍正年间定旗民交涉事务分属熊岳通判管理。

旅顺城,康熙二十年(1681)设水师营,协领及佐领、防御、骁骑校等员驻此管理驻防旗务。

抚顺城,康熙二十九年(1690)设防御驻此管驻防旗务,属兴京城守尉,仍统于奉天将军。

巨流河城,康熙二十九年(1690)设佐领于此管理驻防旗务,属广宁协领,仍统于奉天将军。

白旗堡城,在广宁县东一百六十里,本朝康熙二十九年(1690)设佐领于此管理驻防旗务,属广宁协领,仍统于奉天将军。

小黑山城,在广宁县东六十里,本朝康熙二十九年(1690)设佐领于此管理驻防旗务,属广宁协领,仍统于奉天将军。

闾阳驿城,康熙二十九年(1690)设佐领于此管理驻防旗务,属广宁协领,仍统于奉天将军。

小凌河城,康熙二十九年(1690)设佐领于此管理驻防旗务,属锦州副都统,仍统于奉天将军。

中后所城,康熙十四年(1675)设佐领于此管理驻防旗务,属锦州副都统,仍统于奉天将军。

中前所城,康熙二十九年(1690)设佐领于此管理驻防旗务,属锦州副都统,仍统于奉天将军。

以上都是"专城驻守地,不属于州县者"①,其中兴京、熊岳城皆设民政机构——理事通判来管理熊岳城、凤凰城、岫岩城三城旗民交涉事务,一并统于奉天府尹,其余12城都是由驻防官员承担军政事务的管理。因此,上述盛京地区的驻防城一直是清代光绪以前奉天将军率领下的驻防官兵的专驻城池,承担着军事方面的

---

① 《皇朝文献通考》卷二百七十一。

防卫作用,为一般意义上的驻防城。

双重性质的驻防城。其内设有旗署和民署双重机构,这些城池都是最初因为驻防的需要而兴起,后随着移民的迁入而逐渐设置旗署管理体制,从而形成二元军政、行政体制,直至清末,由于民人的大量增加,驻防和州县制并存的二元管理体制越来越不适应社会发展需要,州县制终于取代八旗体制成为行政管理的主体①。

由上所述,双重性质的驻防城是由于州县制度的设置而区别于一般意义上的驻防城。属于这一类型的驻防城的旗署、民署管理具体情况可依据史料窥之。

就奉天府城而言,其内一方面设有八旗驻防最高官员——将军;另一方面又于顺治十四年(1657)设立奉天府行政制度,派遣奉天府尹管理各州县行政事务,是军政、民政管理机构并存的留都,"城内自奉天将军以下又分设副都统、协领、佐领等员,凡满洲、蒙古、汉军八旗事务,统之于奉天将军,而民人事务则统之于奉天府尹"。所以,将军和奉天府尹分别是整个盛京地区军事、行政方面事务的最高管理官员。在这总的二元管理制度下,盛京地区的很多驻防城管理也都具有二元制的特征。具体情况分述如下。

首先是奉天府辖区范围内各城:

辽阳城。顺治初设东京辽阳城守尉驻此,成为驻防城。顺治十年(1653)并置辽阳府,领辽阳、海城二县。顺治十四年,罢府为辽阳县。康熙四年(1665)升为辽阳州,"凡驻防旗务以城守尉治之,统于奉天将军。凡民人事务以知州治之,统于奉天府尹"。

开原城。康熙二十一年(1682)设开原城守尉驻此,康熙三年

---

① 张士尊:《清代盛京移民与二元行政管理体制的变迁》,《东北师范大学学报》(哲学社会科学版)2004年第4期,第22页。

（1664）置开原县，"凡驻防旗务以城守尉治之，统于奉天将军，凡民人事务以知县治之，统于奉天府尹"。

铁岭城。康熙三年（1664）置铁岭县。二十九年，设铁岭防御驻此，"凡驻防旗务以防御治之，属于开原城守尉，仍统于奉天将军，凡民人事务以知县治之，统于奉天府尹"。

盖平城。天聪七年（1633）设盖州防御驻此。康熙三年（1664），置盖平县，"凡驻防旗务以防御治之，隶于熊岳副都统，仍统于奉天将军，凡民人事务以知县治之，统于奉天府尹"。

复州城。康熙二十六年（1687）设复州城守尉驻此。雍正五年（1727），设复州通判，辖复、金二州之地。十二年，改为州。"凡驻防旗务以城守尉治之，隶于熊岳副都统，仍统于奉天将军，凡民人事务以知州治之，统于奉天府尹"。

宁海城。康熙二十年（1681），设金州城守尉驻此。雍正五年（1727），兼属复州通判所辖。十二年，置宁海县，"凡驻防旗务以城守尉治之，隶于熊岳副都统，仍统于奉天将军，凡民人事务以知县治之，统于奉天府尹"①。

其次为锦州府所辖范围内各城：

锦州城。康熙四年（1665），罢广宁府，改置锦州府，移治锦县。领州二，县二。雍正五年（1727），设锦州副都统驻此，又分设城守尉、佐领等员，"凡驻防旗务属于锦州副都统，仍统于奉天将军。凡民人事务，属于锦州知府，仍统于奉天府尹"。

宁远城。康熙二年（1663），改置宁远州。三年，属广宁府。四年，改属锦州府。

广宁城。顺治四年（1647），设广宁协领驻此。康熙三年

---

① 《四库全书》之《皇朝文献通考》卷二百七十一。

(1664)置广宁府,并置广宁县为府治。四年罢府,以县属锦州府,"凡驻防旗务以协领治之,统于奉天将军,凡民人事务以知县治之属于锦州知府"。

义州城。康熙十五年(1676),设义州巡检司,属广宁县。十九年,设义州城守尉驻此,六十一年移锦州府通判临时治理。雍正十年(1732),改属九关台边门同知管辖。十二年,升为义州,属锦州府,"凡驻防旗务以城守尉治之,隶于锦州副都统,仍统于奉天将军,凡民人事务以知州治之,属于锦州知府"。①

据上,盛京将军兼辖的辽阳、开原、铁岭、盖平、复州、宁海以及锦州、宁远、广宁、义州等驻防城在驻防体制发展的同时,由于行政区划的设立而兼有了府、州、县城的特点,及至康熙朝,同时成为辽阳州城、开原县城、铁岭县城、盖平县城、复州城、宁海县城、锦州府城、宁远州城、广宁县城、义州城等地方行政区划类城池。就各城行政区划的具体发展时间来讲,顺治十年(1653)开始设置辽阳府,领辽阳、海城二县,十四年罢府为辽阳县,揭开了盛京地区驻防城区划建置的序幕,后经康熙、雍正朝,府、州、县行政建置格局得以确定。尤其是康熙时期,府、州、县区划建置在驻防城的发展最为迅速。驻防体制和府、州、县制同位于驻防城内,旗务统于奉天将军,民务统于奉天府尹,驻防城逐渐具有了双重性质,已不再是纯粹意义上的军事城池了。

4. 驻防城的发展结果

随着关内各地的汉族人民源源不断的迁移到辽宁地区,原来的旗民分治制度越来越显得统治无力、管理不周,急需变革、采用

---

① 《皇朝文献通考》卷二百七十一。

新的建置形式。鸦片战争后,中国逐步沦为半封建半殖民地国家,20世纪初日俄对东北的疯狂掠夺迫使清政府不得不对辽宁地区的行政建制加以改革,废除腐朽无力的旗民分治管理制度,代之以一元化的民政统治手段,进而加强对辽宁地区的统治和管理。在此过程中,盛京地区驻防城的驻防功能日趋下降,驻防城的特征逐渐发生了变化,所具有的军事功能渐渐丧失,并随着民署机构的增强演变为一般的府、州、县城。光绪二十三年(1897),清朝对辽宁地区的行政建置进行了彻底的改革,辽宁奉天将军所属八旗副都统衙门均被裁撤,所有旗民均归奉天行省统辖①,驻防城体系和驻防城原来的军事性质随之消失了。

随着驻防城功能的消失,一些驻防城在清末发展过程中完全败落,另有诸多驻防城并未湮灭,而是成为辽宁地区清末和近代城镇发展的基础,如辽阳、沈阳、锦州、抚顺、铁岭、兴城、开原、盖州、锦州、复州、凤城等城都是如此。

(二)盛京地区驻防城的空间分布

1. 空间分布总体特征

本书主要从宏观角度探讨清代盛京地区驻防城的总体空间分布情况,可以从驻防体系和州县行政区域两个方面深入分析。因为,整个清代驻防城的体系虽然没有很大变动,但却在从属关系上有一定的调整,而且驻防城所在区域的府州县行政建制也在不同时期的发展中不断变化,因此详细探讨驻防城在各期于驻防系统和行政区划方面的情况较为困难,需要选择一个驻防和行政区划

---

① 《奉天通志》卷五十七、六十。

都比较稳定的时期综合探讨较为合适。这样做,有利于综合把握驻防城的空间分布整体特征。据上所述,嘉庆二十五年(1820)盛京地区的驻防城格局基本稳定,所以可以通过研究该年的驻防城空间分布来反映。

(1)嘉庆二十五年(1820)盛京地区驻防城序列格局

嘉庆时盛京地区驻防城变化不大,基本沿袭乾隆的格局。根据上文论述,嘉庆二十五年的驻防城系统具体情况如下:

盛京副都统驻防城序列。首先说明一点,盛京城作为满清统治者的留都,与其他驻防城有所区别,故而本书拟不纳其入驻防城体系进行研究,然而以盛京副都统为首的驻防城序列在此一时期却甚为突出,副都统管辖由城守尉率驻的兴京、辽阳、开原、宁海(金州)和由防守尉专辖的广宁等6处级别较高的驻防城,还管理抚顺、铁岭、巨流河、白旗堡、小黑山、闾阳驿等级别稍低的驻防城,其中抚顺、铁岭驻防城由防御率驻,分别由兴京、开原两城城守尉兼辖,而巨流河、白旗堡、小黑山、闾阳驿等佐领统领的驻防城则由广宁城防守尉管理。此外,防守尉所驻牛庄城及城守尉统率的凤凰城也是盛京副都统驻防城序列的组成部分。以上共13座驻防城(见图3-5)。

图 3-5　盛京副都统驻防城组织机构图

锦州副都统驻防城序列:雍正二年(1724)设副都统,领城守尉所率锦州城和义州城,以及佐领专辖之小凌河、宁远、中前所、中后所(今绥中)4 处驻防城。以上共 6 座驻防城(见图 3-6)。

图 3-6　锦州副都统驻防城组织结构图

熊岳副都统驻防城序列:雍正五年(1727)始设熊岳副都统,领城守尉统领熊岳城、岫岩城、复州城、盖平城和旅顺新城等。以上共 5 座驻防城。总体上,盛京将军驻防区专城驻防 24 处(见图 3-7)。

图 3-7　熊岳副都统驻防城组织结构图

由上所述,盛京驻防城在嘉庆二十五年(1820)时有三大序列,除略有调整外基本维持着以前的状况。

(2)驻防城空间分布特征

探讨盛京地区驻防城的基本空间分布特征之前,需要借助史料和《中国历史地图集》第八册《盛京》绘制驻防城的基本分布图(见图 3-8)。

据图 3-8,盛京驻防城较为密集的分布在整个区域内,最东北置有开原城,最东为兴京城,最南为旅顺城,西南则有中前所城,整个驻防城因为盛京区域的形状而由西南往西北向分布。在盛京将军的统领下,这些驻防城彼此之间连在一起构成了严密的军事驻防网络,为该地区的军事安全和稳定提供了一定的保障作用。

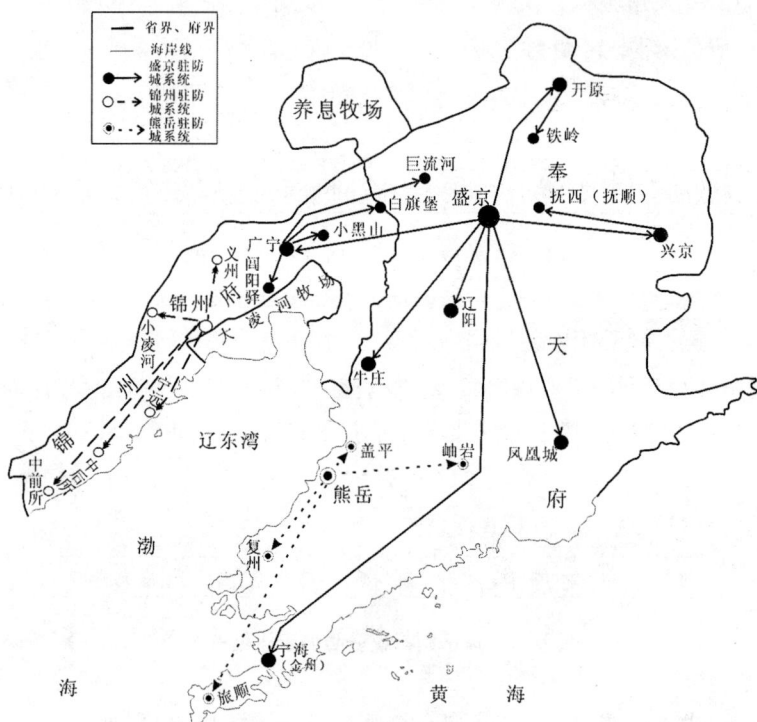

图3-8 盛京驻防城分布示意图

从此一时期的行政区划角度分析,盛京地区共有两府:奉天府和锦州府。奉天府面积辽阔,而锦州府处于西南位置,较奉天府小很多。就各府内的驻防城来讲,奉天府境共分布着开原、铁岭、兴京、抚西(抚顺)、巨流河、辽阳、牛庄、凤凰城、岫岩、盖平、熊岳、复州、宁海、旅顺等14城:开原兼辖铁岭形成一体处于盛京城之东北,兴京兼辖抚西形成一体位于盛京城之东面,凤凰城位于盛京城东南,岫岩位于盛京城的南向位,盛京西南向则依次分布着辽阳、牛庄、盖平、熊岳、复州、宁海(金州)、旅顺等城,西北则有巨流河城,围绕着留都盛京近乎每个方位都建有驻防城,其中西南区域驻防城的数量尤多。

按奉天府内自雍正后很长时间内一直存在两大驻防体系:一处是盛京副都统所领驻防系统,另一处是熊岳副都统所领驻防系统。一般来说,盛京副都统体系下的驻防城大都在其周围环绕分布,然而并非所有的驻防城都距离盛京城很近,其中宁海城在嘉庆时期就延伸到了较远的府之西南区域。按宁海离熊岳颇近,完全可以被纳入熊岳驻防城体系中,被归入盛京副都统管辖后存在着很多不便之处。清政府后来考虑到了这一点,于道光二十三年(1843)移熊岳副都统驻金州,更名为金州副都统,于是宁海(金州)就从盛京副都统的管理中脱离开来,先前由熊岳副都统兼辖的驻防城序列也进行了更正,成为金州副都统驻防序列:统领熊岳、盖州两处协领,复州城守尉,熊岳防守尉和旅顺新城。调整后的驻防城体系各城之间彼此在地域上较近,便于管理,具有一定的合理性。奉天府内的驻防城体系在咸道之际还发生过另外一次驻防城体系的调整,即兴京设置副都统,统管开原、凤凰城城守尉,这样先前由盛京副都统兼辖的三城也就成为将军辖制下的另一个驻防城子系统。

根据图3-8还可发现,奉天府境的熊岳副都统驻防城系统位于府内西南域,距离盛京城颇远,而且该体系规模较小,仅包括5城,以熊岳城为中心,西南分布着复州、旅顺两城,东北建置着盖平、岫岩两城,其中盖平、复州距离熊岳较近。

就锦州府内的驻防城空间分布而言,白旗堡城位于最东北处,中前所城处于最西南域。府内不仅存在着锦州副都统所辖各驻防城,而且还沿西南—东北向分布着隶属于盛京副都统的闾阳驿、广宁、小黑山、白旗堡等城。其中,广宁城城守尉兼辖闾阳驿、小黑山、白旗堡以及奉天府境的巨流河等城驻防,也是一个隶于盛京副都统的驻防城子系统。由此可知,盛京地区有些驻防城虽然位于同一行政区划内(如锦州府),但不一定属于同一驻防子系统,行政区划不能作为划分驻防城空间分布的标准。

从上述驻防城的空间总体分布来说,每一个驻防城是一个点,几个或者十几个驻防城隶属在三大副都统的管辖之下,就构成了三个面,这样点面结合织成了一个大的驻防网络。

3. 驻防城及城守区域范围的战略空间形势

驻防城就其本身来说是八旗官兵居处的城池,具有军事上的防守作用,各驻防城在一起形成了盛京地区的驻防城网络。然而,驻防城内的驻防官兵的驻防范围不仅仅局限在驻防城内,而是向外延伸到一定的区域,也就是说每一个驻防城内的官兵承担着驻防城周围区域安全和稳定的作用,这样以来,每个驻防城就成为所在驻防势力范围的核心城池,也即成为每一驻防波及区域的军事据点。于是每一处驻防城都有各自的"城守"区域,所有的驻防城城守区域合并在一起就是整个盛京的驻防区域。所以从战略空间考虑,一方面每一座驻防城是一个战略要点,所有的驻防城构成了战略网络;另一方面每一个驻防城城守区域是一个战略军事区域,所有这样的区域连在一起又组成了整个盛京大的军事战略空间。

关于驻防城的战略空间形势,本书前面已经在分析空间分布时论述过,不再赘述。至于驻防城城守区域的战略空间形式,有翔实的资料论据。根据《钦定盛京通志》卷二十四《疆域形胜》,各驻防城都有着本身所属的驻防空间区域,如辽阳城守疆域:东至一堵墙三百五十里兴京界,西至网户屯一百二十里广宁城守界,南至生铁岭一百三十里岫岩城守界,北至十里河六十里奉天将军所辖界,东南至分水岭一百九十里凤凰城守界,西南至新台子九十里牛庄城守界,东北至张起寨一百二十里抚顺城守界,西北至四方台九十里广宁城守界。再如,牛庄城守疆域:东至猪窝岭九十里辽阳城守界,西至八王庙九十里广宁城守界,南至金长岭六十里盖平城守界,北至高丽房身七十里广宁城守界,东南至康家岭一百里岫岩城守界,西南至海一百里,东北至安山八十里辽阳城守界,西北至三家子七十里广宁城守界。类似情况不胜枚举,不再一一列举。这些单独的驻防区域整合在一起构成了整个盛京地区的驻防区域。

驻防城城守区域往往为形胜之地,战略作用相当明显,同时这也是驻防城筑建的一个重要原因。就整个盛京区域而言,其"地当渤碣之间,东包沧溟,西连燕代,辽河堑其左,冷陉屏其右,控潢水、带龙江,俯登莱,通松漠,广轮周延数千余里。西可以入云中,抵上谷,北可以践龙庭登天山,东可以制岛人服新罗百济之属。我朝肇兴伊始,实维作京重关巨扃,扞卫天府,洵足以培帝业之根本、壮留守之雄都矣。"[1]其他许多驻防城城守区域也都拥有军事上的战略形胜。

表3-4 盛京地区部分驻防城所在区域战略形胜统计表

驻防城守区域	形 胜
兴京	"二水环流,三关雄峙","发祥胜地,鸿业攸基"
辽阳	"披山带河,沃野之地"
牛庄	"山拱绕,辽海萦流,为南区之要害"
熊岳	"西南渤海,东北群山","留都严邑"
开原	"跨龙冈,临大溟,边徼咽喉之要路"

---

① 《钦定盛京通志》卷二十四《疆域形胜》。

驻防城守区域	形　　胜
铁岭	"辽水西环,虎洞东峙"
复州	"山屏栾固,水绕东瀛"
宁海	"西环沧海,东枕赫山"
岫岩	"负山滨海,外控鸭绿内屏"
凤凰	"龙原故京,白崖峻隘"
锦州	"枕山襟海拱卫"
宁远、中前所、中后所	"山海要冲,边关锁钥"
广宁	"倚闾山,临渤海,据胜青营,扼冲中外"
义州	"左依北镇,右接燕云"①

注:据《钦定盛京通志》卷二十四。

表3－4是《钦定盛京通志》卷二十四记载的大部分驻防城城守区域的战略形胜,虽然未能全面反映战略全貌,但说明了一个事实:盛京地区的驻防城往往建设在具有一定战略地位的地区,这也是清代对该区重视的一个主要因子。

驻防城所防守的区域界限与盛京行政区划的界限实际上存在不一致之处,应该属于两个系统。举例来说,广宁城守区域"东至辽河一百九十里奉天将军所辖界,西至牵马岭四十五里义州城守界,南至海一百里,北至白土厂五十里蒙古界,东南至铁场堡一百五十里牛庄城守界,西南至三台子六十五里锦州城守界,东北至辽河二百三十里开原城守界,西北至魏家岭五十里义州城守界",而广宁县疆域,"自县治西至锦州府一百六十里,东至盛京三百三十里,东至蛤蜊河八十里辽阳州界,西至牵马岭四十里义州界,南至

---

① 《钦定盛京通志》卷二十四《疆域形胜》。

杜家台九十里海界,北至罗家台七十里边界,东南至三岔河一百九十里海城县界,西南至闾阳驿五十里锦县界,东北至养息牧河二百二十里开原城守界,西北至魏家岭五十里义州界”①,两个不同的系统所涉及的范围明显存在不同之处。

二、吉林地区驻防城的时间发展和地域分布

(一)时间发展和特点

1. 驻防城的创建

吉林地区“东濒大海,西接边墙,南峙白山,北踰黑水,土地旷远,山川环络”②,乃战略形胜之地,并且水陆交通也比较便利,拥有“江带三方,田沃万顷”③的自然条件。所以清政府在对盛京地区加强军事驻防的同时,注意到该地区战略上的重要性,也逐渐设置许多驻防来强化统治力量。正是在驻防的布设过程中,八旗官兵及其家眷的居住空间——驻防城纷纷建立起来。

(1)吉林驻防的创建

吉林地区最早设置驻防和驻防官员的地方是宁古塔,“顺治十年(1653)设昂邦章京及副都统镇守”,揭开了驻防的序幕,后来昂邦章京于康熙元年(1662)改镇守宁古塔等处将军,从此将军成为吉林地区最高的驻防长官。随着吉林城所在区域军事地位的上升,康熙十五年(1676),清政府把将军移镇吉林城,而宁古塔“留

---

① 《钦定盛京通志》卷二十四《疆域形胜》。
② 《大清一统志》卷四十五。
③ 《吉林地志》,第9页。

副都统镇守于此"①。乾隆二十二年（1757）改为吉林将军②，至此，驻防最高官员——将军在吉林地区基本设定。

宁古塔驻防之外较早设置八旗官兵的为打牲乌拉地方，顺治初年"设打牲乌喇协领二人"，十八年设总管辖领，隶于内务府，后乾隆五年（1740）设协领统领，隶于吉林将军，"打牲乌拉官兵本隶内府"，"协领为驻防"，"各治其事，不相统属"③。其次为吉林驻防，康熙十年（1671）"以宁古塔副都统一人，佐领骁骑校各十一人，兵七百名移驻吉林，又增设吉林协领八人，佐领防御骁骑校各十二人，兵六百名"，开始驻防，后康熙十五年"以宁古塔将军移驻吉林，增设吉林副都统一人"。乾隆十三年（1748），令"打牲乌拉处官兵归吉林将军兼辖"④，乌拉驻防受吉林将军节制。其余驻防分别是白都讷，"（康熙）三十一年以吉林副都统一人移驻"⑤；三姓驻防，"康熙五十三年（1714）设"，置"协领一人，佐领防御骁骑校各四人"⑥；珲春驻防，也于康熙五十三年（1714）编置佐领设协领防御管辖⑦，"属宁古塔副都统"⑧兼辖，后"光绪七年（1881）设副都统专辖珲春城"⑨，原有协领加副都统衔；阿勒楚喀驻防，"雍正三年（1725）设"，乾隆二十一年（1756）设副都统一人，拉林驻

---

① 《大清一统志》卷四十六。
② 《钦定历代职官表》卷四十八。
③ 《钦定八旗通志》卷一百十六。
④ 光绪十七年（1891）《吉林通志》卷五十。
⑤ 《皇朝文献通考》卷一百八十二。
⑥ 同上。
⑦ 《大清一统志》卷四十六。
⑧ 《皇朝文献通考》卷一百八十二。
⑨ 光绪十七年（1891）《吉林通志》卷五十。

防,雍正三年(1725)始设副协领驻防,乾隆九年(1743)设副都统一人①,乾隆三十四年(1769)副都统裁汰,其地方归并阿勒楚喀兼辖,仅设协领一人驻扎该处②。

除了上述早期所建驻防外,清末又建立了一些驻防点。五常堡驻防,同治六年(1867)奏请建立;富克锦驻防,"光绪七年(1881)设";双城堡驻防,"嘉庆十九年(1814)设","委协领一人,委佐领二人……"咸丰元年(1851)设副都统衔总管一人,光绪八年(1882)裁原设副都统衔总管一人,改设协领一人,裁原设委协领二人。③

此外,还有伊通驻防,"属吉林将军";额穆赫索罗驻防,"属吉林将军"管辖④,以及伊通、巴延鄂佛罗、赫尔苏、布尔图库苏巴尔鄂摩四边门驻防,皆属吉林将军所统(见图3-9)。

(2)驻防城的创建

吉林地区在清初就已经建有少量驻防之城,如最早的军事中心宁古塔(今黑龙江省宁安县),"明初招抚野人,远迄苦夷(即库页岛),而置都指挥于此,以资钦辖,则诚得控制之宜矣"⑤。入关之前,满洲统治者也曾于此设兵,作为征抚虎尔哈、瓦尔喀等野人女真部落的基地。顺治十年(1653)又重设驻防,驻扎宁古塔城,也即宁古塔"旧城",本"国初时一等子武巴海巴图鲁监造"⑥,以

---

① 《钦定盛京通志》卷五十二,翔实记载了吉林将军所属各驻防的设置时间。
② 光绪十七年(1891)《吉林通志》卷五十。
③ 上皆据光绪十七年(1891)《吉林通志》卷五十。
④ 光绪十七年(1891)《吉林通志》卷五十。
⑤ 魏声和:《吉林地志》,第19页。
⑥ 《钦定盛京通志》卷三十一。

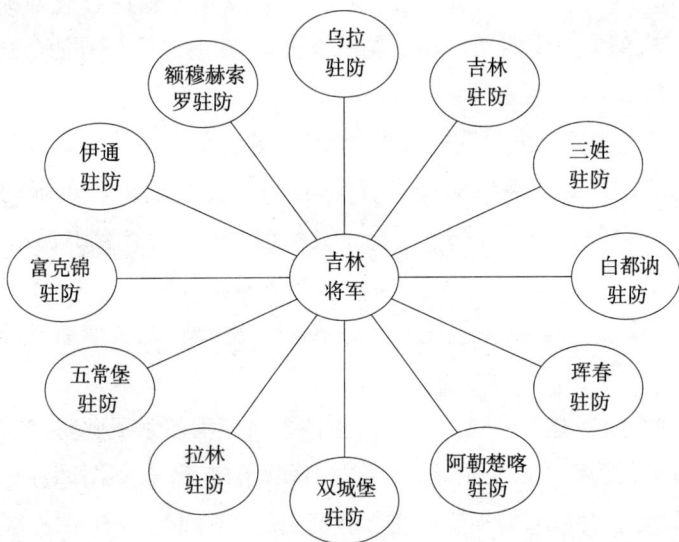

图 3-9 清代吉林地区边门外重要驻防基本结构示意图

梅勒章京沙尔虎为昂邦章京,受命统八旗满兵 430 名进行镇守①。康熙元年(1662)改镇守宁古塔等处将军②,于康熙五年(1666)在旧城东南五十里迁建"新城",或被称为"宁古塔城堡"。后来宁古塔驻防将军于康熙十五年(1676)移往吉林城,"留副都统镇守于此",驻防最高官员发生了变化,最终由副都统统一指挥③。打牲乌拉城,本来也是"辽时宁江州故址,起先乌拉布占泰贝勒居此城",清初"旧城"仍保留,后来在康熙四十二年(1703)于旧城东改建"新城",并设"总管、协镇等官驻防"④。另外阿勒楚喀城"在城

---

① 《清世祖实录》卷六十六,顺治九年(1652)七月丁亥。
② 《大清一统志》卷四十六。
③ 同上。
④ 同上。

（吉林城）东北六百里，白都讷东北，城周二里，南北二门，为宁古塔边界。雍正三年（1725）设副都统协领佐领防御官兵驻此"，此时所驻乃旧城，后来雍正"七年改建新城，周三里"。五常堡城，位于厅治东北二十五里，成为驻防城前就已建立，"筑土为墙，始建时无考"，光绪元年（1875）协领国详修城一面，四年协领庆德重修，同治六年（1867）建立驻防后成为驻防之堡城。由此可见，吉林地区有一部分驻防城曾在入关之初设置驻防时就已经是军事驻防城（堡），后来又复被改建，成为新的驻防城池。

除了上述三城外，吉林地区另有其余驻防之城为清初新建而成。吉林城，筑建于康熙十二年（1673），"东西北三面植木为墙"，"周七里有余"①；白都讷城，"在城西北，旧名纳尔浑，又曰新城，本朝康熙三十二年（1693）建"，建于康熙三十二年（1693）；珲春城，于康熙五十三年（1714）重修，"在宁古塔城东南六百二十里珲春河东岸"；三姓城，"在河勒楚喀城东二百余里，东西数百里，皆满洲所居"，"康熙五十四年（1715）编置佐领，筑城"②。另有富兑锦驻防城，光绪七年（1881）设驻防后成为驻防之城，其驻防"辖于三姓副都统"③；拉林城，在双城厅治东南，同治七年（1868）"佐领永海捐建"④；双城堡驻防城，嘉庆十九年（1814）设双城堡，"商民捐建，筑土为墙"⑤，并设驻防官员成为驻防之堡城。

驻防城和所在驻防的建置时间可以通过表格得以反映。

---

① 《大清一统志》卷四十五。
② 《大清一统志》卷四十六。
③ 《吉林通志》卷五十。
④ 《吉林通志》卷二十四。
⑤ 同上。

表3-5　吉林地区驻防城和驻防建置时间对照表

驻防城	始建时间	所在驻防	设置时间
吉林城	康熙十二年(1673)	吉林	康熙十年(1671)
宁古塔旧/新城	顺治十年(1653)/康熙五年(1666)	宁古塔	顺治十年(1653)
打牲乌拉城旧/新城	康熙十三年(1674)/康熙四十二年(1703)	打牲乌拉	顺治初年(1644)
阿勒楚喀城旧/新城	雍正三年(1725)/七年(1729)	阿勒楚喀	雍正三年(1725)
珲春城	康熙五十四年(1715)	珲春	康熙五十三年(1714)
白都讷城	康熙三十二年(1693)	白都讷	康熙三十一年(1692)
三姓城	康熙五十四年(1715)	三姓	康熙五十三年(1714)
五常堡城	同治六年(1867)	五常堡	同治六年(1867)
富克锦城	光绪七年(1881)	富克锦驻防	光绪七年(1881)
拉林城	同治七年(1868)	拉林驻防	雍正三年(1725)
双城堡城	嘉庆十九年(1814)	双城堡	嘉庆十九年(1814)

表3-5显示,吉林驻防城创建过程中时间上存在两个发展特点。

第一,就驻防和驻防城的建置时间先后来说,有的驻防城与驻防的设置同步,即在设置驻防的时候就开始着手建造城池,包括宁古塔新旧城、阿勒楚喀新旧城、五常堡城、富克锦城、双城堡城;有的驻防城是在驻防设置之后方筹划监建,包括吉林、打牲乌拉新旧城、珲春、白都讷、三姓、拉林等城。

第二,就驻防城的建置年代分析,康熙时期为驻防城修建最多的时期,而顺治、雍正、嘉庆、同治、光绪时期也有所建设,同治年间共建2城,分别是五常堡、拉林城。在11个驻防城中,吉林、打牲乌拉、珲春、白都讷、三姓五城都是在康熙时期完成了驻防城的造建任务,宁古塔城虽然设置驻防的时间较早,并且因袭旧有城池作为驻防之城,后也是在康熙五年(1666)重建新城。嘉庆以前完成的驻防城共 7 个,其中阿勒楚喀驻防城的修建时间较之他城为晚,雍正三年(1725)始建,雍正七年(1729)才完成驻防新城的建造工程。而嘉庆以后所建驻防城共 4 个,以富克锦城筑建时间最晚,光绪七年(1881)方完成建造任务。另外,在康熙时期所建的驻防城中,按时间先后来说,分别是吉林、打牲乌拉、白都讷、珲春、三姓等城,其中珲春、三姓两城建造时间一致。就所有驻防城而言,撇开旧城不论,修造先后顺序是:宁古塔、吉林、白都讷、打牲乌拉、珲春、三姓、阿勒楚喀。珲春、三姓两城的建立时间一样,但较之宁古塔、吉林、白都讷、打牲乌拉晚,比阿勒楚喀、双城堡、五常堡、拉林、富克锦等城的建置时间早一些。总之,康熙时期为吉林驻防城的建设高峰期,各城在造设时间上除珲春、三姓一致外,大部分互有先后。

2. 驻防城的发展

驻防城的发展,一方面可以通过驻防城的兴废来揭示;另一方面,如果驻防城没有明显的废弃变化,则可以通过驻防官员的调整来反映驻防城以及驻防的地位变化。而且,驻防城的发展变化主要体现在驻防城驻防作用的逐渐削弱上,行政建置区划的发展壮大最终促使民署逐渐成为主流管理机构,驻防城也就不复存在了。

驻防城建立以后,城池本身没有很多的更废变化,然而驻防城所在驻防的官兵却屡有调整,尤其是驻防官员变化明显。鉴于此种情况,可以从驻防官员的调整情况入手反映驻防城的发展,与研究盛京驻防城一样,这样做可以在一定程度上揭示出驻防城所在驻防的重要性,以此来反映驻防城地位作用的发展变化。

（1）清初至雍正时期驻防城所在驻防最高官员的调整

按吉林驻防的最高统率为将军,最初驻守宁古塔城,所以该城具有重要的军事作用。后来康熙十五年（1676）,将军移镇吉林城,吉林驻防城从而成为吉林地区最高军政长官所在地,驻防地位上升。而且,吉林城还于康熙十五年（1676）置设副都统,康熙三十一年（1692）移驻白都讷后,雍正五年（1727）复置。所以,吉林城作为驻防最高军事长官的所在地,为吉林驻防城体系的核心。而宁古塔城则顺治十年（1653）就已经置有副都统①,驻防作用尤为突出,乃吉林军事重心,后来将军移至吉林后,留守副都统成为重要官员,军事作用仍不容忽视。白都讷城,康熙三十一年（1692）"移吉林副都统镇守于此",以副都统为最高长官;三姓城初虽然仅设"佐领、协领、防御管辖",后驻防作用增加,于雍正五年（1727）"增设副都统镇守"。阿勒楚喀城也不例外,"雍正三年（1725）设副都统协领等驻防",亦置副都统辖领。另外,珲春驻防于康熙五十三年（1714）编置佐领设协领防御管辖②,"属宁古塔副都统"③兼辖;打牲乌拉城顺治初年"设打牲乌喇协领二人",十八年设总管辖领,隶于内务府;拉林驻防,雍正三年（1725）始设副协领兵员驻防,三城驻防最高官员级别比之宁古塔、吉林、白都讷、三姓城、阿勒楚喀等城低,所以从这个角度来说,它们在驻防中的作用不及后者突出。

统计上述,清初至雍正期间,吉林地区驻防城共设将军一人,

---

① 《钦定盛京通志》卷三十一。
② 《大清一统志》卷四十六。
③ 《皇朝文献通考》卷一百八十二。

副都统五人,"一驻吉林,一驻宁古塔,一驻白都讷,一驻三姓地方,一驻阿勒楚喀"①,这些驻防城的驻防官员经历了一个调整变化的过程,反映出驻防城的地位和作用也有一个类似的发展变化过程。

(2)乾隆以后吉林地区驻防城所在驻防最高官员的调整

珲春"光绪七年(1881)设副都统专辖珲春城"②,原有协领加副都统衔。打牲乌拉城后乾隆五年(1740)设协领统领,隶属于吉林将军,③即"设总管协领等官驻防"④。五常堡城驻防,同治六年(1867)奏请建立,协领一员为最高驻防官员。富克锦城,光绪七年(1881)也设协领一员统领所在驻防事务,兼辖于三姓副都统。拉林驻防乾隆九年(1743)设副都统一人⑤,乾隆三十四年(1769)拉林副都统裁汰,其地方归并阿勒楚喀兼辖,仅设协领一人驻扎该处⑥,同治七年(1868)驻防城建立后,协领仍是最高官员。双城堡驻防,"嘉庆十九年(1814)设","委协领一人,委佐领二人……",咸丰元年(1851)设副都统衔总管一人,光绪八年(1882)裁原设副都统衔总管一人,改设协领一人,裁原设委协领二人。⑦

据上,乾隆以后珲春驻防城所在驻防最高官员由协领升至副都统,驻防的地位、作用上升,新设置的五常堡、富克锦、拉林等驻防城都是以协领为所在驻防最高官员。双城堡驻防城较为特殊一

① 《钦定历代职官表》卷四十八。
② 光绪十七年(1891)《吉林通志》卷五十。
③ 《钦定八旗通志》卷一百十六。
④ 《钦定盛京通志》卷三十一。
⑤ 《钦定盛京通志》卷五十二,翔实记载了吉林将军所属各驻防的设置时间。
⑥ 光绪十七年(1891)《吉林通志》卷五十。
⑦ 上皆据光绪十七年(1891)《吉林通志》卷五十。

些,初立时以协领为最高官员,后咸丰元年设副都统衔总管一人,但光绪八年(1882)又遭裁撤,协领复成为最高官员。所以,上述驻防官员的变化反映出,驻防城中珲春城的驻防重要性高于五常堡、富克锦、拉林等城,而双城堡城则因驻防官员的调整而在驻防城的级别上有所变化。若就最高官员的设置情况分析所有 11 个驻防城的级别,则吉林、宁古塔、白都讷、阿勒楚喀、珲春、三姓要高于其余各城。

3.驻防城的废止

清代吉林地区为"满洲龙兴之地",清廷对其实行有别于内地的军事、行政体制。这种体制大致经历三个阶段,即清初至雍正朝以前实行八旗一元化体制;雍正朝以后,由于汉族民人流入,管理民人的民治机构随之设置,实行旗民双重军事、行政体制;清末由旗民双重体制变为与内地一样的管理民政的行政制度①。伴随着这种军政体制的发展变化,驻防城的发展也经历了类似的三个发展阶段:清初至雍正朝以前由于八旗一元化的军政驻防体制完全占据主体,所以驻防城内主要由八旗官兵据守,驻防城的军事作用甚为显著,驻防城的性质未发生变化;雍正朝以后,一些驻防城内逐渐设置州、县等管理民人的行政制度,所以这些驻防城原来拥有的主要驻防功能渐渐削弱,驻防城具有了双重身份,然而,虽然如此,雍正朝至清末的这一段时期驻防城内的八旗管理制度仍然较民人管理制度地位突出,所以驻防城的驻防基本职能也没有发生根本性的变化;清末,由于民人的大量增加,驻防城原来的驻防功

---

① 刁书仁:《论清代吉林地区行政体制及其变化》,《社会科学战线》1994 年第 3 期,第 194 页。

能有所下降,急需建立民署机构适应发展要求,大部分驻防城内逐渐实行了与内地一样的行省县制,驻防城的性质发生了很大变化,军事作用逐渐削弱,以至于最后完全成为地方的府州县城。

(1)清初至雍正时期吉林地区的驻防城

清初至雍正时期吉林地区的驻防城驻防功能明显,这可以通过三个方面反映出来。首先,这些驻防城的建立大都是因为驻防的需要而建,而驻防制度的发展本来就是清政府军事制度的一个重要部分,因此这些驻防城也就具有显著的军事防守作用,军事特征之突出不言而喻。其次,驻防城内所住官员主要为八旗武职类,如将军、副都统等,另外还有八旗士兵及其家眷,这些官兵承担着维护地区安全的重大任务,因此从这个角度而言驻防城仍然与军事驻防息息相关,具有重要的驻防功能。最后,从驻防城的主要机构——旗署的职能分析,由于其仍然以管理驻防八旗和旗人事务为主,所以驻防城的军事驻防功能明显是不容忽视的一个事实。诚然,驻防城内的旗署机构不仅仅管理旗人军事方面的事务,也负责管理调解军民之间的一些事务或其他事务,如八旗最高官员——将军旗署的职责:"镇守吉林乌拉等处地方,缮固镇戍,绥和军民,秩祀山川,辑宁边境"①,统率八旗官兵戍守全境,管理八旗一切军政事务;再如将军下分吉林、宁古塔、三姓、白都讷、阿勒楚喀五个辖区副都统,"各守分地,以赞将军之治"②,设如下旗署类机关:印务处办理章奏文移;承办处办理旗署内具体事务;左司房掌财政诸事;右司房掌军务边防司法事务;官庄管理处管理官庄旗地田土诸事,权限所及事务较多。但是不管怎样,这一时期吉林

---

① 《清朝通典》卷三十四。
② 《吉林通志》卷六十。

将军兼辖副都统所在"各处皆设兵驻守,置协领、参领、佐领、防御等官,各视兵数多寡,定额有差"①,仍以军事方面的功能为主。总之,雍正以前吉林地区的驻防城内由于以八旗一元化的军政驻防体制为主,所以驻防城的驻防职能没有大的变化。

(2)双重性质驻防城的逐渐发展

雍正朝至咸丰初,关内汉族流民开始踏上吉林这片沃土,伴随大量流民的涌入,吉林农业、手工业、商业发展迅速,于是,增设理民之官、设置理民之署迫在眉睫。吉林地区的民治机构的建设逐渐提上了日程,有些设置在驻防城内,旗署和民署并存,驻防城驻防基本职能没有改变,但却一定程度地具有了府、州、县城池的特色,可以说拥有了"双重身份"。雍正四年(1726)十二月,《清世宗实录》载:"命船厂地方添立永吉州,设知州、州同、吏目、学正各一员。宁古塔地方添立泰宁县,白都讷地方添立长宁县,各设知县、典史、教谕各一员,俱隶奉天府管理。""船厂"即吉林将军所在地吉林乌拉驻防城(今吉林市),此地设立了永吉州,宁古塔副都统所在地设立了泰宁县,县治位于宁古塔驻防城内,白都讷副都统所在地设立了长宁县,县治也位于白都讷驻防城内。这样以来,吉林、宁古塔、白都讷三城"一州二县"民治机构成了吉林地区设置的第一批民署。雍正五年(1727)宁古塔泰宁县归并永吉州,乾隆元年(1736)白都讷长宁县也并入永吉州,永吉州民署职能逐渐拓宽②,十二年(1747)永吉州改为吉林厅,正式划归吉林将军直辖③。后嘉庆十五年(1810),鉴于白都讷地方流民日增、已逾万户

① 《历代职官表》卷四十八。
② 乾隆元年(1736)《盛京通志》卷十。
③ 《吉林外纪》。

的事实,该驻防城内又改设民治机构,建立了白都讷厅,立白都讷厅理事同知一名①。据上,吉林、宁古塔、白都讷三驻防城内都曾置旗人与民人、旗署与民署并存分治的双重管理体制,旧有八旗体制占主体的管理格局发生变化,驻防城的驻防功能或多或少的遭到削减,其中宁古塔不及吉林、白都讷民治机构的设置稳定,所以该驻防城驻防功能所受来自民治制度的影响较小。

另外有一点值得注意,吉林将军与盛京将军相比,不仅统辖八旗驻防系统,而且管理民署系统,是为二元管理体制下的最高军政长官,而盛京将军和府尹分别为八旗和民治领域的最高长官,将军主管理旗务,两者不同。

(3)驻防城性质的转变

清末,民署机构大量建置,驻防城原来的驻防功能显著下降,后来与内地一样逐渐建立了行省制,驻防城的性质发生了很大的变化,军事作用逐渐削弱,以至于最后完全成为与内地一样的地方府、州、县城池。

民署机构大量建立。咸丰以后,吉林地区的汉民急剧增加,出现建治高潮。光绪十四年(1888)吉林厅、长春厅由厅升府;光绪五年(1879)设海龙厅,六年(1880)设宾州、五常厅,八年(1882)设双城厅,十八年(1892)设延吉厅,二十八年(1902)设绥芬厅;光绪三年(1877)设通化、怀德县,八年(1882)设伊通州、敦化、农安县,二十八年(1902)设磐石县,三十一年(1905)设榆树县②。据统计,至光绪末年吉林所建府、厅、州县约占东三省民署总数的32.74%,其中吉林府、五常厅、双城厅等在旧驻防城之地设置,而

① 《吉林通志》卷六十。
② 同上。

吉林、白都讷、五常堡、双城等旧有驻防城也都设置了民治机构。

咸丰至光绪三十三年(1907)的时期内,民署机构的建立对驻防城职能的影响还不是根本性的,因为这些机构除了在吉林驻防城内的设置变化较大外,其余驻防城设置较少,也几乎无明显的变化,如白都讷城虽设厅治于城内,但由于"该处副都统管辖,吉林将军统辖",民署仍受驻防官员统辖,城池的驻防性质、职能仍旧。所以说,及至光绪三十三年(1907)驻防城大部分没有被废弃。但是值得注意的是,民治机构及新兴城镇的广泛建立说明内地的府州县县制已渐渐成为吉林地区的主要体制,无疑会对八旗体制下的驻防城的作用、职能甚至于存在造成很大的影响。

光绪三十三年(1907)四月,朝廷谕令,裁撤了东北三位驻防将军,创建奉天、吉林、黑龙江三省①,三十四年十二月又裁撤吉林省大部分驻防城的副都统,吉林的驻防八旗体制终告解体。如果说光绪三十四年以前吉林驻防城的存在没有遭到危机的话,那么是年副都统以及驻防体制的裁撤则毫无疑问地表明驻防城的驻防功能消失殆尽,真正意义上的驻防城不复存在了。

(二)吉林驻防城空间分布

1.驻防城的序列格局及其变化

驻防城的序列格局由驻防序列体现,而驻防序列格局则由最高官员的设置以及从属关系来展示。上已述及,清代吉林地区的驻防最高官员有所调整,到雍正末期,官员经过调动,将军成为最高军政大员,下辖五个副都统:吉林、宁古塔、白都讷、阿勒楚喀、三

---

① 《德宗实录》卷五七一。

姓。另外,珲春由协领率驻,被宁古塔副都统兼辖,打牲乌拉设总管统领,隶于内务府,不是由将军直接管理,而拉林则以副协领为驻防最高官员。与驻防官员的从属系统相一致,驻防城之间也形成了吉林将军统辖下的严密的序列关系(见图3－10)。根据图示,雍正末所形成的驻防城系统中,吉林、白都讷、宁古塔、阿勒楚喀、三姓五城皆由副都统率领,级别相同,而打牲乌拉由内务府管理,其驻防最高官员虽然仅设协领,但并未隶于副都统,最终还是受辖于将军。珲春由宁古塔副都统兼辖,级别较低,形成了将军率领下的二级驻防城机构。

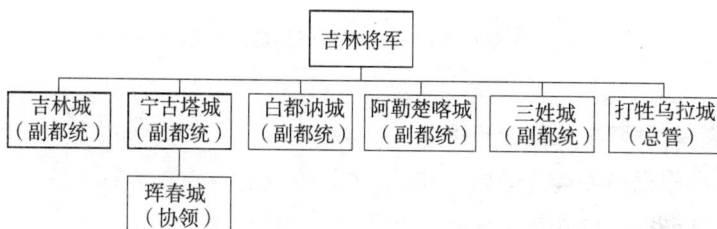

图3－10　乾隆以前吉林驻防城组织结构示意图

注:拉林虽然在此时期也已设防,但驻防城于同治七年(1868)才建立,所以不是驻防城,打牲乌拉城所在驻防虽然由内务府管理,但仍在将军的统领之下。

　　乾隆之后到驻防城完全废止之前的时段内,吉林地区的驻防城序列因驻防官员的调整有一些变化,具体变化情况,前文已经讨论过,不再赘述,兹将光绪八年(1882)驻防城的组织序列结构制图如下,以求进一步揭示驻防城体系的概貌。

　　据下图(见3－11),与雍正末驻防城序列结构对比,吉林直接受将军管辖的一级驻防城逐渐增多,其中五常堡、双城堡为新增者,而珲春"光绪七年(1881)设副都统专辖珲春城",驻防城地位上升。至此,一级驻防城中,副都统率驻的驻防城增加到6座,协领 3 座。打牲乌拉另设有总管,比较特殊。拉林、富克锦两城,分别由阿勒楚喀、三姓城副都统兼辖,驻防城属于二级类。

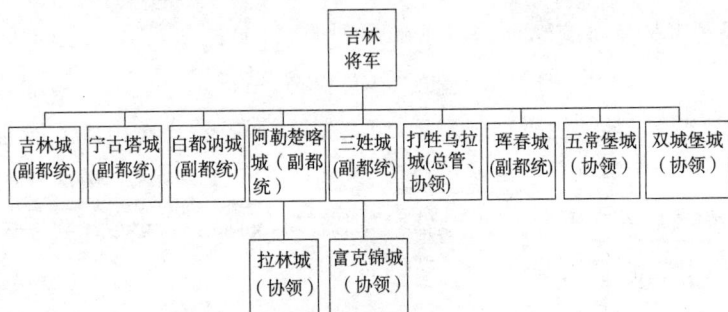

图 3 - 11 光绪八年(1882)吉林驻防城序列结构示意图

2. 驻防城空间分布特点

根据前面论述的内容和《吉林驻防城空间分布示意图》,吉林地区的驻防城在分布上有三个特点(见图 3 - 12)。

首先,从宏观角度来说,驻防城的分布极不均匀。一方面,大部分驻防城集中在吉林的西南之域,在该区形成了吉林将军为首的驻防城网络,军事力量较为雄厚。以吉林将军所在的吉林城为中心,除了吉林副都统与将军同在一城外,其余驻防城主要分布在该城的北面一侧,呈放射状分布,其中珲春城处于这一驻防体系的最东面,白都讷城位于最西之处,富克锦城位置比较靠北。其余各城中,五常堡城位于吉林城的北面,富克锦、宁古塔、三姓等城处于东北向位,而打牲乌拉、双城、拉林、阿勒楚喀等城处于吉林城的西北方位,其中以打牲乌拉城距离该城最近。这样的分布格局,有利于各城之间互相呼应,一旦有事,驻防官兵可以紧急出动,互相援助,共同制敌。另一方面,吉林驻防城的分布也有一些不足之处,

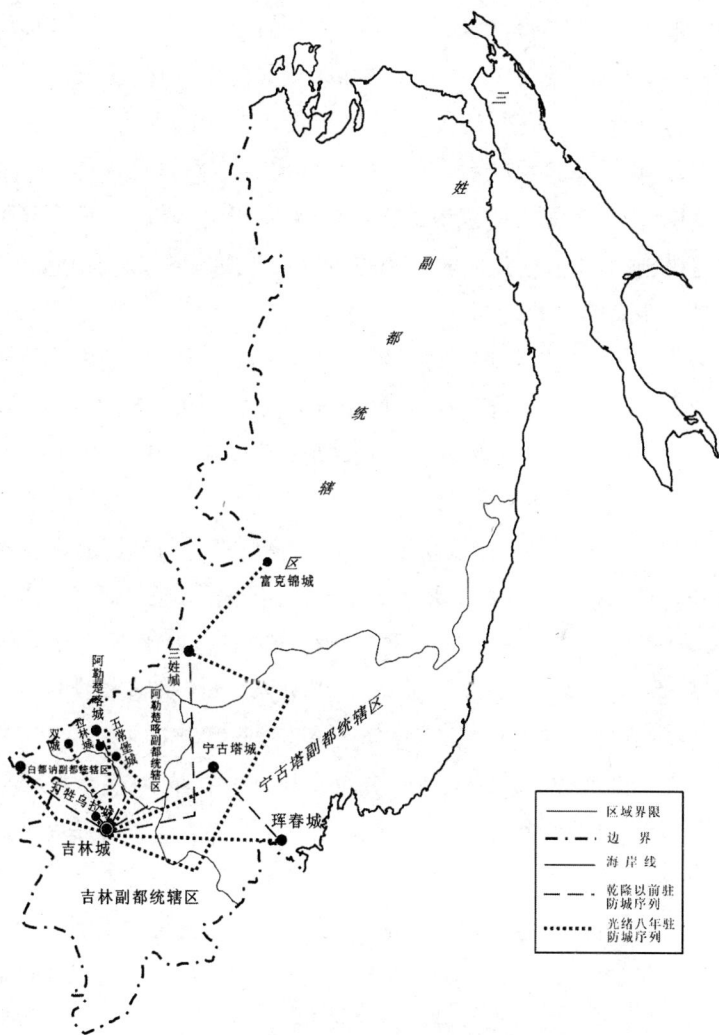

图 3－12　清代吉林地区驻防城空间分布示意图

即东北三姓副都统辖领的地区除了在南面设有三姓、富克锦城外，北面广袤的地区却没有设置城池，格局极不协调。三姓城所在地理位置十分重要,"地处东北极边……,与俄界毗连,守土防边,均关紧要"①,康熙五十三年(1714)陆续设兵防守,但是这一区域的驻防力量始终比较薄弱,兵员"征调频仍",甚至出现"存营官兵更属无几"的现象。后同治十年(1871)虽奏许省西丹三百名兵员增加费用,但仍未能改变该地的军事薄弱形势②。清廷固然采取了一些措施,但没有增加驻防点和驻防城来加强军事控制的力量,确实是策略上的一大失误。

其次,就驻防城所在具体区域来说,主要位于五大副都统所辖范围内。阿勒楚喀副都统所辖区域内驻防城置设最多,共4座:双城堡、拉林、阿勒楚喀、五常堡,分布在该区西南域,彼此较为集中。吉林、宁古塔、三姓等副都统所设驻防城都是2座,数量一致,而白都讷副都统辖领区内仅设防城一座,吉林副都统所辖区域内吉林城和打牲乌拉城彼此距离较近,分布在该区偏北位置,而宁古塔副都统所辖区域内的宁古塔城、珲春城分布在该区西南部,东北广大区域没有驻防城;三城驻防城坐落在三姓副都统管辖区域的西南部,白都讷城坐落在白都讷副都统所管区域的西部。由此可见,驻防城在各副都统驻防区域内的分布在数量上有些一致,有些差别明显,各城除了吉林较特殊,其余驻防城都分布在副都统所在区域的西部、西南部。

最后,驻防城在副都统所辖区域内的分布情况,并不能完全反映出驻防城所在驻防的隶属关系。三姓城、富克锦城位于三姓副都统境内,其驻防也由三姓副都统节制,驻防城在区域内的分布情况与驻防城所在驻防的从属关系一致。拉林城也是如此,其距离

---

① 《吉林通志》卷五十。
② 同上。

阿勒楚喀城较近,驻防调整后也由阿勒楚喀副都统兼辖。而双城堡、五城堡等城虽然位于阿勒楚喀副都统所辖区域内,但是它们所在驻防却直接兼辖于吉林将军。珲春位于宁古塔境内,初虽然也由宁古塔副都统兼辖,但是后来所设副都统直接隶于吉林将军。打牲乌拉城所在驻防初隶于内务府,设协领后也是直接隶于将军,非吉林副都统。因此,副都统内辖区内的驻防城所在驻防并不一定完全由所在副都统兼辖。

3. 驻防所在区域战略地理形势

吉林作为清代的"龙兴之地"的重要部分,在清廷设置行省以前,一直是军事作用甚为重要的地区,具有重要的战略意义。基于此,清朝在对全国的布防过程中没有忽视这一区域的战略地理形势,派驻了许多兵员防守,并在修建八旗官员居住城池基础上促成了驻防城体系的形成,大大保障了该区的安全。驻防城系统的形成,不是偶然的现象,一方面与清朝的驻防制度有很大联系,另一方面与驻防城所在区域的重要战略地理形势关系密切。

驻防城和驻防城体系本身就是具有驻防作用的城池和城池体系,驻扎着八旗守卫官兵,军事作用毋庸赘言。驻防城所在区域的战略形胜和自然条件也是值得关注的一个问题。本书不再详细探讨驻防城所在区域的军事地理形势,拟通过阐述各驻防城所在副都统区域的大致形胜来揭示驻防城修建的必要性,来反映驻防城的修建在区域方面的一个重要因素。

就现有资料来说,探讨吉林各驻防城所在副都统管辖区域的详细战略自然形势颇有困难。据《钦定盛京通志》卷二十四所载,能对这些区域的自然方面的整体战略形势做出扼要分析,具体情况见表3-6。

由表3－6得知,吉林驻防城所在区域从总体形势角度来说,或具有山川作为屏障,或具有江、海水源条件,自然形胜比较突出。

表3－6　吉林主要驻防城城守区域自然战略总体形势表

驻防城守区域	自然战略形势	驻防城守区域	自然战略形势
吉林	远迎长白,近绕松花	宁古塔	南瞻长白,北绕龙江,洵边镇之雄区
白都讷	江带三方,田沃万顷	三姓	群山万迭,雄障东陲
阿勒楚喀	松花北绕,兰陵东注	珲春	左环沧海,右带们江
打牲乌拉	混同东环,佛赫西峙		

三、黑龙江地区驻防城的时间发展和地域分布

(一)时间发展和特点

1. 驻防城的创建

(1)驻防的创建

乾隆以前驻防的建立。

黑龙江驻防的初创始于水师营的建立,康熙十三年(1674)由吉林移水师分驻黑龙江地方,"设水师营总管各员统辖水师",揭开了黑龙江地区军事防卫的序幕。后与俄罗斯发生战事,宁古塔副都统萨布素领兵征讨之,清廷遂于康熙二十二年(1683)授萨布素为镇守黑龙江等处将军,并于爱辉旧城置设大量八旗官兵驻守。①

---

① 《钦定皇朝文献通考》卷一百八十二。

黑龙江将军的建立是黑龙江地区驻防建立的典型标志。

康熙二十三年(1684)，墨尔根开设协领一人、防御八人，始设驻防官兵。二十五年(1686)，置城守尉、佐领、防御等官和索伦、达呼尔兵，随着八旗官兵的不断调整，驻防体系逐渐稳定。康熙二十三年(1684)，齐齐哈尔也开始设火器营，置八旗官员，奏响驻防置设的序曲，三十年"设齐齐哈尔城守尉一人，佐领、骁骑校各十六人，防御八人，索伦达呼尔兵一千名"①，驻防体制日趋完善。而且，同是康熙二十三年，布特哈"设总管二人，副总管六人"②，亦始设驻防。雍正十年(1732)，呼伦贝尔也开始置设八旗统领、总管以及众多兵员，是年在呼兰河也拉开驻防的序幕，后雍正十二年(1734)，设城守尉、副总管、佐领、骁骑校以及诸多兵员以加强驻防力量③。至此，黑龙江共设除水师营外的驻防点6处，分别是黑龙江、墨尔根、齐齐哈尔、布特哈、呼伦贝尔、呼兰河。

乾隆以后驻防点的设置。

乾隆以后新增驻防城共有两处：一处是兴安驻防，光绪八年(1882)将军文绪奏设，"所部皆为打牲人"；一处是通肯驻防，光绪二十四年(1898)八月将军恩泽奏设副都统一员，并设左右翼协领以及其他官兵人员④。据上，清代黑龙江共设有8处重要的驻防。

(2)驻防城的创建

黑龙江城(今黑龙江省爱辉南之爱辉乡)，即爱辉，"一名艾浒，言可畏也"⑤。旧城原在黑龙江左岸今俄境海兰泡之北，建于

---

① 《钦定皇朝文献通考》卷一百八十二。
② 《黑龙江志稿》卷二十六《武备志》。
③ 《钦定皇朝文献通考》卷一百八十二。
④ 《黑龙江志稿》卷二十六《武备志》。
⑤ 《龙沙纪略》"山川"条。

康熙十三年(1674),为吉林水师营驻地。康熙二十二年(1683),以黑龙江将军驻于该城,由水路运粮,积储黑龙江城,成为清军抗击沙俄入侵者的前方指挥中心。后来因该城地"居江左,来往公文一切诸多不便",康熙二十三年(1684)于江右排木为郭,方十里,建成新爱辉木城①,也即黑龙江城(由宁古塔、吉林乌拉及盛京调兵协助建成)。康熙二十四年(1685),"移将军衙门于江右新爱辉地方,建衙署"②,但将军仍然居处旧爱辉城。所以黑龙江城有新旧之分,新城建设在将军衙署后,旧城仍是将军居守之地,都是主要的驻防城。两城相比,新城的军事作用更加突出,康熙二十五年(1686),黑龙江将军萨布素以黑龙江城(即新城)为基地,与雅克萨俄军对抗,二十八年(1689)雅克萨战后,"爱珲(新城)遂永为重镇"③。

墨尔根是黑龙江城通向内地的必经之路,康熙二十四年(1685),清廷认识到"墨尔根地方最为紧要,应筑城设兵",但未立即施行。康熙二十五年(1686),终于修筑了墨尔根城,新驻之兵在此边驻防、边耕种④。

齐齐哈尔原为土著居民点,康熙二十四年(1685),成为前方战马饲养基地之一⑤。康熙三十年(1691),清政府拟在齐齐哈尔屯筑城屯兵,但考虑到齐齐哈尔屯在嫩江之西,而驿路至此"中隔嫩汗江不便",遂改于相距十五里左右嫩江东岸的卜魁地方筑城。

---

① 《黑龙江外记》卷二。
② 《爱辉县志》卷八,"武事志·历史"。
③ 《龙沙纪略》,"方隅"。
④ 《清圣宗实录》卷一百二十四,康熙二十五年(1686)正月甲戌;卷一百二十一,康熙二十四年(1685)十月戊戌。
⑤ 《清圣祖实录》卷一百一十九,康熙二十四年(1685)正月癸未。

康熙三十一年(1692)建成。

以上三城为典型的驻防之城,一方面是驻防的产物;另一方面筑有城垣容纳官兵及其家眷。黑龙江还有一类非常特别的驻防城,即呼伦贝尔、呼兰、布特哈、通肯、兴安城,本为一般驻防营,"俱无城郭",但由于"现设兵驻防与奉天之熊岳牛庄,吉林之白都讷、阿勒楚喀同为分防重地"①,驻防作用非常显著。它们都有具体的驻防处:呼伦贝尔驻扎处在伊伯河西岸扎克丹地;呼兰在齐齐哈尔城东南八百十七里,周围三里;布特哈驻扎处在尼勒济地方;其他也都有具体的驻扎地方。清代这些驻防空间具有驻防城之实,冠有"防城"称谓,如呼兰"防城"、通肯"防城"、布特哈"防城"、呼伦贝尔"防城"、兴安城"防城"等②。所以虽是驻防营,但具有驻防城的特征,当属于一类特殊的驻防城。驻防设置的时间和这些驻防城设立的时间也基本同步,由于对驻防的设立时间已进行了阐述,兹不重复。

(3)创建特点

由上面的论述可知,黑龙江地区驻防城在时间发展上有如下一些特点见表3-7。

首先,康熙年间所建驻防城较多,分别是黑龙江旧城、新城、墨尔根城、齐齐哈尔城、布特哈城,共五座。黑龙江旧城建造时间最早,康熙十三年(1674)就已建成。黑龙江新城与布特哈城的建设时间同步,为康熙二十三年(1684)。墨尔根、齐齐哈尔两城的造设时间较晚,其中齐齐哈尔建于康熙三十年(1691),比康熙时期所建其余各城时间都要晚。康熙时期所建各城在时间上较为靠

---

① 《钦定盛京通志》卷三十二。
② 《黑龙江志稿》卷二十六《武备志》。

近,除了黑龙江旧城外,其余四城都是在康熙二十至三十年间完成了筑造任务。

其次,清朝中期和晚期,即雍正、光绪时期,黑龙江也都建有驻防新城,其中呼兰、呼伦贝尔城都是在雍正十年(1732)建造完成,而兴安城、通肯城则建于光绪年间。由驻防城的建设时间可以推断,清廷对黑龙江地区的驻防比较重视,即使在驻防体制发展势头转弱的光绪朝,仍增派一定的官兵驻防通肯、兴安等地,说明黑龙江地区的军事驻防是必要的。

表 3-7　清代黑龙江地区驻防城建设时间对照表

驻防城	始建时间	驻防城	筑建时间
黑龙江旧城/新城	康熙十三年(1674)/康熙二十三年(1684)	墨尔根	康熙二十五年(1686)
齐齐哈尔城	康熙三十年(1691)	布特哈城	康熙二十三年(1684)
呼兰城	雍正十年(1732)	呼伦贝尔城	雍正十年(1732)
通肯城	光绪二十四年(1898)	兴安城	光绪八年(1882)

2. 驻防城的发展

(1)驻防城的修整

按驻防城建立以后,有些因为日久废圮,清朝为了继续使用就重新投入人力、物力进行整修。墨尔根、黑龙江两城都在"乾隆七年(1742)奉旨重修",齐齐哈尔城建立后则于"乾隆四十五年(1780)奉旨重修"①,其余驻防城由于无固定城垣,驻防城的建设主要体现在衙署、军营等设施上,比较分散。例如,呼兰驻防城:

---

① 《钦定盛京通志》卷三十二。

"原设城守尉衙署共十四间,兵丁房共一千间,乾隆元年(1736)至四十四年(1779)陆续添设城守尉衙署,左右司房各三间,仪门东西耳房四间,城守尉住宅十二间,银库二间,堆子二间,狱房三间,军器库二间,教场房三间,船只物料库二间,堆房二间,恒积备用仓三间,楼仓二十所,共六十五间,坯仓五十八所,共二百九十间。"①

起初设置一定的衙署兵房,后乾隆年间陆续添建,规模渐渐扩大。其他四个驻防城也有类似情况。具体情况将在下文述及,这里略之。

(2)驻防城级别的变化

驻防城级别仍然通过驻防最高官员的级别变化来体现。

爱辉旧城。康熙十三年(1674)作为水师营驻地,以总管为最高统领官员,后康熙二十二年(1683)设将军、副都统等官员于此地驻守,成为将军级驻防之城,其中副都统管理该城城守区的具体事务。康熙二十九年,将军移往墨尔根城后,"留副都统一人统辖官兵,驻爱辉城",副都统成为驻防城最高军政长官,驻防地位有所下降,及至康熙三十七年(1698)"又以爱辉城副都统一人、协领四人、佐领骁骑校各十六人、防御八人、满洲兵五百名、索伦达呼里兵五百名移驻黑龙江城"②,旧爱辉城驻防兵员和级别因此大大下降,佐领、防御成为最高官员。至此,旧爱辉城虽然仍置设驻防兵员,但是驻防的力量大大削弱。

新爱辉城,即黑龙江城。康熙二十三年(1684)建城后,二十四年于此建将军衙署,由将军负责驻防事务,后来康熙三十一年

① 《钦定八旗通志》卷一百十六。
② 《皇朝文献通考》卷一百八十二。

（1692）正式设立"城守尉一人"负责驻防，三十七年则由爱辉移来副都统、协领、佐领等官，"裁原设之城守尉一人"，副都统成为具体的最高驻防官员。经过此次调整，黑龙江城以副都统为负责驻防事务最高官员的情况基本稳定下来，虽然雍正二年（1724）、五年又复增设驻防官兵，但是最高官员仍是副都统。① 宣统二年（1910），副都统裁撤后驻防城的驻防作用几近消失，更不用说级别了。

墨尔根城。康熙二十五年（1686）建城后，设"城守尉一人、佐领防御骁骑校各八人、索伦达呼尔兵四百八十名"，二十九年移置将军、副都统和佐领等官，同时"增设墨尔根城协领四人、佐领骁骑校各七人、索伦达呼里兵四百二十名"，并"裁原设之城守尉一人"，驻防城级别大大提升。将军之外，副都统为执掌具体事务的最高官员。康熙三十七（1698）年，"墨尔根城副都统一人移驻齐齐哈尔城"，将军留驻，协领成为掌管该城城守区域具体事务的最高官员，驻防城级别降低。三十八年，将军移至齐齐哈尔城，从此协领变为掌理驻防事务的最高官员，四十年时，墨尔根城增设协领达至 3 人。迨至康熙四十九年（1710），墨尔根城复设副都统一人，并增设协领一人，副都统因而再次成为驻防城守区域的最高官员，驻防城的级别也重新被提高，并且这种情况一直持续到宣统元年（1909）。②

齐齐哈尔城。康熙三十年（1691）建城时，并设驻防最高官员城守尉一人和"佐领骁骑校各十六人，防御八人，索伦达呼尔兵一千名"，此时为城守尉驻防城级别，后三十一年增设佐领、骁骑校

---

① 《皇朝文献通考》卷一百八十二。
② 《皇朝文献通考》卷一百八十二和《黑龙江志稿》卷二十六《武备志》。

等员,仍以城守尉为最高官员。三十七年从墨尔根移来副都统一员,并"增设协领四人","裁原设之城守尉一人",升为副都统级驻防城。康熙三十八年(1699)将军驻齐齐哈尔城并稳定后,该城成为驻防城核心,驻防级别大为升高。① 齐齐哈尔城将军驻守、副都统管理具体事务的状况一直持续到清末,直至光绪三十一年(1905)副都统裁撤时止②。

以上为建有城垣的驻防城的级别变化情况,布特哈、呼兰、呼伦贝尔、通肯、兴安等未筑有明显城垣的较为特殊的驻防城的驻防官员也有变化,级别上互有异同。布特哈驻防城(今莫力达瓦达斡尔旗境内)初设"打牲处总管一人,副总管二人","总管"统一管理驻防事务,后雍正六年(1728)增设打牲处总管以下各员,共设总管三人,满洲索伦达呼里副总管十六人,索伦达呼里佐领骁骑校各六十二人,总管仍是最高管理官员。虽然布特哈城的驻防官兵屡有增减,但很长时间内一直属于总管级驻防城,到同治十年(1871),将军德英奏设加赏总管副都统衔,成为准副都统级。光绪二十年(1894)设副都统一员后,该城提升为正式副都统级驻防城。光绪三十一年(1905),副都统裁撤,布特哈城又降为总管级城池。

呼兰城。最初所设驻防总领官员为城守尉,雍正十二年(1734)置,同时设有副总管、佐领、骁骑校等官,并由呼伦贝尔移巴尔乎官兵,设副总管、佐领、骁骑校等,所以该城暂属于城守尉级驻防城,及至光绪四年(1878)奏设副都统最高驻防管理大员,演变成副都统级城池。一直到光绪三十一年(1905),副都统始撤,驻防城的地位降低。

---

① 《皇朝文献通考》卷一百八十二。
② 光绪二十五年(1899)《大清会典》。

呼伦贝尔城(现海拉尔市)。雍正十年(1732)置"统领一人,索伦巴尔呼总管二人,副总管八人,佐领骁骑校各五十人,索伦巴尔呼兵三千名",又设厄鲁特总管、副总管、佐领、骁骑校等员,而统领为驻防最高管理大员。后乾隆七年(1742),"改呼伦贝尔统领为副都统,职衔总管";光绪六年(1880),"改副都统职衔为副都统实职",驻防城级别上升,成为副都统级驻防城。宣统元年(1909),副都统废,驻防城的级别发生很大变化。但是呼伦贝尔驻防的生命力比较旺盛,民国时还复设副都统及驻防兵员。[①]

通肯城。光绪二十四年(1898)八月建城时置以副都统为首的驻防体制,属于副都统级驻防城。这种情况一直延至光绪三十一年(1905),是年通肯城副都统与齐齐哈尔、呼兰、布特哈一起被废止,驻防城级别也下降到了协领级。[②]

兴安城。光绪九年(1883)建立时设"副都统衔总管一员",光绪三十年(1904)撤裁。及至光绪三十一年(1905),将军陈德全"恐该族之外化也,……急设协领,以资绥辑"[③],然而这时的驻防城作用和级别已不能与以往等同而论。

据上,可以对驻防城的级别变化特点进行总结。一方面黑龙江地区的驻防城在级别上都有一个发展变化的过程;另一方面各城的级别变化存在着共性和差别。

首先,从总体上来说,驻防城到清末光绪三十年(1904)以后由于驻防作用的大大削弱,驻防意义已不明显,级别也显著下降,很多驻防城遭到废止,所以,光绪三十年(1904)应该是驻防城级

---

① 《皇朝文献通考》卷一百八十二和《黑龙江志稿》卷二十六《武备志》。
② 《黑龙江志稿》卷二十六《武备志》。
③ 同上。

别急剧变化的转折点。在此以前,有些驻防城在级别上升后处于稳定态势,有些则处于波动状况。属于第一种情况的如黑龙江城,由城守尉发展到副都统级别后,直至清末基本没有出现明显的升降变化;齐齐哈尔城,由城守尉至副都统,再至将军后也处于稳定发展的状态。布特哈、呼兰、呼伦贝尔、通肯、兴安等城也是如此。布特哈、呼伦贝尔两城都由总管上升为副都统衔总管,再升至副都统级后持续发展至清末,呼兰、通肯、兴安三城在级别发展上也都存在相似情况。爱辉旧城、墨尔根两城与上述各城相比,前者由总管级升为将军级后降为副都统级,再复降为佐领级,后者则经历了城守尉—将军—协领—副都统的过程,发展过程中不断波动。

其次,各城具有一些共性。大部分的驻防城都曾达到副都统级,如爱辉旧城、黑龙江、齐齐哈尔、墨尔根、呼兰、通肯等城,而布特哈、呼伦贝尔两城以及兴安城也都达到准副都统级,即虽由总管统领,但是却享有副都统衔,且布特哈、呼伦贝尔两城后来也都正式成为副都级统驻防城。不同点则是驻防城的级别在不同时期存在差异,举例来说,将军所在驻防城存在着爱辉旧城—墨尔根—齐齐哈尔的移动过程,其他诸如副都统、城守尉、总管等级别也都具有此特点。

3. 驻防城的发展结果

黑龙江将军所辖境域,原为盛京将军辖境之一部,继而又成为宁古塔将军辖境之一部,至康熙二十二年(1683)始独立设治。与盛京和吉林相比,黑龙江地方是唯一一个完全以八旗体制进行统辖管理的省份①,实行一元化的军政制度,在这种体制下的驻防城

---

① 丛佩远:《中国东北史》第四卷,吉林文史出版社1998年版,第1324页。

由于基本没有受到府、州、县制的冲击,所以在很长时间里保留着显著的军事职能和作用。但毕竟驻防城是清朝驻防的产物,随着清廷势力的衰弱和军事力量的削减以及八旗驻防的瓦解,驻防城随之丧失了原来的面貌,驻防功能最终烟消云散。关于这一情况,前文虽有所提及,还需进行详细的缕析。

驻防城的衰落,实际上即是驻防的衰落,以副都统或副都统衔总管的裁废为标志。凡是这些官员被裁撤的驻防城驻防体制大部分都遭到废弃,仅有少量的驻防城仍然保留一些级别颇低的驻防官员和少量的士兵。副都统或副都统衔总管的裁撤,时间上可以分为两个时期:光绪三十年(1904)至光绪三十四年(1908)和宣统年间。前一个时期被裁止的驻防城为兴安城,撤于光绪三十年(1904),齐齐哈尔、布特哈、呼兰、通肯也都于光绪三十一年被裁。后一时期被裁止的驻防城包括墨尔根、呼伦贝尔、黑龙江新旧两城,前两城撤于宣统元年(1909),第三城撤于宣统二年(1910)。所以在辛亥革命前夕,黑龙江地区的驻防城大都名存实亡了。当然值得肯定的是,辛亥革命后有些驻防城虽然已基本不再具有旧时的特点,但仍留有少量的兵员驻守,保存着不同于往日的微弱驻防功能,如齐齐哈尔、布特哈城等①。

(二)驻防城的空间分布

1. 空间分布和特征

黑龙江将军当时管辖墨尔根城、呼伦贝尔城(现海拉尔市)、布特哈城(今莫力达瓦达斡尔旗境内)、兴安城(今嫩江县境内)、

---

① 《黑龙江志稿》卷二十六《武备志》。

呼兰城、通肯城(今海伦县境内)、爱辉新旧城以及齐齐哈尔城在内的8座城堡,并派驻副都统级的武官镇守,史称黑龙江8城(将爱辉旧城计算在内实际为9城)。

　　研究黑龙江驻防城的空间分布特征,也要从宏观区域和微观区域两方面加以分析(见图3-13)。宏观角度来说,这些驻防城的分布有两个特点。首先驻防城的分布并不均匀,主要集中于中、南、西南之域,北部黑龙江副都统所辖广袤的区域则没有修建,显示出驻防南强北弱、不协调分布的特征。其次,各驻防城在黑龙江宏观区域的总体位置而言,呼兰城处于最南部,呼伦贝尔城在最西南,而爱辉旧城则处于最东北向,驻防城彼此之间联系颇近,织成了较为严密的军事驻防城体系。

图3-13　清代黑龙江地区驻防城分布示意图

具体区域分布来说,距离较近的爱辉旧城、黑龙江城位于黑龙江副都统管辖区域的西南处,彼此互相呼应。墨尔根、布特哈、兴安城位于墨尔根副都统辖区的东南、南部,呼伦贝尔城位于呼伦贝尔副都统辖区的中部,齐齐哈尔、通肯、呼兰则处于齐齐哈尔副都统辖区的南部、东南部,驻防城之间距离上具有紧密性的特点。以齐齐哈尔城为中心,除了呼伦贝尔、呼兰两城分布在其西北和东南向,其余众城坐落在其东北向,而且这些城(齐齐哈尔、布特哈、墨尔根、兴安、黑龙江、爱辉等城)之间由西南至东北形成了一道明显的驻防城防线。另外,最为重要的将军级驻防中心城形成了一个由东北爱辉旧城向西南墨尔根城,再向西南齐齐哈尔城过渡的过程,反映出这些区域军事驻防作用是发展变化的。

2. 驻防城所在区域战略地理形势

黑龙江与盛京、吉林一样,也是清朝的东北战略要地,虽然与后两者相比发展程度较低,却一直是八旗体制盛行的区域,军事上具有不容忽视的作用。所以,清朝在此布置足量的驻防并修筑驻防城来戍卫之。根据史籍所载,黑龙江各驻防城本身不仅具有一定的战略作用,而且它们所在区域的战略地理形胜也颇引人注目,而后者又一定程度的成为前者修建的一个因子。

各驻防城区域战略地理形势非只言片语能概括之,本书不再详细分析它们的军事地理形胜,而是从史料记载来略窥各驻防城区域战略地理形胜之一斑。就黑龙江总体区域来讲,其"襟带黑龙,巨浸藩翰,兴安雄山"①,拥有黑龙、兴安山水险胜。区域内的齐齐哈尔城守区域不仅"巨野作屏",而且"长江为带",自然条件

---

① 《大清一统志》卷四十八。

优势明显,同时该区乃"边城都会",拥有军事上的交通优势,可谓"四达要冲"①,可见其最终成为将军稳定驻扎的区域自在情理之中。黑龙江城守区域则连山带江,"左枕龙江,右环兴岭",北则与俄罗斯接壤,为藩垣之区,乃咽喉要域。而墨尔根则北面群山环绕,具有天然屏障,南则沃野广袤,甚为畅通。呼伦贝尔形胜"并重龙江",北与俄罗斯毗邻,控扼作用明显,南与喀尔喀紧邻,则起着军事安抚方面的显著作用,也可谓为"山河险固"。②

布特哈也是军事作用不容忽视之地,所以清朝遣兵驻防,"驻扎处在尼勒济地方",介于墨尔根、齐齐哈尔两城之间,与它们遥相呼应。呼兰驻防、通肯、兴安城守区域也都具有各自的战略地理形胜,尤其是兴安城所在区域,"南北辖境甚窄",而"东西则横跨全岭,至有千六百里,层峦叠嶂,环以巨川",兴安领东西横亘,加上川流的自然优势,实为易守难攻之地。③

第四节　新疆驻防城时间发展和地域分布

一、驻防城的时间发展和特点

(一)满城的时间发展和特点

清代,新疆共设六大满城,探讨其时间发展和空间分布特征以及平面结构对于清代新疆军事地理和城市地理的研究具有重要意义。

---

① 《钦定盛京通志》卷二十四。
② 同上。
③ 同上。

1. 满城的初建

讨论满城建置过程,同样需要与驻防结合起来,因为满城实际是驻防发展的产物。清朝平定天山南北之后,为加强对新疆的控制,稳定新疆地方稳定,遂设防于天山南北来加强军事力量。这次军事布局调整和部署的最重要措施,就是乾隆二十七年(1762)伊犁将军的设立,之后,驻防要点逐渐分布于天山南北各重要地区,统一由伊犁将军管辖。在此过程中产生了诸多驻防城以容纳官兵,满城就是其中一种主要由满营官兵集中驻防的城池空间。

从时间角度分析,六满城中以惠远满城初设最早。依《钦定八旗通志》卷一百十八《营建志七》载,乾隆二十九年(1764)批准在伊犁河北一里许"修建城垣房屋,给予凉、庄、热河移来满洲官兵居住",三十一年(1766)正月明瑞等即奏称"由凉州、庄浪携眷移驻满洲兵丁城垣、房屋一万七百余间俱已修理完竣",在此两年多时间里所修之城就是惠远旧城。惠远城建立之后,乾隆三十五年(1770)又在惠远城东北立惠宁城,"给予西安移驻伊犁官兵居住"。惠远、惠宁两城皆位于伊犁地区,是新疆最初筑造的两大满城。

乌鲁木齐满城与驻防的设置时间基本一致,乾隆三十七年(1772)立驻防的同时建"巩宁城,土城一座"[1],即满城,集中容住凉州、庄浪移来三千余名满、蒙兵。同年,巴里坤置驻防,由西安、宁夏两处移来两千多满营兵,居处在所建"会宁"满城内。后来,因巴里坤会宁城处兵粮转运维艰,三十九年(1775)乌鲁木齐都统

---

① 《钦定八旗通志》卷一百十八《营建志七》。

陕西总督奏明,准将西安满营仍驻巴里坤,其宁夏营满兵 1000 名则移驻古城①,同时也为这部分官兵及家眷造修营房城池,即"孚远"满城②。吐鲁番满城与其他城相比,设置时间最晚,乾隆四十五年(1780)始设驻防,建广安土城(满城)一座,由乌鲁木齐满营兵换防。

综合上述,新疆所有满城皆建置于乾隆二十九年(1764)至四十五年(1780)间,其中伊犁由于是驻防初设之地,因此其地惠远、惠宁两满城建置时间早于其他满城,而乌鲁木齐巩宁城、巴里坤会宁城造建时间则基本同步,古城孚远城却因驻防满营兵由巴里坤移来,所以造设时间较巴里坤会宁城晚了两年。众城之中,以吐鲁番广安城初建时间最晚。另外,从满城所容满营官兵来源来说,惠远、惠宁、巩宁、孚远、会宁等城都由凉州、庄浪、热河、西安、宁夏等稍微靠近内地的驻防点移来,吐鲁番则因与乌鲁木齐满营兵之间换防,故而其官兵仍间接移自凉州、庄浪。

2. 满城的发展及结果

同治三年(1864)始发于库车的农民起义迅速席卷全疆,给清军以沉重打击。五年(1866)初,起义军攻占了惠远城,将军明绪自尽。后同治十年(1871),沙俄占领伊犁后,惠远城大都遭到毁坏③。所以伊犁将军金顺于光绪初年进入伊犁城后看到的情形是:"西南两面城垣均已被水冲坏,城内仓库、官厅、兵房荡然

---

①　《新疆图志》卷五十《军制二》。

②　《钦定八旗通志》卷一百十八《营建志七》。

③　吉林师范大学历史系:《沙俄侵华史简编》,吉林人民出版社 1976 年版,第 184 页。

无存"①,惠远旧城基本废弃。其他满城在此次事变中也都难逃其劫。同治五年(1866)年底,伊犁全境的清军据点大都被攻占,第二年(1867)清政府在新疆能够控制的只有哈密、巴里坤和塔尔巴哈台部分地区②。根据光绪《钦定大清会典事例》卷五四五的记载可以了解当时满城的情景:"乌鲁木齐、古城、吐鲁番三处,自同治初年遭逆回之变,相继沦陷,额设兵丁散失殆尽。惟巴里坤防营仅有孑遗。光绪二年(1876),克服乌鲁木齐时,满城倾圮,并无旗丁一人",除巴里坤巩宁城仍有孑遗满营兵丁、满城所受冲击较小外,余者乌鲁木齐、古城、吐鲁番驻防军一派溃败惨状,满城都遭到沦陷,其中乌鲁木齐巩宁满城更是被毁坏殆尽。

光绪朝,新疆满城得到一定的恢复,然而程度有限。光绪六年(1880)乌鲁木齐重建新满城一座,八年(1882)则又在距旧惠远城15里处重筑一新满城。然而,同是光绪八年(1882),乌鲁木齐、吐鲁番二地驻防却即行裁撤,故而巩宁、广安两满城也就不复存在了。后光绪十一年(1885)巴里坤驻防并入古城,并在古城复修新满城,会宁城不再具有满城之实。最终,光绪十一年(1885)新疆满城实际上只剩下伊犁、古城两处。等到辛亥革命之后,所剩满城也都伴随着驻防的衰亡而消失。

通过以上阐述可以判断,辛亥革命前新疆满城的发展可以分作三个时期,乾隆年间至同治初为满城形成、发展时期,同治年间为满城毁坏比较严重的时期,而光绪初至辛亥革命期间,则是满城有所恢复时期。就满城存在时间长短而言,伊犁、乌鲁木齐、古城

---

① 伊犁将军金顺题本,《清季外交史料》光绪朝,卷二六。新疆社会科学院历史研究所:《新疆地方历史资料选辑》,人民出版社1987年版,第521页。
② 新疆社会科学院民族研究所著:《新疆简史》第二册,1980年版,第116、118页。

等由于战略位置显著,在旧满城毁坏后皆被重建,所以持续时间较长,其中,古城兼并巴里坤驻防后,又与伊犁新城存在了一段时间,显示出较强的生命力。

(二)其他驻防城的时间发展和特点

1.驻防城的创建

(1)驻防城的创建

其他驻防城主要指由参赞、领队或办事大臣管理的城池,此类驻防城内不是由八旗兵单独驻防,而是八旗、绿营甚至回兵混驻,情况比较特别。此类驻防城在《钦定八旗通志》卷一百十八中记载甚详。

绥靖驻防城,属于塔尔巴哈台驻防。乾隆三十年(1765),参赞大臣阿桂奏请添设,但"因雅尔雪大",于三十一年移驻他处,三十二年"筑城一座,围二里七分,高一丈二尺",并赐名绥靖城。此城遗址在今塔城建设街以南;光明路以北;柴草巷以西;文化路以东的范围内。地理坐标:82°59′49″E,46°44′38″N,海拔526m。后来同治回乱,绥靖旧驻防城遭到破坏,清光绪十五年(1889)重建塔尔巴哈台绥靖城,故称新城。今塔城内还有绥靖城旧、新两城的遗址,可见绥靖城为塔城形成的历史基础。

永宁驻防城,属于乌什驻防。乾隆三十年(1765)平定逆回滋事后,于三十一年二月建筑城垣衙署兵房等项,新造"土城一座,围长四百六十八丈,计二里八分,高一丈二尺,城门四,炮台六座,城楼角楼各四座",并赐名永宁城。

阿克苏驻防城,属于阿克苏驻防。阿克苏驻防乾隆三十一年(1766)设,并"筑土堡一座,围长一百四十丈,高一丈二尺"。

叶尔羌驻防城,属于叶尔羌驻防。该处驻防乾隆二十四年(1759)平定后设。"旧有土筑回城一座","长二千一百四十二丈",约计十一里九分,高"二丈三尺",五座城门。

和阗驻防城,属于和阗驻防。乾隆二十四年(1759)平定后设驻防,旧有土筑回城一座,长六百零三丈,计三里三分五厘,高一丈九尺,城门四。

喀喇沙尔驻防城,属于喀喇沙尔驻防。乾隆二十三年(1758)设喀喇沙尔驻防,乾隆二十四年(1759)西域平,有旧城二,皆废圮,移建新城于哈喇沙尔①,"土城一座",长二百五十四丈,高一丈二尺,东西两门。

英吉沙尔城,属于英吉沙尔驻防。乾隆二十七年(1762)设。并设立"土城一座",围二里五分,高一丈七尺,城门二,巡更兵房六间,城中东西筑墙一道,高一丈五尺,长三十五丈一尺,中安栅门一座,官兵居墙北,回子居墙南。

喀什噶尔徕宁驻防城,属于喀什噶尔驻防。乾隆二十七年(1762)设置驻防,"土城一座",东西长一百五丈,南北长一百二十丈,围二里五分,高一丈四尺,"城门及四角各盖巡更房一间",是乾隆二十三年(1758)内附之城,三十六年赐名徕宁城。② 属于新建之城,位于国初所建旧城之西北二里许,乃乾隆二十七年(1762)参赞大臣永贵奏请建立,"周围二里五分,高一丈四尺,底厚六尺五寸,设四门……",乾隆三十五年(1770),复修城上的四门正楼、角楼,三十六年(1771)(清高宗)赐名"徕宁城"③。徕宁

① 《大清一统志》卷四百十八。
② 《回疆志》卷一。
③ 《新疆四道志》卷五。

城址在今喀什市区西喀什地区公安处驻地,旧城墙至今可见。

库车驻防城,属于库车驻防。"本朝乾隆二十三年(1758),大兵追讨逆回,霍集占至此,败之,霍集占以残兵入库车城,七日复西遁,旧伯克阿集等以城降"①,"旧有土城一座",围四里六分,"原系回子建盖",乾隆五十八年(1793)库车办事大臣伊桑阿奏明重修,添建城楼四座,设立垛口,其官员衙署自乾隆二十三年(1758)平定时尚未给盖,至三十三年才开始建盖。

哈密驻防城,属于哈密驻防。哈密为绿营驻防要地,"土城一座",系雍正五年(1727)建,围长一里一分,高二丈四尺六寸,城门三,城楼三。另外,北城外有套城一座,居住汉兵,长一百六十七丈,计四里二分,高一丈二尺,东西两关。哈密大臣衙署一所,共八十五间,原系乾隆三十一年(1766)所修,道员衙署三十二年裁汰,改作哈密大臣衙署,仓廒十座,五十间,厩神庙三间,廊房住房共十三间,系乾隆二十五年(1760)设。套城内兵房四百间,系乾隆二十六年设,大城内兵房四百二十二间,系乾隆二十七年设。又套城大城内续建兵房二百间,乾隆系四十年增。另外还有教场一所,房十四间,围墙一道,火药厂一所,房十六间,围墙一道。②

除了上述驻防外,新疆还有赛哩木、拜城驻防,然而前者"并无另筑城垣",后者"房数坐落与赛哩木同"③,所以未建驻防之城。

(2)驻防城创建过程中时间上的发展特点

驻防城的来源,一为旧有之回城,一为新建之城,多是在战争

---

① 《大清一统志》卷四百十八。
② 《钦定八旗通志》卷一百十八。
③ 同上。

过程中形成,军事作用突出。

表 3 - 8　新疆部分驻防城建制时间表

驻防	设置时间	驻防城	建立时间	来源
塔尔巴哈台	乾隆三十年(1765)设于雅尔城,三十二年(1767)移驻	绥靖城	乾隆三十二年(1767)	新建
乌什	乾隆三十一年(1766)	永宁城	乾隆三十一年(1766)	新建
阿克苏	乾隆三十一年(1766)	阿克苏城	乾隆三十一年(1766)	新建
叶尔羌	乾隆二十四年(1759)后	叶尔羌城	乾隆二十四年(1759)后	旧有
和阗	乾隆二十四年(1759)后	和阗城	乾隆二十四年(1759)后	旧有
喀喇沙尔	乾隆二十三年(1758)	喀喇沙尔城	乾隆二十四年(1759)	新建
英吉沙尔	乾隆二十七年(1762)	英吉沙尔城	乾隆二十七年(1762)	旧有
喀什噶尔	乾隆二十七年(1762)	徕宁城	乾隆二十七年(1762)	新建
库车	乾隆二十四年(1759)后	库车城	乾隆二十四年(1759)后	旧有
哈密	雍正五年(1727)	哈密城	雍正五年(1727)	新建

据表 3 - 8,满城之外一些驻防城的形成在时间上具有如下特点:

①驻防城来源上分为两类。第一类为清朝派员新建,多是出于军事驻防的需要而建,驻防建立后造设,包括塔尔巴哈台、乌什、阿克苏、喀喇沙尔、喀什噶尔、哈密等city。第二类是旧有之城,驻防城在驻防设立之前不具有驻防城之实,大都为已建回城,清廷平乱

后内附,驻防设立后才具有了驻防城特质,包括叶尔羌、和阗、英吉沙尔、库车等城。可见,第一类驻防城的形成时间与驻防基本同步,而第二类驻防城则城池建立在前,驻防设立后才成为真正的驻防之城。

②基本上驻防城乾隆年间完成建立,并且形成于乾隆二十四年(1759)后,与这一时期清廷平息新疆地区的战乱有很大关系。各城中,哈密驻防城形成较早,雍正五年(1727)完成建置,乌什、阿克苏之间以及英吉沙尔和喀什噶尔之间驻防城的形成彼此同步。

③各驻防城皆设有管理驻防、屯田等具体事务的参赞、领事或办事大臣,各大臣的设置是驻防城建立的一个标志。这些官员的设置与驻防以及驻防城的建立时间不完全一致,根据《钦定八旗通志》卷一百十八和《清实录》记载,兹将各驻防城管理大臣的设置情况分述如下:

塔尔巴哈台绥靖城领队大臣:乾隆二十七年(1762)设,驻塔尔巴哈台(塔尔巴哈台厅)。塔城帮办领队大臣:乾隆二十七年(1762)设,驻塔尔巴哈台(塔尔巴哈台厅)。

哈密城办事大臣:乾隆二十九年(1764)设,驻哈密城(哈密直隶厅),光绪十年(1884)裁。哈密帮办大臣:乾隆二十九年(1764)设,驻哈密城(哈密直隶厅),光绪十年(1884)裁。

喀什噶尔徕宁城参赞大臣:乾隆二十四年(1759),设喀什噶尔参赞大臣,驻喀什噶尔(疏勒府);三十一年(1766)移驻乌什(乌什厅),另置喀什噶尔办事大臣;五十二年(1787)裁办事大臣,乌什参赞大臣移回喀什噶尔;喀什噶尔帮办大臣:乾隆二十四年(1759)设喀什噶尔帮办大臣,驻喀什噶尔(疏勒府),三十年(1765)移驻乌什(乌什厅),五十三年(1788)移回,光绪八年

（1882）裁。

英吉沙尔城领队大臣：乾隆三十一年（1766）改总兵，设英吉沙尔领队大臣驻英吉沙尔（英吉沙厅）；光绪八年（1882）裁，旧地为英吉沙厅。

叶尔羌城办事大臣：乾隆二十四年（1759）设叶尔羌办事大臣，驻叶尔羌（莎车府）；二十六年（1761）增设领队大臣二人，后裁。道光八年（1828）改设参赞大臣，十一年（1831）复改设办事大臣；光绪九年（1883）裁，旧地为莎车府。叶尔羌帮办大臣兼领队：乾隆二十四年（1759）设叶尔羌帮办大臣，驻叶尔羌（莎车府），兼领队事务；光绪九年（1883）裁。

和阗办事大臣兼领队：乾隆二十四年（1759 年），"设办事大臣、协办大臣各一"①。乾隆三十年（1765）设和阗副都统驻伊尔齐（和阗州），四十二年（1777）改设和阗办事大臣，兼领队事务；光绪九年（1883）裁，旧地为和阗州。

阿克苏城办事大臣：乾隆二十四年（1759）设阿克苏办事大臣，驻阿克苏城（温宿府），三十二年（1767）并入乌什参赞大臣；四十四年（1779）乌什领队大臣更名来驻；嘉庆二年（1797）改设阿克苏办事大臣；光绪十年（1884）裁，旧地为温宿府。

乌什永宁城办事大臣：乾隆二十三年（1758）设乌什副都统驻乌什（乌什厅），二十四年（1759）改设乌什办事大臣；三十一年（1766）裁，移喀什噶尔参赞大臣、帮办大臣驻永宁城（乌什厅），设领队大臣同驻；四十四年（1779）移乌什领队大臣驻阿克苏；五十二年（1787）移乌什参赞大臣、帮办大臣复驻喀什噶尔，复设乌什办事大臣；光绪九年（1883）裁，旧地为乌什厅。

---

① 《清史稿》志五十一《地理》二十三。

库车办事大臣：乾隆二十四年（1759）设库车办事大臣，驻库车（库车州）；光绪十年（1884）裁，旧地为库车州。

喀喇沙尔办事大臣：乾隆二十四年（1759）设喀喇办事大臣，驻喀喇沙尔（焉耆府）；光绪八年（1882）裁，旧地为焉耆府。乾隆三十八年（1773），土尔扈特及和硕特移牧珠勒都斯，归喀喇沙尔办事大臣兼辖。

2. 其他驻防城的发展结果

1867年春，阿古柏在喀什噶尔建立"洪福汗国"，自立为王，并征服了库车热西丁农民政权，相继攻占了天山以南大部分地区。同治九年（1870）三月，阿古柏在英、俄等帝国主义的支持下大举进攻吐鲁番并夺取该城。接着又相继占领了北疆乌鲁木齐、古牧地、木垒、玛纳斯、鄯善等地。整个新疆几乎全被阿古柏侵略军占领，驻防城大都名存实亡。光绪三年（1877），清朝陕甘总督左宗棠任西征总指挥，一举平定北疆，再攻取南疆，阿古柏军节节败退。五月十七日，阿古柏在库尔勒服毒自杀，新疆的形势再次得到控制。清朝军队在平乱过程中虽然陆续收复了旧有驻防之城池，但是驻防城却基本上名存实亡，驻防体系遭到了重创。

光绪八年（1882），清政府正式在新疆建省，并取"故土新归"之意改称西域为"新疆"。新疆建省，是清朝政府对历朝各代治理新疆的一次重大改革，旧有军府制基本结束，各驻防城所在区域逐渐由行政机构占据主体。自光绪九年（1883）开始，驻防城所设管理大臣纷纷裁撤，直隶州等行政建置也纷纷建立①。所以，光绪九年（1883）是驻防城衰落的起始时间，之后不再具有旧时的面貌了。

---

① 《清史稿》志五十一《地理》二十三。

二、驻防城的地域分布及其特征

(一)满城空间分布特点

探讨满城空间分布特点,可以从三个方面进行,首先从宏观角度入手分析满城在新疆大区域的总体分布情况;其次从微观角度探析满城在具体区域的分布特征;最后则揭示满城与他城的空间相对位置关系(见图3-14)。

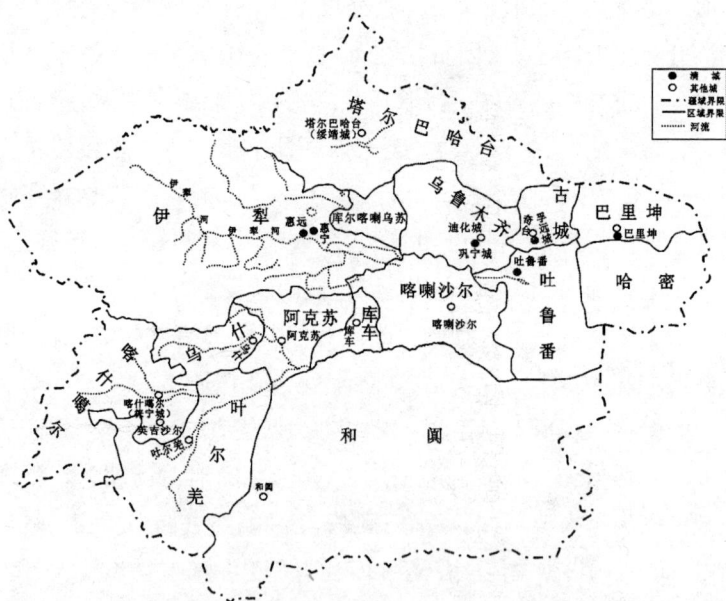

图 3-14 清代新疆满城空间分布示意图

1. 宏观区域分布

宏观角度而言,满城主要分布在天山北路,而南路仅有吐鲁番广安城。位于北路的满城分布在四大区域内：惠远、惠宁两城位于伊犁境内，巩宁城处于乌鲁木齐，孚远、会宁则分别坐落在古城、巴里坤境内。就各满城所在区域位置来说，伊犁位于最西边，"地处北路极边，环山带河，袤延数千里，形势最为扼要。边陲锁钥，控驭事重"①，乃西陲要冲，战略位置相当重要。伊犁以东乌鲁木齐，东界孚远满城所在古城，南界喀喇沙尔，西界所属之库尔喀喇乌苏，西北界塔尔巴哈台，东北界科布多，扼天山南北两路之冲，乃北路第一富庶之地。乌鲁木齐东之古城地，东界巴里坤，南阻大山，北界科布多，巴里坤更是"东阻大山，南界哈密，北界喀尔喀"②，"幅员千余里，枕山带海，险扼全疆，路达南北，俨然称为重镇"③，位置都很重要。总之，天山北路满城所在区域从西往东呈带状排列分布，最西为伊犁，最东为巴里坤，与此一致，坐落在这些区域的满城也从西往东分布着，用线条将它们连接，略向东北倾斜。

2. 微观区域分布

微观区域分布上，惠远旧城、新城以及惠宁城都位于清代伊犁境内之东域，并且皆在伊犁河北岸，距离伊犁河颇近，尤其惠远旧城，位于"伊犁河北一里许"④，"城西南当伊犁河流之冲，承平时，每年筑坝防护"⑤，城紧傍河旁。后因回变破坏及河水所浸，筑新满城于旧城东北 15 里处。惠宁城则位于惠远城东北 70 里的巴彦

---

① 《西陲总统事略》卷五"疆域山川"，第 8 页。
② 《西陲总统事略》卷二《图说》，第 101 页。
③ 《镇西厅乡土志》"序"，载《新疆乡土志稿》，第 169 页。
④ 《钦定八旗通志》卷一百十八《营建志七》。
⑤ 伊犁将军金顺题本。《清季外交史料》光绪朝，卷二六。新疆社会科学院历史研究所：《新疆地方历史资料选辑》，人民出版社 1987 年版，第 521 页。

岱地方,与惠远旧城互相呼应。作为伊犁驻防的中心城池,惠远、惠宁两城周围各营营房"环卫森严,所以靖边围而资控驭最为整肃"[1],境内"东北则有察哈尔,西北则有索伦,西南则有锡伯,自西南至东南,则有厄鲁特。四营环处,各有分地"[2],可谓星拱棋布,再加上惠宁城东南宁远城、惠远城西北之绥定、广仁、瞻德、拱宸、塔尔奇城以及惠宁城西南之熙春等绿营守卫之城的分布,形成了严密的驻防营城网络。乌鲁木齐巩宁旧满城在迪化城之西八里处,位于乌鲁木齐境之东南,同治回乱遭毁坏,光绪六年(1880)重修新满城,位于迪化城东北,旧、新两满城距离迪化城都颇近。孚远旧满城位于古城西南域,同治乱后遭破坏,后光绪十一年(1885)于县城"东南修筑满城",即新满城。会宁城则坐落于巴里坤境南略微偏西处,镇西直隶厅设置后,正好位于厅城南向位置。[3] 据上,巩宁、孚远、会宁三城都位于所在区域的偏南处,由于孚远、会宁所在驻防受巩宁所在乌鲁木齐都统节制,故三城实际上构成了一个小的驻防城体系。

3. 具体位置

从以上对各满城具体位置的分析中还能发现,所有满城都与他城形成了一定的相对关系。如惠远、惠宁两城不仅彼此间距离不甚远,位置上构成对照关系,而且与伊犁其他绿营城池以及回城共同处在一个营城体系中,也形成了显著的相对关系。而巩宁城坐落在迪化汉城之西仅八里处,孚远城也在奇台县城南近距离处,

---

① 《西陲总统事略》卷一《伊犁驻兵书始》。
② 《圣武记》卷四,第159页。
③ 宣统三年(1911)版《新疆图志》之《建置一》。

会宁城更是"与汉城毗连",满汉城池间位置上的紧密关系突出①。总之,新疆各满城都与汉城隔开,彼此之间互不混同,位置上具有一定的相对关系,是满洲统治者避免"沾染汉俗"、保持旗人固有的传统习俗目的的真实写照。

(二)其他驻防城空间分布特点

清代新疆驻防城除了上述满城之外,另有一些驻防城,一种城池内不仅有八旗兵营,而且还有绿营兵种或回兵,另一种则由绿营专驻,这种现象与其他地区的驻防城存在较大差异。这类驻防城具有一个显著特征,就是不但设有佐领、骁骑等驻防官员,而且还置参赞、领队、办事等管理大臣,正符合《钦定大清会典》对于驻防城应设官员的规制:"将军若大臣所驻亦如之,将军、副都统、城守尉等,除在省城、府厅县城驻防外,其绥远城,乍浦、庄浪、采育里、凤凰城及吉林、黑龙江将军、副都统、城守尉所驻,并西北两路将军,参赞、办事、领事大臣所驻,皆专设驻防之城,其衙署等工,并建设如制。"②参赞、办事、领队大臣是这些驻防城的标志。

1. 宏观区域分布

从宏观总体角度分析,清代新疆地区除满城外,共有 10 座驻防城,分别为:绥靖、永宁、阿克苏、叶尔羌、和阗、喀喇沙尔、英吉沙尔、徕宁城、库车、哈密,这些城分布在塔尔巴哈台、乌什、阿克苏、叶尔羌、和阗、喀喇沙尔、英吉沙尔、喀什噶尔、库车、哈密境内。地

---

① 宣统三年(1911)版《新疆图志》之《建置一》。
② 《钦定大清会典》卷五十八。

理分布总体上可以分为两个部分,即天山北部和天山南部,北处仅塔尔巴哈台绥靖一城,南部则将哈密计算在内共 9 城,数量远远多于北部。北部绥靖城所在塔尔巴哈台位于"伊犁城东北,东至额尔齐斯,接喀尔喀界,西至斋尔,接藩属哈萨克界,南踚沙碛,接迪化州界,北接藩属俄罗斯界"①,外与他国接壤,内与迪化州、伊犁毗邻,地理位置甚为重要。可以说绥靖城的修建大大加强了天山北部的军事力量,与其余 6 处驻防城共同形成了天山北部的驻防网络(见图 3 - 15)。

2. 微观区域分布

南部 9 城中,哈密城的位置最为偏东,该区东至塔勒纳沁,接哈尔哈界,西至哈喇都伯,接辟展属界,南至沙碛,北至天山,接镇西府界,西南至半池泉星星峡,接安西州界,"北倚大山"②,三面平旷,泉甘土肥,位置和自然条件都比较重要。喀什噶尔徕宁城和英吉沙尔城位置较之他城偏西,两城距离较近,战略上具有互相呼应的作用。绥靖城基本位于塔尔巴哈台区域的中间,便于所驻兵员对整个区域进行有效的控制。就具体位置而言,和阗城位于南部,该境"方亘千里,连山相次"③。另外,和阗城位于和阗区域的西南方位,离叶尔羌甚近,这样可以与处于叶尔羌西北方位的叶尔羌城彼此联络,遇有战事即可互相援助。军事上为不容忽视之地。西南有叶尔羌城,境内形势"城踞高冈,规模宏广,甲于回部"④。乌什永

---

① 《大清一统志》卷四百十四。
② 《大清一统志》卷四百十七。
③ 《大清一统志》卷四百十九。
④ 同上。

图 3 - 15 新疆满城外其他驻防城空间分布示意图

宁城、阿克苏城、库车城、喀喇沙尔城距天山颇近,从西到东构成了一道驻防城防线。总之,天山以南西有喀什噶尔、英吉沙尔城,南有和阗城,东设置哈密城,再加上北部的永宁、阿克苏、库车、喀喇沙尔等城以及吐鲁番广安满城,俨然形成了较为严密的驻防城系统。

此外,乌里雅苏台、科布多驻防城分别建成于乾隆二十九年(1764)、三十年(1765),与新疆驻防城的设立时间基本一致①。从空间分布来说,位于外蒙古广大区域内,也是为了加强驻防所设。

———————

① 《钦定八旗通志》卷一百十六、一百十八。

第五节　时空结构总体特点

一、时间发展特点

根据前面几章的论述,可以对清代驻防城的时间发展总体特点进行总结。

1. 驻防城和驻防之间的时间发展特点

驻防城为驻防发展的产物,与驻防的建立设置关系相当紧密。就两者关系而言,有的驻防城创建时间与驻防的设立时间基本同步,有的驻防城是在设立驻防后筹划建造的。前者有两种情况:一是某些驻防城和驻防在清朝同时造建;二是有些驻防城城池或为前朝建立、或为清朝造设,建立时间比驻防和驻防城都早,设立驻防后具有了驻防城的作用和特点。

2. 驻防城本身的时间发展特点

清代驻防城发展的过程中体系不断调整,其设立可以分为几个时期。顺治时期为驻防城的初步发展时期,康熙、雍正时期为驻防城的进一步发展完善时期,乾隆时期为驻防城的发展高潮时期,嘉庆、道光时期为驻防城的稳定发展时期。

咸丰、同治时期是驻防城开始走向衰弱的时期,以咸丰时的太平天国起义和1867年的同治回乱为两个转折点。在两大事件的影响下,直省、新疆的很多驻防城分别遭到了重创。光绪前期和中期,由于吉林、黑龙江地方有少量新驻防城建立,新疆的驻防城得到了一定程度的恢复,所以为驻防城一定程度的恢复期。

后来,随着清朝势力的衰退、国内矛盾的不断增多,驻防势力逐渐衰微,驻防城的军事功能下降,一些体系也渐趋瓦解。在辛亥革命前夕,大部分驻防城名存实亡了。

以东北地区为例。

盛京地区随着关内各地的汉族人民源源不断地迁移到辽宁地区,原来的旗民分治制度越来越显得统治无力、管理不周,清政府不得不对辽宁地区的行政建制加以改革,废除腐朽无力的旗民分治的管理制度,代之以一元化的民政统治手段,加强对辽宁地区的统治和管理。在此过程中,盛京地区驻防城的驻防功能日趋下降,驻防城的内涵发生了变化,以前所具有的军事功能渐渐丧失,逐渐因为民署机构的增强而演变为一般的府、州、县城。后光绪二十三年(1897),清朝对辽宁地区的行政建置进行了彻底的改革,辽宁奉天将军所属八旗副都统衙门均被裁撤,所有旗民均归奉天行省统辖,辖三道六府及其所述州县①,驻防城体系和驻防城原来的性质也都消失了。

古林地区在清末也由于民人的人量增加,驻防城的驻防功能有所下降,亟需建立民署机构适应发展的要求,大部分驻防城逐渐实行了与内地一样的行省县制,驻防城的性质发生随之很大变化,驻防城最终渐渐消失了。如前所述,黑龙江地区驻防城的裁撤发生在光绪三十年(1904)至光绪三十四年(1908)期间和宣统年间。前一个时期被裁止的驻防城为兴安城,光绪三十年(1904)撤,而齐齐哈尔、布特哈、呼兰、通肯也都于光绪三十一年被裁;后一个时期被裁止的驻防城包括墨尔根、呼伦贝尔、黑龙江新旧两城,前两者撤于宣统元年(1909),第三者则止于宣统二年(1910)。黑龙江地区的驻防城也与盛京、吉林地区情况相似。

---

① 《奉天通志》卷五十七、六十。

二、地域分布特点

1. 从全国角度分析

驻防城分布在畿辅、直省、东北、新疆、乌里雅苏台、科布多等地,畿辅为京师附近重要区域,直省为内地之区,东北、新疆、乌里雅苏台、科布多为边疆要地,所以东北、西北、北部、中北部、西南、南部、东南、中部、东部等方位都分布着驻防城,范围之广一望可知。

驻防城的分布与清代驻防的区域分布情况一致。根据定宜庄研究,清朝设驻防,具有随意性,但有重点、有主次,大体以先畿辅,后南方各省、后西北长城沿线,最后到边疆的次序依次排列。拱卫京师、巩固根本是驻防的重要目的,所以畿辅是清朝驻防的重中之重。西部、北部边疆也是关系清朝统治要害的地带;东北三省是满洲统治者的故乡,是他们的发祥之地;大漠南北至漠西是蒙古族活动的地区,具有左膀右臂的作用,西、北边疆可以说是满洲统治者的大后方、根据地①。直省更是内地不容忽视的关键地方,因此也需置设重兵。

驻防城的宏观空间分布也体现出与驻防分布类似的特点。由于畿辅为根本要地,东北为发祥之地,西北、北部为统治要害地方,直省为军事重要区域,所以这些区域也相应建设了数量不一的驻防城,体现出空间分布的广泛性特点。

2. 从区域内部分析

畿辅、东北、新疆、直省等地的驻防城虽然数量不等,但都形成

---

① 《清代八旗驻防研究》,第21、59、116 页。

了关系紧密、距离较近的驻防城体系,有些体系下分布着关系密切的驻防城子系统,这样驻防城为点、驻防城体系为网络,形成了区域内严密的驻防城体系。

不同区域驻防城的分布体现出自身的特点。有的区域内驻防城的分布十分密集,如盛京,有的则较少,如一些直省;有的区域驻防城的分布相对均衡,如新疆,有的则不均匀,如东北吉林、黑龙江等。

3. 从驻防城所在行政区域而言

直省、畿辅等地驻防城大部分位于省或府厅县城内部或外部,盛京、吉林地区的驻防城发展初期军事驻防功能非常突出,后来本身建设了类似于直省的府、厅、县民治机构,驻防作用下降,成为双重性质的驻防城。新疆由于很长时间实行军府制,在设立行省制度前驻防城军事功能突出,所以与黑龙江地区的驻防城一样属于驻防专城,民治机构发展不足。

4. 从战略地理角度

各城所在区域,一般都有着自身的战略特点。很多驻防城位于战略地理重要之地,或有山川作为屏障,或具江、海水源条件,或地势平坦,或位于要冲之地,战略形胜比较突出。

除了驻防城本身的战略位置外,一些驻防城之间在军事上能够互相呼应,形成小的驻防城战略区域。如新疆天山北路和南路的驻防城,曾属于山西行省的绥远、归化、太原、右玉等驻防城,彼此战略联系都很紧密。

小　结

根据《大清会典则例》记载,"驻防之城"主要是指各府州厅县以及西北两路和黑龙江以及吉林和采育里、乍浦、庄浪等非府州厅县地方所设的专设之城。但是这实际上是指狭义角度的驻防城,往往都具有一定的规模。根据清代史料记载,清代的驻防城不仅仅指城守尉及以上官员率领八旗兵员驻守的城池,实际上应该具体问题具体分析,不同地区的驻防城往往不能仅用上述一个标准来界定。

1. 畿辅地区的驻防城

根据驻防官员的设置,畿辅驻防城可以分为都统级、副都统级、城守尉级、协领级(采育里),而没有将军级,这一点有别于直省、东北和新疆地区的驻防城。

驻防城如果根据城垣形制则分为两类。第一类是建有确切城墙的驻防城,主要是密云驻防城、采育里驻防城、山海关城、张家口城和天津水师新城等。第二类是未建设专门城墙的驻防城,驻防设施相对分散,这类驻防城与直省地区未造设城墙的驻防城形式一样,主要有沧州、保定府、郑家庄、热河等处。另外值得阐明的是,第二类驻防城中,前两者,即沧州、保定两处驻防城,由于位于州、府城池内,在聚居形式上较后两者集中。

就畿辅地区各驻防城所在行政区域的类别分析(察哈尔除外),除了采育里、郑家庄外,大部分位于府州厅县内部或者附近,如密云、天津、沧州、保定等处的驻防城则分别分布在密云县北部、天津府近距离处、沧州城内、保定府城内,长城重要关口山海关驻防城分布在永平府临榆县城内和附近。

此外,畿辅地区的驻防城之间进行比较,郑家庄驻防城由于驻防设置时间非常短暂,因而存在的时间没有其余的驻防城长,也就没有它们稳定。热河地区的驻防城界定比较复杂,因为驻防设立之初,官兵主要在热河之域分布,由副都统率领,后来热河厅改设承德府,增设都统,衙署虽然位于府城内,但是该区的驻防官兵除了喀喇河屯和桦榆沟外,仍由副都统率兵分布在热河区内,所以承德府和热河驻防兵员所处的区域实际上形成了一个广义的驻防城范围,这与东北黑龙江地区布特哈、通肯、兴安城的驻防城坐落形式一样。

与直省、东北以及新疆地区的驻防城比较,畿辅地区的驻防城与它们之间具有如下的相同点和不同点。

相同点:畿辅的密云、天津新城与直省以及新疆的满城一样,都是围有城垣且与汉城之间具有相对位置关系的满城;沧州、保定府的驻防城则又与直省未设立城墙的驻防城形制一样,散处在汉城内;采育里驻防城属于非府州厅县行政区划内专设的建有城垣的驻防之城,与直省的乍浦、庄浪一样,城内专设驻防官员;郑家庄和热河两处驻防城比较分散,与黑龙江地区的驻防城坐落形制相同。还有一处相同点要说明,即天津水师驻防新城与乍浦、福州两处水师所建驻防城一样,都是为水师驻防官兵而造设的驻防城,城池不仅容纳水师官兵,同时还担负有陆地驻防城的角色。不同点:山海关驻防城虽然位于临榆县内,但是该处驻防城是因为长城重要关口的军事作用突出而设,所以与一般府州厅县所设驻防城的戍卫对象存在差异。

2. 各直省驻防城

具有如下几个特点:

第一,各直省驻防城一般位于府州厅县内部或近距离处,除了乍浦及福州水师驻防城外,大部分驻防城处于府城、州城或者厅县城内或附近,位置特征与东北、新疆地区不一致。

第二,驻防城根据形制不同有两种主要形式。一种是筑有固定城垣的城池,如杭州、江宁、开封、西安等驻防城,形制虽有区别,但是非常明确,往往通过固定城垣与汉城或汉城其他部分区别开,绝大部分是由城守尉或以上级别的八旗驻防官员管理驻防事务;另一种则是分散处在府州厅县城内,如福州、右玉、归化等地的驻防城,虽然设施建置所处形式比较分散,但是驻防衙署和兵营都表现出了相对集中的特点,即使没有建造城垣,但规模较大,多由城守尉及以上官员带领。值得注意的是,第一种驻防城与第二种驻防城比较,两者除了城垣建置不同外,数量上也有差别。第一种数量很多,第二种较少。

第三,与新疆一样,根据《钦定八旗通志》和其他史料载述,直省驻防城也有满城和一般驻防城两种形式。满城分别是西安、江宁、乍浦、青州、开封、潼关、宁夏、凉州、庄浪、太原等,它们一般都筑有固定城垣,且与汉城在位置上具有相对关系,与汉城以示区别。一般驻防城主要指绥远城、归化城、右玉、京口、德州和福建水师、福州、广州等处的驻防城,这些驻防城中,绥远、归化、乍浦、福建水师驻防城为专城驻防,与东北、新疆的驻防城形式一致,整个城池为驻防城。右玉、德州、府州、京口、广州则为不够集中的军营形式的驻防城,但也多建有界限,满营内的官兵与府州厅县内的汉民交往有严格限制,比纯粹意义上的满城略显开放。

第四,如果与东北、新疆等地驻防城相比,东北地区的驻防城大都独立成城,与他城几无相对位置关系,也没有满城之说,这与东北很长时期内未设绿营官兵相关。直省地区的绥远、归化、乍浦等城,与东北地区的驻防城形式很相似,城池在驻防设立之后具有了驻防城的特征,也是专驻之城,不具有相对的位置关系。不同的是,直省建有许多满城,或位于府州厅县内部或处于近距离处,彼此形成鲜明的对照关系。与新疆地区的驻防城进行比较,直省的驻防城中有相当一部分是满城,新疆也建有很多满城,具有相同的地方。两区驻防城的不同之处主要表现在两个地方。首先,新疆地区的驻防城除了将军、都统、佐领等八旗驻防官员外,大部分置设参赞、办事、领队等大臣,而直省的驻防城除了福州水师驻防城外,大都由城守尉及其以上级别的官员率领八旗兵员进行驻防,所以两者在官员设置上表现出不一致之处。其次,新疆地区满城外的驻防城在形制和位置上体现出独立的特色,与他城不具有相对的位置关系,而直省地区的驻防城除了绥远、归化、乍浦驻防城与他城没有形成依附关系,无论是满城还是未造设城垣的驻防城都与汉城或汉城的其余部分形成位置上的对照关系,或者说是依附关系。因此直省、东北、新疆地区的驻防城,在城垣形式、官员设置以及具体位置上互有异同。

3.东北地区的驻防城

东北地区的驻防城也极具特色,无论盛京地区,抑或吉林、黑龙江地区,皆置建驻防之城。由于东北地区为清王朝龙兴之地,自努尔哈赤初兴之时就比较在意驻防和驻防城的修建,入关之后清朝统治者也从未忽视这一地区的军事防卫,置设了大量官兵进行驻防,并随之在明卫城或其他城池的基础上修造了驻防之城。所以,东北地区的驻防城自清初持续至清末,虽然有些在发展中逐渐设立了民政机构,成为双重性质的驻防城,但军事驻防功能却一直没有消失。另外,东北驻防城主要由城守尉及以上级别的官员率驻,另有一些驻防城由城守尉以下官员领兵驻防。这与新疆、直省、畿辅等地区的驻防城大都由将军、都统、副都统、城守尉以及各大臣级别的官员率驻的情况不一致。

三地驻防城之中,盛京地区驻防城的军民分治特色最为突出,驻防城在发展的初级阶段军事管理特点比较显著,后来驻防城纷纷设立府州厅县民治机构,不再是纯粹军事意义上的驻防城,而是具有了民政的特色,驻防城的双重性质比吉林、黑龙江典型。

与盛京地区相比,吉林地区的驻防城专驻特色也很明显,虽然某些驻防城后来设立了府州厅县治,但是数量较盛京少。而且它们不论初建,还是以后的发展,城内都驻有大量官兵,军事作用一直占据主体。值得肯定的是,盛京地区和吉林地区的一部分驻防城都具有双重性质,前者的数量最多,表现的尤为显著,后者则军事色彩浓厚,清初至清中叶八旗驻防体制还"专理旗务,不与民事",当时"全省固无民官也"①,"专驻之城"的特征较为明显。

与盛京、吉林地区的驻防城不一样,黑龙江地区的驻防城在清末设民治机构之前,由于主要是以八旗驻防为主,所以城池的军事色彩更加突出。该区大部分驻防城都是以军事管理为主,军政机构一直是该地的主要管理机构。八旗管理体制占据主体,民治机构因为旗人颇多、民人甚少的缘故而发展缓慢,将军是身兼军治、民治管理权力的最高官员,所以在这样的情况下,黑龙江地区的驻防城在建省前皆为专驻之城,城内以八旗驻防官兵及其随军家眷为主要群体,驻防城展现出了很强的军防特征。

东北之地的驻防城,有些是在明遗留的旧有城池基础上设立了驻防,后来因为军事驻防功能突出而成了驻防之城,有些则是在设立驻防的过程中筑建的新城。这些驻防城与其他规模较小的边

---

① 《吉林通志》卷六十。

门互相呼应,共同形成了密集的"以城为纲,而路及边门属之"的驻防城体制①。

4.新疆地区驻防城

根据史籍,清代的驻防城所在区域可以分为东北、西北、各直省、畿辅四类。本书第一部分证实,东北地区和西北新疆南北两路由于实行的是军民分治制度,所以军事管理在整个管理制度中占据重要地位,尤其是新疆在建省之前主要以军府制度为主,军事驻防的意义甚为重大,驻防城的数量也较多,不仅天山北路建造了很多军事形制颇浓的满城及一般驻防城,天山南路也在原回城的基础上造设了或由八旗换防官兵和绿营兵员共同驻防或由绿营单独驻防的军事防城。除了惠远城和乌鲁木齐由将军、都统驻防外,该区驻防城存在一个共性,即一般都设有管理驻防具体事务的参赞、办事或领队大臣。这一特征与东北以及畿辅、直省地区存在差异。

关于新疆地区的驻防城大都设有驻扎大臣的事实,还需要补充一点。西藏、青海等地区在清代也设有驻扎大臣,但是这些地区并非驻防要地。乌里雅苏台和科布多等地虽然为藩旗所在地②,但清廷在两地也建造驻扎大臣等少量官员的办公衙署,委派八旗、绿营以及喀尔喀蒙古兵驻防,同时置设了与新疆天山南路驻防城形制内容一样的驻防城池,所以两城也具有驻防城之实。

总之,结合史料,清代不同地区的驻防城表现出来的特点既有一致性,也存在差别之处,如果完全用一个统一的僵化标准进行界

---

① 《东三省政略》卷八。
② 四库全书《皇朝文献统考》卷一百九十一。

定,对于揭示清代驻防城面貌将产生很大障碍,不利于探明不同地区驻防建置的基本特点。

　　当然,关于驻防城的相同点和不同点还需要通过研究驻防城的形制和内部结构以及其他方面的情况来进一步探析。

第四章 驻防城形制

第一节 畿辅地区驻防城形制

一、驻防城形制

畿辅地区驻防城可以分为两类。天津、采育里、密云、山海关等处驻防城为专设之城，筑有特定的城垣，城内建有驻防相关设施，所以是比较固定的驻防城池。沧州、保定府、郑家庄、热河等处驻防城则没有建设城垣结构，驻防设施比较分散，前两者位于州、府城内，后两者则位于行政建置较低的郑家庄和热河之地。而山海关驻防城情况实属特殊，驻防初设时仅在临榆县城内设立驻防相关设施，后来副都统衙署仍然位于临榆县城内部，左翼、右翼协领率领兵丁则转移至北翼和南翼城内居住，戍卫着山海关险要之处，这样以来临榆县内驻防建筑主体和左翼、右翼两城共同形成了山海关处的驻防城实体。

察哈尔驻防虽然也设有都统之官，但设施比较分散，与热河和黑龙江地区的某些驻防城相似，为特殊的驻防城。

表4-1 畿辅地区的驻防城形态、规模及内部大致结构统计表

驻防城	城垣建置情况	规模	形制示意图	驻防城位置及内部大致结构材料记载	引用重要资料及来源
沧州	无城垣,设施基本集中	不详	（示意图）	"衙署、兵房主要在沧州城西北隅,教场在州城北门外,鸟枪教场在城外西北,火药库在州城东南隅。"	《钦定八旗通志》卷一百十七 和《沧州志》,据清乾隆等纂修,庄日荣七年(1742)刊本影印。
保定府	无城垣,设施基本集中	不详	（示意图）	衙署营房"俱在府城南门门内"。"广盈仓一座,在清苑县西北。""教场在南门外迤西,周围二百八十丈。"	《钦定八旗通志》卷一百十七 和《大清一统志》卷十九。
郑家庄	无城垣,设施集中	不详	无统一形制	"计城守尉衙署一所,十五间,佐领衙署六所,各七间,防御衙署六所,骁骑校衙署六所,俱各五间,笔帖式衙署二所,各三间,甲兵六名,各营房二间。"	《钦定八旗通志》卷一百十七。
天津	城堡	"地基自南至北二百二十五丈,自东至西二百六十丈,周围五里"	（示意图）	"火药房二十四间,在营墙外东北隅。雍正八年(1730)于城北门外建演武厅三间。""城堡内"建设堡门四座,炮台四座,以备守望。""天津府城周围九里,高三丈五尺,广二丈五尺,门四,临河无池。"①	《钦定八旗通志》卷一百十七。

① 《畿辅通志》卷二十五。

续表

驻防城	城垣建置情况	规模	形制示意图	驻防城位置及内部大致结构材料记载	引用重要资料及来源
采育里	城堡	周围一千二百五十二丈八尺		防守尉衙署一所，十九间，防御衙署二所，各十二间，骁骑校六间，甲兵五十名，各营房二间，分列防守尉衙署东西，中分六段，采育里城堡城墙为土质结构。衙署后余地为官兵教场。	《钦定八旗通志》卷一百十七。
密云	城池	周四里		密云县城"新旧二城，旧城创于明洪武中，周围九里，十三步，高三丈五尺，阔一丈五尺。新城创于明万历四年，高三丈五尺，门三，池深阔如旧"①。"八旗驻防营，县东北二里，据冶山之阳，清乾隆四十五年(1780)建，虎皮石垣，周四里，城形正方，置三门，无楼堞，惟东城南角有奎楼、太阳宫，副都统驻之"②。	《密云县志》，民国藏理臣等纂，宗庆煦等修，民国三年(1914)铅印本影印，成文出版社印行。

① 《畿辅通志》卷二十五。
② 《密云县志》，民国藏理臣等修，宗庆煦等纂，民国三年铅印本影印，成文出版社印行。

续表

驻防城	城垣建置情况	规模	形制示意图	驻防城位置及内部大致结构材料记载	引用重要资料及来源
山海关驻防城	城池	县城周八里,北翼城、南翼城规制相同,周长都是三百七十七丈四尺九寸		山海关驻防城没有固定形制,情况实为特殊。驻防时仅在临榆县城内设立驻防相关设施,后来副都统衙署仍然位于临榆县城内部,而左翼、右翼山海领兵丁则转移至北翼城内居处,成卫着山海关和左防关险要之处,这样以来临榆县城共同形成了山海关处的驻防城总体。"县城高四丈一尺,厚二丈,周八里百三十七步四尺,土筑砖包,其门四,东曰镇东、西曰迎恩,南曰望洋,北曰威远,俱设重楼。水门三,东南西北三闸,下广五丈,上广六丈,深各半之。有额曰天下第一关","东罗城传大城之东关外,高二丈三尺,厚丈有四尺","周五百四十七丈四尺,门一在城东,即关门,为东西孔道,建楼于上,曰服远,水门二,角楼一,附启楼七。北翼城又名北新城,在边城北水关北,高二丈有奇,周三百七十七丈四尺九寸,门三,居南北二方,南翼城又名南新城,在边城南水关南,制同北翼城①"。	《钦定八旗通志》卷一百十七。《临榆县志》卷九《建置编》之《城池》。

① 《临榆县志》卷九《建置编》之《城池》。

续表

驻防城	城垣建置情况	规模	形制示意图	驻防城位置及内部大致结构材料记载	引用重要资料及来源
热河驻防城	无城垣，设施相对集中	不详	坐落于热河、喀喇河屯、桦榆沟等，无固定形制	以热河处驻防为例，雍正元年（1723）设。副都统衙署一所，王公等随围住房七十一间，乾隆三十五年（1770）被水冲塌，复修照旧。协领四名，防御四十三间，佐领十二名，衙署共一百六十六间，防御四十六名，衙署共一百三十二间，笔帖式二名，衙署共九十七间，骁骑校十六名，衙署共六十名内，一千六百名各房二间，其余未给。各该旗衙署所公所七十四间，系裁汰协领一名，佐领四名衙署房三间，堆房改，左司房十二间，右司房三间，银库三间，堆房二司，箭亭三间，堆库三间，档库三间，炮房火药房三间，收拾衙房并兵丁值班房共五间，官学六处，共三十间，以上房三千九百零九间，俱坐落于热河。	《钦定八旗通志》卷一百十七。

注：驻防城的形制略图由于资料限制，有些可能在形状上存在出入。

二、形 制 特 点

分析表 4 - 1,畿辅驻防城在形制上具有如下特点:

1. 从城垣本身来说,沧州、保定、郑家庄、热河等处驻防城由于坐落形式比较特殊,都没有建设固定的城墙或者其他隔离性城垣,所以驻防城不具有固定的形状。沧州、保定两城分别位于州府城内,而郑家庄、热河两座则处于一般地方。这类驻防城的衙署、兵房具有分散的特点。沧州驻防城"衙署、兵房主要在沧州城西北隅",集中坐落,但是"教场在州城北门外,箭亭、鸟枪教场在城外西北,火药库在州城东南隅"①,驻防城一些建筑设施分别位于城外或者城内其他地方,这样以来驻防城就由城外的北门外教场、西北箭亭、鸟枪教场和城内东南隅的火药库以及西北隅的衙署、兵房等设施构成,呈现分散的特点。保定府也是如此,衙署营房"俱在府城南门内",但是"广盈仓一座,在清苑县西北",教场则"在南门外迤西,周围二百八十九丈"②,驻防城也无固定的城垣和形制。郑家庄和热河两处也是如此,前者建有城守尉、佐领、防御、骁骑校、笔帖式衙署和 1200 间甲兵营房,后者则衙署、兵房、司房、教场房、官学房等俱备,"以上房三千九百零九间,俱坐落热河"③,十分分散,两者都没有明确的城池建置。

与沧州、保定、郑家庄、热河不同的是,天津芦家嘴、采育里、密云、山海关等处的驻防城则都筑造专门的城垣,其中山海关情况比较特殊,驻防城没有固定形制。该处驻防初设时仅在临榆县城内

---

① 《钦定八旗通志》卷一百十七和《沧州志》。
② 《钦定八旗通志》卷一百十七和《大清一统志》卷十。
③ 《钦定八旗通志》卷一百十七。

设立驻防相关设施,后来副都统衙署仍然位于临榆县城内部,而左翼、右翼协领率领兵丁则转移至北翼和南翼城内居住,戍卫着山海关险要之处,这样以来临榆县内驻防建筑设施和左翼、右翼两城共同形成了山海关处的驻防城总体。再加上东西罗城的双重防御城池,山海关形成了以县城为主、左右翼新城为辅、东西罗城为补充的五座城池连环系统,即所谓"五花城"①。密云驻防城建有确切的城池,位于密云县东北三里,"据冶山之阳",与直省地区一些满城和汉城之间的位置对照关系一样,也与密云县城之间形成了位置上的对应联系。天津芦家嘴驻防城是因水师驻防官兵的居住要求而设,城内主要驻防八旗水师官兵,同时也有少量的绿营水兵,为专驻之城(没有建置在府城内部或者近距离处)。该城为城堡形式,堡墙、堡门样样具备,形制也相当明确。采育里驻防城同样是专门驻防之城堡,建有堡墙、堡门等。总之,畿辅地区的驻防城可以分四类:第一类是密云驻防城,为满城形式;第二类为专门驻防城堡,分别是天津和采育里;第三类为无固定形制的驻防城,包括郑家庄、热河、沧州、保定府;第四为长城重要关口山海关驻防联城。

2. 就城垣规模来说,沧州、保定府、郑家庄、热河、察哈尔等处的驻防城由于无固定形制,所以具体情况难以推知,而就资料记载详细的天津芦家嘴新城、采育里、密云以及山海关城而言,若"以一百八十丈为一里"②来计算的话,各城的周长分别是:5里、6.96里(约7里)、4里、12里(县城+北翼新城+南翼新城)。山海关驻防联城规模最大,其次为采育里城、芦家嘴新城、密云驻防城,其中芦家嘴新城周长占天津府城周长的55.5%,密云防城占密云县旧城的44.4%,占新城的67%。

---

① 《大清一统志》卷十三。
② 《钦定八旗通志》卷一百十七。

采育里虽然为未设县级及以上行政区划的区域,但是驻防城的规模与其他城池相比还是比较可观的,显示出该区在军事上的重要作用。

3. 在城垣形状上,沧州、保定府、郑家庄、热河、察哈尔因无固定形制难以知晓;其余四城中,采育里、山海关由于资料信息所限,形状不详;其余两城中,天津新城东西比南北城垣长35丈,城垣平面为长方形,密云驻防城则为正方形,正所谓"营形正方"。

4. 就城垣的建筑质地分析,采育里驻防城"城墙为土质结构"①,密云驻防城城垣"虎皮石垣"②,山海关则"土筑砖包"③,其余众城具体情况不得而知。由此可以知道,畿辅地区驻防城的城垣质地或为土质结构,或为石质结构,或为土质内而外包砖之质地,特征不相一致,显示出一定的差异性。上述三种城垣质地,石质结构和砖头外包结构要比纯粹的土质结构结实,无论是从军事防御上,还是从城垣的存在时间上都体现出优势。至于沧州、保定府、郑家庄、热河、察哈尔等处,由于外围并没有城垣,所以这里无须说明。

第二节 各直省驻防城形制

一、驻防城形制

对比前需要对直省各城的形制进行统计,然后再分析驻防城的形制特征。

---

① 《钦定八旗通志》卷一百十七。
② 《密云县志》,民国臧理臣等修,宗庆煦等纂,民国三年铅印本影印,成文出版社印行。
③ 《钦定八旗通志》卷一百十七,《临榆县志》卷九《建置编》之《城池》。

表4－2 驻防城位置、规模以及城垣相关建置对照表

驻防城	驻防城位置	规模	质地	城门	城门、城墙其他相关建置	资料来源
西安	西安府城内东北隅	拓展前规模:南北长一千二十八步,东西长一千二百步,满城实测同长为8767米,东西长2466米,南北宽1917米,依清一丈为3.2米计算,则满城面积为4.72平方公里,约占西安大城面积的41%;拓展后规模:旧城北面城垣长加上西面城长,加上府城东面城墙长度,然后加上东西城垣长度,加上新城南北长度,共5376步,合计面积约为5.32平方公里。	不详	拓建前都是五门:分别是东为长乐,西南因钟楼东洞,西北曰新城,南曰端礼,西曰西华[1]。	不详	《钦定八旗通志》卷一百十七。

① 《陕西通志》卷十四。

续表

驻防城	驻防城位置	规模	质地	城门	城门、城墙其他相关建置	资料来源
太原	太原府城内	旧城位于太原府西南隅,新城位于东南隅。旧城南北长二百六十丈;新城位于东西阔一百六十一丈半,包以城垣,城垣位于东西阔起山又巷南口东岳庙,南至全府城墙根的一片土地,周三百九十二丈,约1306.67米。	新旧两城皆有两面城墙利用的是府城垣,城垣"外包以砖"①,旧满城东北两面城墙设立栅栏为门界②。	旧满城"东门二,北门正蓝旗,南门镶蓝旗,北门一"③,新满城也"门三座"④,东、南面城墙未设门。	旧满城内有四神阁,靠近北门,位于水西门街和都司街交汇处,并跨北城垣入满城,即"十字路南,入满城"⑤。旧、新满城各括有府城的一个城角,城角上又各有一角楼,设有威远炮、虎尾炮、花瓶炮等武器。"西南角楼,头号威远炮六位,二号威远炮十九位,三号威远炮三十位,虎尾炮一位,花瓶炮十四位。东南角楼,头号威远炮七位,二号威远炮十九位,三号威远炮五位,虎尾炮二位,花瓶炮十五位"⑥。	《山西通志》卷二十三、《阳曲县志》卷九《兵书》。

① 《阳曲县志》卷三《建置图》。
② 《钦定八旗通志》卷一百二十七。
③ 《山西通志》卷二十三。
④ 同上。
⑤ 《阳曲县志》卷三《建置图》。
⑥ 《阳曲县志》卷九《兵书》。

续表

驻防城	驻防城位置	规模	质地	城门	城门、城墙其他相关建置	资料来源
宁夏	宁夏府城外	旧满城离汉城东北3里,周围6里3分,高3丈6尺。新满城,在汉城西门外,周长1360丈,约7里5分。	不详	旧城门四:东曰奉训,西曰严武,南曰秦安,北曰定边。	大城楼二十间,瓮城楼十二间,角楼十二间,铺楼八间。	《钦定八旗通志》卷一百十七。
凉州	凉州府城东北三里处①	围长一千三百十四丈,计七里二分,高二丈四尺。	外砖里土	城门四	正城楼、瓮城楼、角楼各四座,铺楼八座,正城门银台四座,角台四座,敌台二十四座,城门官厅四处,各房十三间。	《钦定八旗通志》卷一百十七,《甘肃通志》卷七。
庄浪	平番县城东偏南②,即今永登县城南2公里处	长八百四十丈,计四里四分,高二丈四尺。	不详	四门	大城楼四座,瓮城楼四座,炮台四座,角楼四座,铺楼八座。	《钦定八旗通志》卷一百十七,《甘肃通志》卷七。

① 《五凉全志》之《武威县志》卷一、清张昭美修、曾钧等纂,清乾隆四十年(1775)刊本影印,成文出版社有限公司印行。
② 同上。

续表

驻防城	驻防城位置	规模	质地	城门	城门、城墙其他相关建置	资料来源
潼关	潼关县城西门外一里许处	周围四百九十二丈二尺,以一百八十丈为一里,合计二里七分三厘四毫。城墙宽二丈,城墙高一丈八尺,基宽一丈六尺,顶宽八尺,垛墙高四尺。	甃砌城墙	东西设两门,门洞深二丈四尺。宽一丈二尺,高一丈三尺,内外用砖裹砌。	城门上各盖五檩四椽城楼二层。	钦定八旗通志》卷一百十七、《陕西通志》卷三十四。
成都	成都府城内西北偶斜板桥	周围八百一十一丈三寸,计四里五分,高一丈三尺八寸,底宽五尺,顶宽三尺	不详	城门四	城门楼四座,共十二间。	《钦定八旗通志》卷一百十七。
荆州	湖北荆州府内以东,城西为汉城	满城周围计一千二百五十八丈。	不详	中间重建界墙,北东南都借助原有府城城墙。共有五座城门,东为原府城东门和公安门,北面有小北门,西界墙中建两座城门。	东门、公安门、小北门各建有门楼。而中间界墙未建。	《钦定八旗通志》卷一百十七、光绪《荆州府志》卷首《舆图》。

续表

驻防城	驻防城位置	规模	质地	城门	城门、城墙其他相关建置	资料来源
江宁满城	江南江宁府城内东部之城	周围三千四百十二丈五尺	不详	城门五，东曰朝阳门，南曰正阳门，西曰小门，西曰华门，北曰后门	不详	《钦定八旗通志》卷一百十七，光绪《重刊江宁府志》卷三。
杭州满城	浙江府城内城西北隅①	周长七里，高一丈五尺	缭以砖垣	四围设大小营门	不详	《钦定八旗通志》卷一百十七，《浙江通志》卷九十一。
乍浦	平湖县东南二十七里	占地261亩，周长2里多，初期缭以竹篱，乾隆五年（1740）改筑砖墙，竹篱。清朝雍正五年（1727）奉旨移蒲洲驻防官兵驻扎乍浦，"创建营房，百倍往昔"②。	缭以竹篱，乾隆五年（1740）改筑砖墙	开一南门	不详	《钦定八旗通志》卷一百十七，《浙江通志》卷二十三，光绪《平湖县志》。

① 《浙江通志》卷一：“文武大小官署，以次环列，叠瓒于城之西北隅，为驻防营”。
② 《浙江通志》卷二十三。

续表

驻防城	驻防城位置	规模	质地	城门	城门、城墙其他相关建置	资料来源
福建水师	福州府闽县三洋江口洋屿地方洋屿鹤山边	高一丈二尺,围长二里三分	不详	设四门。福州水师营初设驻防营房唯临江一面建有城垣营房,其余三面未建,乾隆二年(1737)添筑围墙。	不详	《钦定八旗通志》卷一百十七,《福建通志》卷十九。
青州	满城在青州府城北5华里处	周一千丈,高一丈八尺,厚一丈,池阔三丈五尺,深七尺	砌以砖石	四门	城门各设楼橹敌台,"规制宏备"。	《钦定八旗通志》卷一百十七,《山东通志》卷四。
开封	开封府城内西北隅	周围六里,高一丈,蜿蜒形状	四面土墙	东西南三门	南门城楼三间,东西二门,城楼各一间,城门堆房六间,看城兵房十间。	《钦定八旗通志》卷一百十七,《河南通志》卷十一。

续表

驻防城	驻防城位置	规模	质地	城门	城门、城濠其他相关建置	资料来源
绥远	归化城东北五里许	周围九里十三步,高二丈九尺五寸,顶阔二丈五尺,底阔四丈①。	内土外砖②	东门曰迎旭,南门曰承薰,西门曰阜安,北门曰镇宁。	四门楼,门二重。周围角楼四座,城上四面堆拨八处,每处建盖房三间。	《钦定八旗通志》卷一百十八;《绥远全志》清高赓恩等纂修,光绪三十四年(1908)刊本影印,成文出版社印行。
归化	在杀虎口北二百里	共三百七十六丈,二里多,高三丈,东西南三面设立关厢,周围共四百五十四丈五尺	不详	南北门各一,外郭东西南三面三门。	不详	《钦定八旗通志》卷一百十八;《绥省土默特志》不著纂修人名氏,清光绪间刊本影印。

① 《绥远全志》清高赓恩等纂修,光绪三十四年(1908)刊本影印,成文出版社印行。
② 《钦定八旗通志》卷一百十八。

— 217 —

二、形制特点

(一)城垣建制

驻防城根据城垣的建置情况,可以分为两类,广州、福州、京口、德州、右玉、归化没有建设城垣或者城垣不完整,其余大都建有城墙。

第一类。属于第一类的右玉、德州、广州、福州、京口、归化等处驻防城,有些未专建城墙,有些则城墙的建造不完善,在驻防设施的分布上显得相对散乱。其中右玉和福州、归化最为分散,十分特殊,如右玉驻防城,不仅没有建筑城垣集中容纳驻防设施,而且这些设施的坐落位置相当不集中,如将军衙署位于鼓楼西街路北,副都统二员衙署两所,一所坐落本城东街路北,一所坐落本城鼓楼西街路北。印房一所,坐落本城鼓楼西街路北,右司一所,坐落本城鼓楼东街路北,衙署办公建置显露出不够集中的特点。兵房也较分散,一方面城内设有建置,如镶黄旗满洲蒙古坐落本城东街,而正黄旗满洲蒙古坐落本城西街;另一方面城门外也设置部分建置,如正白旗满洲蒙古坐落本城东门外,正红、镶红、镶蓝三旗满洲蒙古坐落本城北门外路西,镶白旗满洲蒙古坐落本城北门外路东,正蓝旗、满洲、蒙古坐落本城北门外马营河北,镶黄、正黄、正红、正白、镶白、镶红、正蓝七旗汉军坐落本城南门外路东,镶蓝旗、汉军坐落本城南门外路西,北、东、南各门都分布有驻防兵员,所谓"所有各旗官兵衙署房间俱各随旗地面坐落"①。不仅右玉如此,福州

---

① 《钦定八旗通志》卷一百十八。

驻防城也具有同样特征,副都统衙署一所,七十二间,俱在省城东边,镇闽将军衙署位于福州府治东街旧织染局地,而右翼都统署在福州府治东通津门北,镶黄旗、镶白旗、正白旗坐堆处之间也都具有一定的距离①。归化城则驻防衙署设施城内、城外都有。

与右玉、归化和福州驻防城比较,德州、广州、京口两处的驻防城则相对集中一些,如德州,即"顺治十一年(1654)设,经户部差郎中莽佳、萨马哈等将城内东北隅所有民房拨给官兵驻防"②,集中于德州城的东北城区,"满营城守尉署在城内东北,官校随旗分署"③。广州驻防城则将军、副都统、协领、参领、防御、骁骑校、笔帖式衙署以及甲兵营房"俱在府旧城",范围"西自归德门起,至西门大北门大街止"④,该街巷之西即是驻防城设施的主要区域,除了东面没有建设城墙仅利用原有街巷作为界限外,其余几面都是利用了原有的府城内城城垣。归德门至大北门以东交广州绿营协营防守,八旗绿营共同协助进行守卫。京口驻防城在建立时,也是圈占了镇江府城的一些空间进行建造。顺治十二年(1655)朝廷命都统伯石挂镇海大将军印,统率八旗官兵驻防京口,兵营位于演武场左右,"都统则据三山书院",后来顺治十六年(1659)九月,因为海警,"焚陷南北郡县",京口之地军事重要性上升,刘之源被授为镇海大将军,并在"城内圈西南文昌、儒林、黄祐、怀德等坊居民房屋",分派八旗官兵驻扎。后来乾隆二十八年(1763)改汉军为蒙古,"营地如故",周围计"四里有三百四十步零"⑤。另外需要

---

① 《福建通志》卷十九。
② 《钦定八旗通志》卷一百十七。
③ 《山东通志》卷二十六。
④ 《钦定八旗通志》卷一百十七。
⑤ 《丹徒县志》清何绍章等修,杨履泰等纂,清光绪五年(1879)刊本影印。

说明的是,德州、广州、京口都有少量的兵员分散在州城或者府城的城门或者其他重要的地方,如广州府驻防八旗兵就另有少量在府城六门坐堆,戍卫着内城八门。

据上,虽然德州、京口没有建设城垣界墙,广州城东面也没有造完整城墙,但是三地的驻防城不仅皆由城守尉或将军管理驻防事务,而且因为驻防城在城中的位置比较集中、确切,所以与西安、江宁、开封一样,具有驻防城的特点。

第二类。属于第二类的驻防城都造建了专门的城墙或界墙。这类驻防城根据具体位置关系又可以分作两种,一种与他城没有相对性,即与汉城之间没有形成显著的区别对照关系,分别为福建水师、绥远等城。与其余各城比较,它们距离汉城较远,为专门城池,不是在汉城或者其他城池的参照下建成的。

另一种为具有相对位置关系的驻防城,都与汉城关系非常紧密,或位于汉城内部,或者位于汉城外不远处,与汉城之间保持着难以分割的关系。之所以形成这种关系,无非是为了达到军事威慑的目的,从而实现驻防的目的。关于这一情况可以通过表4-3示意。

表4-3 建有固定城墙的驻防城与其他城市相对位置关系统计表

驻防城	位置示意图	驻防城	位置示意图
西安满城		太原旧、新满城	

驻防城	位置示意图	驻防城	位置示意图
宁夏旧新满城		凉州满城	
庄浪满城		潼关满城	
成都满城		荆州满城	
江宁满城		杭州满城	
青州满城		开封满城	
乍浦满城			

所以,四围建有专门城垣或界墙的驻防城中,除了福州水师、绥远城外,乍浦、西安、太原、宁夏、凉州、庄浪、潼关、成都、荆州、江宁、杭州、青州、开封 13 处满城与汉城的相对位置关系都非常明显。一种是位于府州厅县城内,占据这些地方城市的一隅,分别为西安、乍浦、太原、成都、荆州、江宁、杭州、开封等处的满城,各自位于汉城的东北隅、西南隅、东南隅、西隅、东面、东南隅、西北隅、西北隅等,其中西安、乍浦都是位于东北隅,杭州和开封满城都是位于汉城的西北隅,太原新城和江宁满城都是处于汉城的东南隅,在位置上具有相似之处。另一种是位于汉城的城外,绝大部分与汉城的距离不超过 5 里地(宁夏新满城除外,其和府城的距离约合今 15 里),彼此之间保持着一定的联系,利于满城内的八旗驻防官兵进行军事上的有效弹压和控制。这类驻防城分别为宁夏旧城、宁夏新城和凉州、庄浪、潼关、青州等处满城,各自处于汉城城外的东北、西门外、东北、东南、西门外、北面区域,其中宁夏旧满城和凉州满城方位一样,都是在府城的东北方位坐落,宁夏新城和潼关满城则都在府城或县城的西门外近处分布,具体方位上具有一致的地方。

总之,将广州、德州、京口、福州、右玉、归化以及绥远、福州水师等处的驻防城综合起来分析,直省的驻防城的具体位置则又可以分为两大类:一类为与他城无相对位置关系的驻防城,为绥远、归化、福州水师等城;另一类为具有相对位置关系的驻防城,其中,位于城内一隅的驻防城除了西安、太原、成都、荆州、江宁、杭州、乍浦、开封外,还包括城垣没有造设或造设不完整的广州、德州、京口、福州、右玉等城,其中福州、右玉驻防城设施不够集中,而广州、德州、京口则分别位于汉城的西隅、西南隅和东北隅。

(二)城 垣 规 模

就驻防城的规模来说,按清代180丈为一里,一丈为10尺,一尺为10寸,一寸为10分,一尺为3.2米的计量换算规则,西安满城不将南城(扩展的空间)计算在内,周长为8767米,约合九里;太原旧满城2698.88米,合4.68里,新城为1254.4米,合2.18里;宁夏旧满城6里3分,新满城7里5分;凉州满城7里2分;庄浪满城4里4分;潼关满城2里7分3厘4毫;成都满城4里5分;荆州满城6.99里;江宁满城18.96里;杭州满城7里;乍浦驻防城约2.2里;福州水师城2里3分;青州满城5.56里;开封满城6里;绥远驻防城9里13步;京口为4里340步。而广州、德州、福州、右玉、归化等处具体情况由于资料限制的原因,尚待考证。

比较直省资料可寻的驻防城的周长,江宁满城远远大于其他各城,规模宏大;太原新城、福州水师、潼关满城、乍浦等两里左右,规模较之其余驻防城小。大部分驻防城的周长是在3里至10里之间,有些周长基本一样,如庄浪、成都、京口约4里,宁夏旧城、青州、开封等约6里,宁夏新城、凉州、荆州、杭州三城约7里,西安、绥远等城约9里,彼此在周长上显示出了一致性(见图4-1)。

(三)城 垣 质 地

关于直省驻防城的城垣质地,情况不一。福州、右玉、德州、广州、京口、归化等驻防城没有建设或城墙不完整,所以城垣质地这里无须阐述。围有固定城垣或界墙的驻防城中,那些与他城没有相对位置关系的驻防城和位于汉城外较近处的驻防城都新建了城

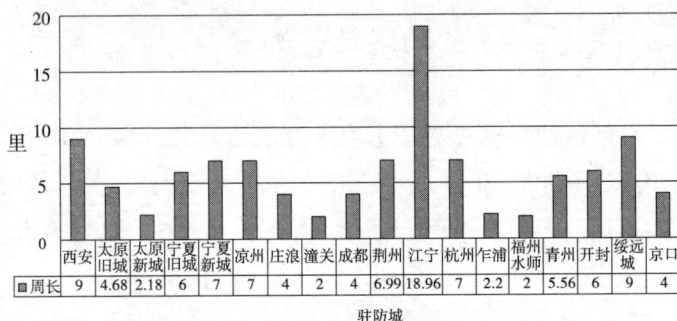

图4-1　直省驻防城周长对比分析图

墙;那些位于汉城内部的驻防城城墙中有的利用了原有府城城垣的一部分,城垣质地与府城一样;有的则为新筑的界墙,如荆州满城,东、南、北三面利用了府城的原有城垣,但在荆州府城中间却建造了一道界墙和相应城门①,界墙的质地与府城城垣质地不相一致,太原满城旧城南、西两面城墙借助的是府城南面和西面的城垣,"外包以砖"②,东北两面城墙设立"栅栏为门为界"③。因为驻防城的城垣有一定的变化,所以无法详述,本书只进行综合概述。总体而言,直省驻防城的城垣结构质地可以归结为几大种类:内土外砖,如太原新旧满城所利用的府城城墙以及凉州满城、绥远城;栅栏,如太原旧城的东北界墙;甃砌城墙,如潼关满城④;土墙,如开封满城"四面土墙"⑤,夯土而成,并未裹筑砖石;砖、石垣,如杭

---

① 《荆州府志》卷首《舆图》。
② 《阳曲县志》卷三《建置图》。
③ 同上。
④ 同上。
⑤ 《钦定八旗通志》卷一百十七。

州满城"缭以砖垣"①,青州满城"砌以砖石"②等。

(四)城 垣 形 状

　　驻防城的形状:探讨直省驻防城形状,需要根据驻防城的城垣建置来分析。根据以上论述,右玉、福州、广州、京口、德州、归化等驻防城的界墙不甚明显,驻防城设施相对分散,所以实际上不具有固定的形状。尤其是右玉、福州的驻防城设施十分不集中,京口、德州驻防城虽然主要建置集中在汉城的一隅,但是具体坐落的面积范围难以详知,所以本文将不进行讨论。但是需要指出的是,在上述五处驻防城中,广州驻防城比较特殊,与四围都有界墙的西安、杭州等城相比,东面虽没有造建界墙,但是归德门大街和大北门大街即是满城与其余城池部分的分界线③。驻防城集中在广州城市的西北隅,位置明确,东自四牌楼(今解放路一带),西至西门城墙(今人民中路、人民北路),南自归德门城楼(今大德路一带),北至大北门。而且,以广塔路(今称光塔路)街为准,光塔街以南属八旗满洲驻地,光塔街以北属八旗汉军驻地④。整个驻防城平面呈不规则形。

　　其余四周建设固定界墙的驻防城,形制特征不一。

　　由此可以发现,驻防城就平面结构而言,可以分为几种。

　　首先为不规则状。分别是广州、西安(拓展后)、成都、杭州、荆州、福州水师驻防城。广州驻防城上已说明,不复叙述。西安城

---

① 《浙江通志》卷九十一。
② 《山东通志》卷四。
③ 《驻粤八旗志》卷二《建置》所附"广东广州满城街区图"。
④ 马协弟:《清代广州满族述略》,《满族研究》1988年第1期,第62页。

在拓展前为长方形平面,拓展后则旧满城与南城连在一起发生了很大的变化,呈现出不规则状。成都满城西面城墙利用了原有府城城墙,较为笔直,但是其余各面不规则。杭州满城北、南等城墙规直,东西有些城墙段相对曲折,也不规整①。荆州驻防城则主要是由于中间界墙在建造时稍有倾斜的影响,所以城池既非正方形,也非长方形,而是梯形平面结构②。福州水师驻防城根据《乍浦备志》史料和长乐县琴江村水师旗营后裔许辉的《三江口水师旗营配置图》,由于靠海和地势所限的原因所致,也为不规则形③。

其次为方形。有的为正方形,如宁夏新城,位于城西十五里,平湖桥东南,"城东西三里七分半,南北亦如之"④,而且旧城形制与新满城也基本一致。宁夏满城外,其余驻防城也都为方形,兹分述如下:

依据《山西通志》卷二十三,太原旧城为南北长、东西窄的长方形平面,而新满城则与之相反;凉州、庄浪两座满城,根据《五凉全志》所附地图⑤和《永登县志》卷一附图⑥,平面也呈方形。江宁满城则可根据光绪《重刊江宁府志》卷之三《舆图》进行判断,城池平面同样为方形结构⑦。青州驻防城,平面形状比较规整,呈方形⑧。由《河南通志》卷二所附《河南省城图》透露的信息,开封驻

---

① 徐和雍等:《浙江近代史》,浙江人民出版社1982年版。
② 光绪《荆州府志》卷首《舆图》。
③ 定宜庄:《清代八旗驻防研究》,辽宁民族出版社2003年版,第49页。
④ 乾隆《宁夏府志》卷五,《建置》—《城池》。
⑤ 《武威县志》卷一,清张珹美修,曾勺等纂,清乾隆四十年(1775)刊本影印,成文出版社有限公司印行。
⑥ 《永登县志》,清周树清等纂修,民国抄本影印。
⑦ 《重刊江宁府志》卷之三《舆图》。
⑧ 李凤琪:《青州驻防城建城概述》,《满族研究》2002年第4期,第72页。

防城南北要略长于东西,为长方形状①。另外,归化城和绥远城、乍浦城、福州水师驻防城,为专设之城,与汉城等不具有明显的相对位置关系,所以可以分开来分析。根据绥远省《绥远全志》记载的《绥远城衙署庙院全图》②,绥远城东西南北四门,形制十分完整、规矩;乍浦城则平面形制为南北稍长、东西稍窄的方形③;归化城除了旧有城池外,康熙三十年(1691)城墙向东西南面扩展,建立了外城(土城)④。

因此,直省驻防城若不将没有具体形制的驻防城考虑进去,可分为两大类,即不规则形和方形(正方形和长方形)。

(五)城　　门

就数量而言,首先要提到福建水师驻防城,初设"驻防营房,唯临江一面建有城垣营门,其余三面未建",情况尤殊,后来立5座营门。乍浦驻防城也开设一门。其余诸城中,建造专门城墙或界墙的驻防城城门最少者为两扇,最多者为6扇,三座、四座、五座者亦有。具体情况分述如下:

两座城门者,分别为潼关满城和归化驻防城。前者东西设两门,门洞深二丈四尺,宽一丈二尺,高一丈三尺,内外用砖裹砌⑤,

---

①　《河南通志》卷二所附《河南省城图》。

②　《绥远全志》卷一附载《绥远城衙署庙院全图》,清高赓恩等纂修,清光绪三十四年(1908)刊本影印,成文出版社印行。

③　任桂淳:《清代八旗兴衰史》,生活·读书·新知三联书店1993年版,附录之《乍浦驻防图》。

④　《归化城厅志》卷二十一《建置》。

⑤　《钦定八旗通志》卷一百十七。

后者不将外郭城计算在内,"南北门"各一①。

三座城门者,分别为太原旧满城及新满城和开封、归化外郭城。太原旧满城"东门二,北正蓝旗,南镶蓝旗,北门一"②,新满城也"门三座"③,借助旧有府城城墙部分未设门。开封府"东西南三门"④,归化城则外郭城同样为"东西南三面三门"⑤。

四座城门者,分别为宁夏旧城、新城以及凉州、庄浪、乍浦、青州、绥远等处驻防城。如宁夏旧城和新城在城门规制上颇一致,旧城门四,"东曰奉训,西曰严武,南曰秦安,北曰定边"⑥,新满城"东曰奉训,西曰严武,南曰永靖,北曰镇朔"⑦,东、西两门仍保持旧城名称。再如乍浦驻防城,如果不将北面一扇水门计算在内,"陆门四"⑧,主要城门四座;绥远城"东门曰迎旭,南门曰承薰,西门曰阜安,北门曰镇宁",称谓明确。青州、凉州、庄浪驻防城也都一样,不再叙述。

五座城门者,分别为西安、荆州、江宁、福建水师驻防城。西安驻防城拓建前后都是五门:东曰长乐,西南因钟楼东洞,西北曰新城,南曰端礼,西曰西华⑨。荆州驻防城的中间重建界墙,北东南都借助原有府城城墙,水患发生前共有五座城门:东为原府城东门

---

① 绥远省《土默特志》,不著纂修人名氏,清光绪间刊本影印。
② 《山西通志》卷二十三。
③ 同上。
④ 《钦定八旗通志》卷一百十七。
⑤ 绥远省《土默特志》,不著纂修人名氏,清光绪间刊本影印。
⑥ 《甘肃通志》卷七。
⑦ 乾隆《宁夏府志》卷五,《建置》一《城池》。
⑧ 《浙江通志》卷二十三。
⑨ 《陕西通志》卷十四。

和公安门,北面有小北门,西界墙中另建两座城门①。江宁满城则也城门 5 座,东曰朝阳门,南曰正阳们,西曰小门、西华门,北曰后门②。福建水师驻防城在重修后增建城垣的同时,设造了五座城门③。

六座城门者,分别为成都满城、杭州满城。成都满城主要城门五座,西御街小东门名迎祥门,羊市街小东门名受福门,小北门名延康门,小南门名安阜门,大城西门名清远门,加上位于清远门之西、成都府城原有的西门,共六座④。杭州驻防城,初设五个城门,"各阔六尺,东建门于弼教坊,东建门于花市,西南建门于延龄桥,北建门于井字楼,又开便门于车桥樵采出入"⑤,名西北门曰承乾,以乾卦在八卦方位中位于西北而得名,东北曰拱宸门,拱卫北辰(北极)之意,东之北曰平海,以大海在东方之故,东之南门曰迎紫,紫气东来之意,南门名曰延龄。另外设有三个水门,"一在施水坊桥之南,一在结缚桥,一在盐桥"⑥。乾隆三十年(1765),杭州将军在营墙北面开辟一门,名曰建正门,作为"翠华巡幸教场骁骑骑射所经之途"⑦。因此,杭州驻防城除水门外城门共六座。

据上,不将水门或外郭门计算在内,直省有界墙的驻防城或开设一座城墙,或二、三、四、五、六座不等,四座城门者居多,共七座

---

① 　光绪《荆州府志》卷首《舆图》。
② 　光绪《重刊江宁府志》卷三。
③ 　定宜庄:《清代八旗驻防研究》,辽宁民族出版社 2003 年版,第 49 页。
④ 　据四川省文史馆《成都城坊古迹考》所附成都驻防《光绪五年(1879)图》,四川人民出版社 1987 年版。
⑤ 　张大昌:《杭州驻防八旗营志略》卷十五,《经制志政》。
⑥ 　同上。
⑦ 　同上。

（宁夏满城分为新旧两座），依次为一座城门者（仅福州水师城增建前属于这种情况）甚少。

（六）城垣其他相关设施

直省驻防城的城墙和城门前已论述，还需要对驻防城的城角以及其他城墙相关建置进行浅析。根据现有资料，很多驻防城的城门上建有城门楼或堆房（有的驻防城上建有堆拨）、看城兵房，城角则置角楼，有的还设立瓮城楼、铺楼、敌台等。设施借助利用原有府城的驻防城，城墙建置设施往往不同。再以太原满城为例，西、南虽利用了原有府城的城垣，北、东几面却修栅栏以示隔离①。再如荆州旧满城，东、北、南都为原有府城城垣的一部分，东门、公安门以及小北门上都建有城楼，而西面则修界墙分隔，界墙的两扇城门上无城楼等相关建置，差别显著②。

第三节　东北地区驻防城形制

根据驻防城的相关设施集中的程度和坐落的形式，驻防城可以分为两种。第一种是未筑建城垣、城墙，驻防城的平面结构不明确，驻防设施也相对分散。第二种四周有固定的城垣或其他界墙，驻防城具有一定的平面形制。第一种驻防城主要位于黑龙江省，第二种驻防城则黑龙江、吉林、盛京都有。

---

① 《钦定八旗通志》卷一百十七。
② 光绪《荆州府志》卷首《舆图》所附满城位置图。

一、无明确形制(分散型)驻防城形制及特点

黑龙江驻防城中属于第一种的分别为布特哈、呼伦贝尔、通肯城、兴安城、呼兰五城,虽然被称为驻防城,但是驻防城的形态却与前四城不相一致,不但驻防城设施比较分散,而且驻防城都没有固定的形制。

布特哈城。非常特殊,无集中性的城垣,也无具体的平面形制。该城"在齐齐哈尔城北一百六十里",雍正六年(1728),"分兵防御,驻扎处在尼勒济地方"①,分为东西两城,所谓"布特哈东、西二城共九十二佐领",分散程度甚高。布特哈曾在清代设有"布特哈满洲总管一缺",总管"管辖地方甚广,事务亦繁,执掌关防,所有官兵、牲丁皆资统率",所以"请援照呼伦贝尔掌关防总管之例,赏加副都统衔,以崇体制"②,与呼伦贝尔一样,改由副都统掌管大小事务,驻防城因此由于管辖官员官衔的提升地位也随之升高。

呼伦贝尔城。在齐齐哈尔城西北七百六十里,初驻防八旗分为左右翼,"左翼四旗沿抵俄罗斯路及与俄交界处,分防游牧;右翼四旗沿喀勒喀河并喀尔喀一带,分防游牧",由于这种驻防八旗不集中,驻扎处散布在"伊伯河西岸扎克丹地方"③,因而未建固定的驻防城池。值得注意的是驻防城虽然"无城郭",但是"呼伦贝尔廨舍,北枕沙岗,岗上多古松,南一街,店肆夹列",北为廨舍区,

---

① 《钦定盛京通志》卷三十二。
② 《钦定大清会典事例》卷五百四十四。
③ 《钦定盛京通志》卷三十二。

南分布着一条街道,"周围三里"①,却又呈现出相对集中的特点②。

呼兰城。在齐齐哈尔城东南八百十七里,雍正年间设城守尉一名,为驻防旗营之始,后来光绪五年(1879)设副都统一名,"驻呼兰城,节制三路,裁城守尉",中路为呼兰城,南路巴彦苏苏,北路为北团林子,"相距各有二百余里",副都统"节制三营官兵暨呼兰厅同知,以种事权"③,成为副都统级驻防城,并与南部同知驻城和北团林子旗营遥相呼应,构成形势上的犄角关系④。根据《钦定八旗通志》卷一百十六记载,呼兰驻防衙署、兵丁房屋、银库、狱房、军器库、教场房、物料库、备用仓等皆备,但是与布特哈、呼兰一样,"不过廨舍一区","宛如山僻村落",也没有设造城郭等项。

分析布特哈、呼伦贝尔、呼兰城,虽然皆建有廨舍区,呼伦贝尔还分布着街巷,布特哈"廨后临水有楼,岸上榆柳相杂,公余,足快登眺"⑤,但都没有城郭,也无确切的形制,所谓"俱无城郭,但现设兵驻防,与奉天之熊岳牛庄、吉林之白都讷、阿勒楚喀同为分防重地"⑥。

通肯、兴安两城为另外两个分散型的驻防城。通肯城"巡抚程德全奏略谓:通肯副都统创治之始,系旗招民佃,专为安插旗丁而设",最初的军事驻防意义不甚明显,后来奏设海伦直隶厅,以

---

① 《钦定盛京通志》卷三十二。
② 《龙江志略》卷二。
③ 《黑龙江志稿》卷四十三《职官志》,第 1796—1797 页。
④ 《黑龙江志稿》卷四十三《职官志》:"光绪文绪原奏略谓:呼兰形势,副都统驻城在西,同知驻城在南,北团林子旗营在北,馀庆街在东。"
⑤ 《龙江志略》卷二。
⑥ 《钦定盛京通志》卷三十二。

资治理,"而副都统衙门止管旗务,与原设兼辖地面之体制迥殊,即日行公事亦较前顿减,原设员缺不能不量加裁汰",遂裁撤一定量的协领、防御、佐领、骁骑等缺①。八旗驻防官员名额减少。与呼兰驻防城一样,通肯驻防城也具有坐镇中心威慑周边的军事作用,"伏查通肯居此数段之中,环绕各数百里之遥,核与呼兰辖境相等,似应仿照呼兰衙门体制,分别道里,变通安设。拟请于通肯设副都统一员,居中坐镇"。② 与呼兰驻防城形制一样,通肯驻防所设诸多八旗官兵分左右两翼分防,并非集中在固定的城池内,"至佐、骁等官,该处地面既宽,烟户繁众,若不广为添设,尤恐日后分布难周。拟于每旗各设佐、骁各三员……,八旗通共拟设甲兵九百六十名,前锋四十八名,领催九十六名"。所以说,通肯驻防城体系较为分散,虽然设有副都统,但也没有建设类似于齐齐哈尔、黑龙江的驻防专城。兴安城,在齐齐哈尔城东北五百八十里,地名太平湾。由于建在兴安岭上,因以为名。该城横跨全岭,与黑龙江城分治岭之南北,在驻防城形势上"介墨尔根、黑龙江两城之间,相为犄角"③。

据上,黑龙江将军所辖上述布特哈、呼伦贝尔、呼兰、通肯、兴安等驻防城没有设立明确的城垣结构,驻防设施颇为分散,虽然没有城郭,但却具有驻防城之实,设兵驻防与熊岳、牛庄、白都讷一样,为分防重地④。

---

① 《黑龙江志稿》卷四十三《职官志》,第 1805 页。
② 同上。
③ 同上书,1801 页。
④ 《钦定盛京通志》卷三十二。

二、形制明确(集中型)驻防城形制及特点

黑龙江的旧爱辉、黑龙江、墨尔根、齐齐哈尔四城以及吉林、盛京等地的驻防城都筑有明确的城垣,驻防城形制相对固定。

1. 重制

东北地区的驻防城根据城垣的设置情况,有的建有外郭城或他城,有的则没有,仔细区分,有如下几种:第一种为一层主要城垣者;第二种为内外两重城垣者;第三种为一层主要城垣并附加他城者。后两种为主要城垣外附郭城或关厢城的形式。

(1)一层主要城垣者

包括黑龙江旧爱辉、乌拉新城、白都讷新城、三姓新城、珲春旧新城、五常堡城、阿勒楚喀旧新城、拉林城、双城堡城、富克锦城、义州城、凤凰城、辽阳城、熊岳城、岫岩新城、开原城、复州城、旅顺水师新城、牛庄城、广宁城、抚顺城、铁岭城、盖州城、中前所城、小凌河城、巨流河城以及白旗堡、小黑山、闾阳驿等城。

(2)内外两重城垣者

即内城和外城两层结构。包括黑龙江城、墨尔根城、齐齐哈尔城、吉林城、宁古塔新城、兴京城。

黑龙江城。外城三面长九百六十丈,高一丈七尺,而内城五百九十丈五尺,高一丈六尺①。外城即是郭城,"东西北三面植木为郭",内城则"植松木为墙,中实以土"②,形成典型的内外双重

① 《钦定八旗通志》卷一百十六。
② 《钦定盛京通志》卷三十二。

结构。

墨尔根城。外城四面长一千五百四十一丈,高一丈六尺;内城周围五百九十丈五尺,高一丈六尺。外城(外郭城)为"土砌"而成,内城"内外立木,中间填土"①。

齐齐哈尔城。外城四面长一千六百二十丈;内城照黑龙江式,周围五百七十八丈,高一丈六尺。外城(郭城)用砖砌;内城内外立松木,中间填土,也构成显著的双重结构。

吉林城。周围一千四百五十一丈,计八里半,北面二百八十九步,东西二面各二百五十步。除了该层主要城垣外,城外周围有池,外有土墙为边,构成一层外围墙垣,即"边墙",东西紧依河岸,周围七里一百八十步②。所以,边墙和吉林城内层主要城垣彼此形成双重结构,与黑龙江、齐齐哈尔、墨尔根等城不同,后者外层与内层之间构成的是郭城区域,而前者则紧依护城河,非郭城区域。

宁古塔新城。周围五百八十五丈,高二丈余,周围二里半,除了内城主要城垣外,城外也造设边墙,周围十里③,与吉林城一样,也形成了内城和城外边墙的双重城垣结构④。

兴京城。内城南一门,东二门,北一门,其规模根据《大清一统志》卷三十六记载:"周五里",外城则"九里","南三门,北三门,东二门,西一门"。

(3)一层主要城垣并附加他城者

这种驻防城除了主要城池,外附关厢城。

---

① 《钦定八旗通志》卷一百十六;《钦定盛京通志》卷三十二。
② 《钦定盛京通志》卷三十一。
③ 同上。
④ 《钦定八旗通志》卷一百十六和《钦定盛京通志》卷三十一。

锦州城。根据《钦定盛京通志》卷三十记载,锦州城周围五里一百二十步,东有关厢小城相附,"三里一百六十步,高一丈五尺,门三,曰小东门、小南门、小北门",而根据《钦定八旗通志》卷一百十六,锦州"城周围五里二十步,东关三面,周围十里",关于锦州主要城垣周长的记载不相一致,但关厢与锦州主城合在一起共约10 里,锦州驻防城实体当是由此两城连接而成的。

金州城。不将关城计算在内,周围共五里二十步,"高三丈五尺",另外东关三面,周围二里,两城合计 7 里有余。在乾隆时期重修后,该城围长约一千零六十七丈七尺①,合 6 里。

宁远驻防城。城周围十里二百八十步,高三丈五尺,厚一丈五尺,南关厢三面,周围三里二百二十步,门三,东曰宣化,南曰迎恩,西曰振武,"内城与关厢共十四里二百四十步"②。

中后所城。长八百三十六丈七尺八寸。《钦定盛京通志》卷三十记载,该城周围三里一百七十步,高三丈,加上东南关厢城三面,周围一里十一步,共计"周围四里二百步"。

以上是依据资料对东北地区驻防城城垣情况进行了粗略分类。综上,双重城垣的驻防城除了兴京外,主要分布在黑龙江将军所辖境内,一层城垣并附关厢的驻防城主要分布在盛京将军辖区内。

2. 质地

东北三地将军领驻下的驻防城质地在同一区域内存在着或多或少的相似性,而不同区域之间的差异较大。依《钦定八旗通志》

---

① 《钦定八旗通志》卷一百十六。
② 《钦定盛京通志》卷三十。

卷一百十六、《钦定盛京通志》卷二十九、三十、三十二以及《黑龙江志稿》卷四十三、清光绪十七年(1891)《吉林通志》卷二十四、《大清一统志》、《大清会典》等的载述,可窥不同地区驻防城质地整体情况之一斑。

(1)黑龙江地区

此地区驻防城除了旧爱辉城,黑龙江城、墨尔根、齐齐哈尔三个比较重要的城池不仅在内外城制上存在共性,而且驻防城质地也有着不容忽视的相同点。黑龙江内城内外立木、中间填土,即"植松木为墙,中实以土",墨尔根内城也是内外立松木、中间填土成墙,齐齐哈尔内城同样如此,可见,三城在内城城垣质地上完全一致,共同性非常显著①。关于外城城垣质地,三城体现出各自的特征。黑龙江"植木为郭",墨尔根则为"土砌"结构,齐齐哈尔"用砖砌",使用的材料不同②。

(2)吉林地区

该区的驻防城主要分为三类:土墙、松木墙和椴木隔石墙。

土墙是吉林地区驻防城最常见的城垣形式,利用土泥原材料造建而成。如打牲乌拉新城就是"筑土为墙"③,白都讷城亦是如此,三姓城更是"照白都讷例筑造土城"④,另珲春城、五常堡城、拉林城、双城堡城、富克锦城以及吉林城外边墙等毫无例外的都是筑土为墙形式,其中双城堡城同治七年(1868)监修后"垛泥墙",与以前的"筑土"成墙略显不同。以松木为墙的驻防城主要是吉林

---

① 《钦定盛京通志》卷三十二。
② 《钦定八旗通志》卷一百十六和《钦定盛京通志》卷三十二。
③ 光绪十七年(1891)《吉林通志》卷二十四,长顺修,文海出版社印行。
④ 《钦定八旗通志》卷一百十六。

城(边墙除外,后来为土城),南临松花江,东西北三面竖松木为墙,高八尺①。这种情况与植木为墙的黑龙江外城建制一样。

宁古塔驻防新城在吉林东南五百四十余里瑚尔哈河北岸,旧城由于年久失修,逐渐颓塌,后修建新城,两城在城垣质地上具有共同点,都由"桅木隔石筑造"而成②,外立桅木,内填石头,独特之处毋庸置疑。

(3)盛京地区

盛京地区的驻防城城垣有三种质地形式:第一种是外皮用砖、内皮由山石造成;第二种是外皮用砖、里皮为土质结构;第三种为甃砌形式。大部分驻防在乾隆四十三年(1778)左右重修后,城垣被改筑成外皮用砖、内皮山石规制,如《钦定八旗通志》卷十六载,锦州城乾隆四十三年(1778)重修后即"外皮用砖,内皮山石成造,围长一千一十六丈八尺三寸",凤凰城"外皮用砖,内皮山石成造,围长四百二十丈零五尺",此外辽阳、金州、复州、广宁、抚顺、铁岭、盖州、中前所、巨流河等驻防城都是如此。不同的是,开原城重修后外皮用砖砌制而成,与前几城一样,内部城面采用土质结构,所谓"外皮用砖,里皮仍用土"。义州、宁远驻防城城垣与前两者有所不同,为"甃砌"结构。

据上,东北地区的驻防城的构建材料类别颇多,或土筑,或木制,或甃砌,或土木结合,或土石混用,或砖土掺合,或砖石结合,其中黑龙江地区松木夹土结构、吉林地区的土质结构、盛京地区的外砖内石结构最具特色。

---

① 《钦定盛京通志》卷三十一。
② 《钦定八旗通志》卷一百十六。

3. 城门

就城门而言,开设数量不等,并且在整个清代多有变化。根据
《钦定大清会典》、《钦定八旗通志》、《钦定盛京通志》以及《吉林
通志》、《黑龙江志稿》,可对各城所设城门进行扼要统计。

根据统计,开设一座城门的驻防城包括乾隆重修前的凤凰城、
新岫岩城以及旅顺新城和小黑山城。

开设二座城门的驻防城:熊岳城、新岫岩城(乾隆重修后)、抚
顺城(乾隆重修前)、中后所关厢小城、小凌河城、闾阳驿城。

开设三座城门的驻防城:宁古塔城、锦州关厢小城、复州城、牛
庄城、抚顺城(乾隆重修后)、宁远城、中前所城、巨流河城。

开设四座城门的驻防城:黑龙江内城、墨尔根内城、齐齐哈尔
内城、旧吉林城(松木城垣)、打牲乌拉新城、宁古塔新城边墙、白
都讷城、珲春新城、拉林城、双城堡城、富克锦城、锦州城、兴京内
城、开原城、铁岭城、中后所城。

开设五座城门的驻防城:旧爱辉城、黑龙江外城、墨尔根外城、
齐齐哈尔外城、吉林土城、五常堡城(光绪重修后)、金州城。

开设九座城门的驻防城:兴京外城、辽阳城[乾隆四十三年
(1778)之前]。

东北地区的驻防城城门开设数量为1、2、3、4、5、9座不等,尤
以开设四座者最多,九座者最少。各城城门开设方位或相同,或不
同,很多驻防城的城门设置时受到了地形的影响,如黑龙江外郭城
西、南、北都设有门,但是东面由于临江,则未立门。

4. 规模

根据上文论述,东北地区除了上面没有建设四围城垣的驻防

城外,其余的驻防城有些为清代投资新建,有的在明代旧有城池基础上形成,驻防城的形成和发展都存在着一定的过程,甚或一些驻防城在清代经历了几次维修和拓展。所以,比较这些驻防城的规模存在着相当大的难度。针对那些被拓展过的驻防城,本书拟以乾隆四十三年(1778)重修后的规模作为对象展开分析,主要考虑到这一时段大多数驻防城曾得到了空前的修缮,以其为对象较为适宜。补充说明一点,对于那些未被修缮或乾隆四十三年(1778)后筑建的驻防城,将一并进行比较,凡存在内外城垣者,对比内外城垣的规模异同,凡仅一层城垣者,对比该层的规模情况。

表4-4 东北驻防城周长对照表

驻防城	城垣周长	补注	驻防城	城垣周长	补注
爱辉	940 步		9. 珲春新城	约 7 里	
1. 黑龙江	590.5 丈 (3.3 里)	外城 960 丈 (5.3 里)	10. 五常堡	1 里半	
2. 墨尔根	590.5 丈 (3.3 里)	外城 1541 丈 (8.56 里)	11. 阿勒楚喀新城	3 里	
3. 齐齐哈尔	578 丈 (3.2 里)	外城 1620 丈 (9 里)	12. 拉林	8.5 里	
4. 吉林	1451 丈 (8.5 里)	边墙 7 里 180 步	13. 双城堡	20 里	
5. 打牲乌拉新城	1440 丈 (8 里)		14. 富克锦	133.5 丈 (0.74 里)	
6. 宁古塔新城	585 丈 (2.5 里)	边墙 10 里	15. 盖州	6 里 120 步	
7. 白都讷新城	1350 丈 (7.5 里)		16. 宁远	10 里 280 步	关厢 3 里 220 步
8. 三姓新城	1026 丈 (5 里 7 分)		17. 锦州	5 里 120 步	

驻防城	城垣周长	补注	驻防城	城垣周长	补注
18. 义州	9 里 10 步	关厢城 3 里 160 步	29. 广宁	2052.6 丈 (11.4 里)	
19. 兴京	3.5 里	旧时外城 9 里	30. 抚顺	525.1 丈 (2.9 里)	
20. 凤凰城	420.5 丈 (2.3 里)		31. 铁岭	4 里 206 步	
21. 辽阳	2624.6 丈 (14.58 里)		32. 巨流河	596.1 丈 (3.3 里)	
22. 熊岳	3 里 102 步		33. 白旗堡	1 里	
23. 岫岩城	450 余丈 (2.5 里)		34. 中前所	664.29 丈 (3.69 里)	
24. 开原	2025.91 丈 (11.26 里)		35. 中后所	3 里 170 步	关厢 1 里 11 步
25. 金州	1067.7 丈 (5.9 里)		36. 小凌河	1 里 218 步	
26. 复州	911.3 丈 (5.06 里)		37. 小黑山	2 里 68 步	
27. 旅顺新城	1 里 218 步		38. 闾阳驿	2 里 50 步	
28. 牛庄	2 里 93 步				

注:城垣规模主要指外郭城、关厢城之外的驻防主城情况,补注是关于外郭城、关厢城的规模情况。

　　表 4-4 揭示,除了旧爱辉城以步为计量单位,具体周长尚待折算外,其余诸城的周长规模可以通过下图(见图 4-2)进行说明。

　　图 4-2 的 x 轴对应表 4-4 所编各驻防城,表中未示意爱辉城的情况,编号从黑龙江开始。由图可知双城堡城周围最长,其次为辽阳城,宁远、开原、广宁城周长也都在 10 里以上。富克锦城最短,其次为白旗堡城,小凌河、旅顺、五常堡等驻防城规模不相上

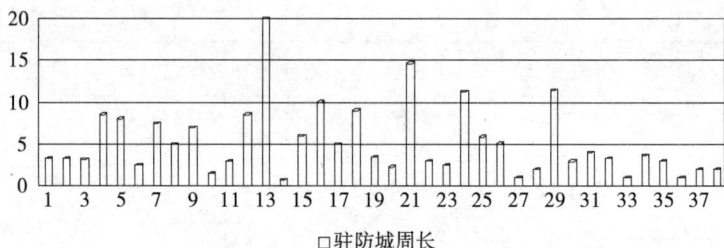

图 4－2　东北驻防城周长规模对比图

下,主要在 1 里至 2 里之间。周长在 5 里至 10 里之间的分别为吉林、打牲乌拉、白都讷、三姓、珲春、拉林、盖州、锦州、义州、金州、复州等城,其余诸城则都不足 5 里。

5. 形状

黑龙江地区驻防城除了布特哈、呼伦贝尔、呼兰、通肯、兴安城外,其余各城或为方形,或为不规则形,如黑龙江、齐齐哈尔、墨尔根都为近似于圆形的结构。

6. 其他

修建城壕、护城河是东北地区驻防城的一个较为普遍的现象。按中国古代的城市,城外往往沿城垣修筑护城河或城壕,清代东北地区的驻防城,很多也都筑建了城壕或护城河,这种与旧有的修城规制相吻合的现象说明很多驻防城不仅仅只靠独立的城墙加强防卫力量,同时也借助城池来完善功能,毕竟城池的建造具有增强城市本身防御能力、调节城市用水等方面的作用。关于城池的规模和广狭程度见表 4－5,这里不再对各城的具体情况进行赘述,仅以白都讷、三姓、五常堡、阿勒楚喀、拉林、双城堡、富克锦、义州、开原、金州、抚顺、铁岭、中前所、中后所、锦州等作为典型例子进行探析。

表 4 - 5　黑龙江地区主要驻防城形制结构统计表

驻防城	所在区域	规模（周长、城高等）	质地	城门	形状	其他城墙相关设施	参考资料
黑龙江旧城（旧爱珲）	黑龙江城北十二里	九百四十步	不详	城门五	不详	不详	《钦定盛京通志》卷三十二
黑龙江城	黑龙江地区	外城周围三面长九百六十丈，高一丈七尺。内城周围面五百九十丈五尺	内外立木，中间填土。内郭城则"植木"而成	城门五	分外内城双重结构	外城堆房八所，内城堆房四所	《钦定八旗通志》卷一百一十六
墨尔根城	墨尔根地区	外城周围四面长一千五百四十一丈，高一丈六尺；内城周围五百九十丈五尺，高一丈六尺。"周围10里"①	外郭城，"土砌"，内或内外立木，中间填土	外城城门五；内城城门四楼，四角楼	内外重双重结构	外城城门堆房 16 间。内城四面四楼；内城四角堆房 8 间	《钦定八旗通志》卷一百一十六。《钦定盛京通志》卷三十二

① 《钦定盛京通志》卷三十二。

续表

驻防城	所在区域	规模（周长、城高等）	质地	城门	形状	其他城墙相关设施	参考资料
齐齐哈尔城	齐齐哈尔卜魁，本嫩江南宿伯克依庄地	外城四面长一千六百二十丈；内城照黑龙江式，周围五百二十七丈高一丈六尺。"周围十里"①	外城（郭城）用土口立，内外砖砌；内城立木、中间填土	外城门五，内城门四，四面四楼，"东南门，北各一门西二门"②	内外双重结构	环城有重濠广一丈五尺。四面四城楼	《钦定八旗通志》卷一百十六。《钦定盛京通志》卷三十二
呼兰城	位于齐齐哈尔城东南八百十七里	周围三里③	无	无	无城垣。简署营房集中在一处，具体情况不得而知	无	《钦定盛京通志》卷三十二。《钦定八旗通志》卷一百十六

① 《钦定盛京通志》卷三十二。
② 同上。
③ 同上。

表 4—6　吉林驻防城形制结构统计表

驻防城	所在区域	规模（周长、城高等）	质地	城门	参考资料
吉林城	奉天府东北八百里，旧名船厂城，吉林城防区域	城周围一千四百五十一丈，计八里半；北面二百八十九步，东西二面各二百五十步。城外周围有池，外有土墙为边，边墙东西亦依河岸，周围七里一百八十步	东西北三面竖木为墙，高八尺	每面一门，共 4 门。后"今存土城，西仍一门，东与北各二门"①	教场一处离城北二里，周六里，雍正十三年(1735)添设火药局三间在城北三里。《钦定八旗通志》卷一百十六和《钦定盛京通志》卷三十一
打牲乌拉新城（旧城因水患被破坏）	吉林北七十里	新城周围八里，计一千四百十丈，高六尺八寸	新城"筑土为墙"②	门四	《钦定八旗通志》卷一百十六和光绪十七年(1891)《吉林通志》
宁古塔新城（旧城年久颓塌）	在吉林东南五百四十余里瑚尔哈河北岸	新城周围五百八十五丈，高二丈余，周围二里半，城外边墙周围十里③	新旧两城皆"椵木隔石筑造"④	东西南三门，边墙门四	《钦定八旗通志》卷一百十六和《钦定盛京通志》卷三十一
白都讷驻防城，旧名纳尔浑，又名新城	在吉林西北五百二十五里	周围一千三百五十丈，计七里半。池深九尺，广七尺	不详	门四	《钦定八旗通志》卷一百十六和《钦定盛京通志》卷三十一

① 《钦定盛京通志》卷三十一。
② 光绪十七年(1891)《吉林通志》卷二十四，长顺修，文海出版社印行。
③ 《钦定盛京通志》卷三十一。
④ 《钦定八旗通志》卷一百十六。

续表

驻防城	所在区域	规模(周长、城高等)	质地	城门	参考资料
三姓驻防新城(旧城年久颓圮,新城在旧城西边)	在吉林东北百里,新城在旧城西二十六里	周围一千二十六里,计五里分,高七尺,池深七尺,广八尺	照白都讷例筑造土城	不详	《钦定八旗通志》卷一百十六和《钦定盛京通志》卷三十一
珲春驻防旧城、新城	旧城在吉林东南一千一百里,珲与春河东岸,南与朝鲜接界,皆库雅拉等所居,康熙五十三年(1714)重修置佐领协领防御管辖①。新城光绪七年(1881)修造	旧城周围一里。新城高八尺,周约七里	新城"筑土为墙"	门四,东曰靖边,南曰拓绥,西曰镇定,北曰德胜。池深七尺,濠边遍植杨柳②	《钦定八旗通志》卷一百十六;《钦定盛京通志》卷三十一;清光绪十七年(1891)《吉林通志》卷二十四
五常堡驻防城	位于吉林城东北二十五里	始建时无考。光绪元年(1875)协领国样修城一面,计一里半。池深八尺,宽一丈二尺。庆德重修	筑土为墙	光绪四年(1878)协领庆德重修。立城门五,东西两门曰恒绥,门曰恒绥,曰禾抚,西曰孛升,南曰同阳,北曰绥远	《钦定八旗通志》卷一百十六和《钦定盛京通志》卷三十一和清光绪十七年(1891)《吉林通志》卷二十四

① 《钦定盛京通志》卷三十一。
② 清光绪十七年(1891)《吉林通志》卷二十四,长顺修,文海出版社印行。

续表

驻防城	所在区域	规模（周长、城高等）	质地	城门	参考资料
阿勒楚喀驻防城旧城/新城	在吉林东北六百里	旧城周围二里，雍正三年（1725）修，新城周围三里，雍正七年（1729）修，高一丈二尺，池深八尺，广一丈。新城为主要驻防城实体	不详	旧城南北二门	《钦定八旗通志》卷一百十六和《钦定盛京通志》卷三十一
拉林驻防城	在阿勒楚喀西南七十里	周八里半，高一丈二尺五寸，壕宽二丈，深一丈八尺	土围	门楼四	《钦定八旗通志》卷一百十六，清光绪十七年（1891）《吉林通志》卷二十四
双城堡城	嘉庆年间商民捐建，同治七年（1868）监修	周围约二十里。顶宽五尺，底宽七尺，高八尺。女墙宽四尺，高三尺。共高一丈一尺。墙内修马道一道，高广各五尺。周围共三千一百丈。城壕一道，上宽一丈五尺，下宽五尺，深一丈	筑土为墙监修后黍泥墙	门四，东曰承旭，西曰承和。南曰承恩，北曰洞宾。每门水洞二道	清光绪十七年（1891）《吉林通志》卷二十四
富克锦驻防城	在三姓城东北，松花江南岸	周围一百三十三丈五尺，池深六尺	筑土为墙	门四	清光绪十七年（1891）《吉林通志》卷二十四

表4－7　盛京地区驻防城形制结构统计表

驻防城	所在区域	规模（周长、城高等）	质地	城门	参考资料
锦州	明洪武年间修造时周围五里三百二十步，高二丈五尺，后展筑南关六里二十三步	根据《钦定盛京通志》卷三十记载，城厢小城相附，"三里一百六十步，高一丈五尺，门曰小东门小南门小北门"。根据《钦定八旗通志》卷一百一十六："城周围五里三十步，东关三面，周围十里。"	乾隆四十三年（1778）重修时外皮用砖，内皮山石成造，周长一千二十六丈八尺三寸	《大清一统志》卷四十三记载："锦州府城，门四，里有奇，门二丈濠，广二丈五尺，"东关斋于"里有奇，形势若盘，俗谓之"盘城"	《钦定八旗通志》卷一百一十六；《大清一统志》卷四十三；《钦定盛京通志》卷三十
义州	明时建设，后清朝康熙同修筑，乾隆又复修	明改卫，修理后周围九里十步，高三丈，池深一丈五尺，广三丈八尺	整砌	门四，东曰熙春，南曰永清，西曰庆丰，北曰安泰	《钦定盛京通志》卷三十
兴京	兴京之地东傍边墙，西接奉天，南界凤凰城，北抵开原	周围三里半。《大清一统志》卷三十六记载："兴京城，周五里，"外城九里南三门，北一门，东二门，西一门"，太祖时建置	不详	《大清一统志》记载南一门，东二门，北一门	不详
凤凰城	凤凰山下	明代建，当时周围三里八十步（旧城），后来康熙二十六年（1687）设城，周围二里（新城）	乾隆四十三年(1778)重修后外皮旧城用砖，内皮用山石成造	乾隆重修前南一门	《钦定八旗通志》卷一百一十六和《钦定盛京通志》卷二十九

续表

驻防城	所在区域	规模（周长、城高等）	质地	城门	参考资料
辽阳	明代建筑，并改筑北城，南北一里，东西四里，门二。共周二十里，东八百八十五步，高三丈三尺，池深一丈五尺，门九，南二，西一，东二，东北一处，东西北各一。乾隆四十三年(1778)重修	乾隆重修后的城垣周围十五里一百八十步，围长二千六百二十四丈，周围六里六十步，高三丈五尺	重修后的城垣外皮用砖，里皮山石成造	门六①	《钦定八旗通志》卷一百二十六；《钦定盛京通志》卷二十九
熊岳城	本熊岳县旧址，在盖平县西南六十里。乾隆四十三年(1778)重修	周围三里一百零二步。《钦定盛京通志》卷二十九记载："周围三里九十九步"	不详	南北二门	《钦定八旗通志》卷一百二十六；《钦定盛京通志》卷二十九
岫岩（本有新旧两岫岩城）	在盖平县东一百六十八里。根据《盛京通志》卷一百十六记载：旧岫岩城本金时岫岩县地，驻防荷蒉署营房主要在新岫岩城内。旧岫岩城在新城东十里	康熙二十六年(1687)设新岫岩城驻防，周围六十六步②，门一，后圮。乾隆四十三年(1778)重修新城（可能也有驻防兵员），周围四百五十一丈余，高二丈，东南二门	不详	门一，后圮。乾隆重修后"东南二门"③	《钦定盛京通志》卷二十八；《钦定盛京通志》卷二十九；《钦定八旗通志》卷一百十六

①　《钦定盛京通志》卷二十九。

②　《钦定八旗通志》卷一百十六。

③　《钦定盛京通志》卷二十九。

续表

驻防城	所在区域	规模（周长、城高等）	质地	城门	参考资料
开原	明代在元旧城之东整筑而成，乾隆四十三年（1778）重修。《大清一统志》载："周十三里二十步，门四，濠广四丈。明洪武二十二年因旧城修筑。清朝康熙雍正年间屡修。乾隆四十三年（1778）重修。"	周围十三里二十步。高三丈五尺。池深一丈，广四丈。重修后二十二十五丈九尺一寸。①	重修后外皮用砖，里皮仍用土牛	门四，东曰阳和，西曰庆云，南曰迎恩，北曰安远角	《钦定八旗通志》卷一百二十六；《钦定盛京通志》卷二十九
金州驻防城	宁海县县城，本明金州卫城也，原来为土城②。后为宁海县县城。乾隆四十三年（1778）重修	周围五里二十尺，"高三丈五尺"，东关三面，周围二里。重修后围长一千零六十七丈七尺，"池深三丈，广六丈乾隆七。"《大清一统志》卷三十八记："宁海县城即故金州卫城，明洪武初修筑。本朝康熙雍正年间修筑。乾隆四十三年（1778）重修。"	重修后外皮用砖，里皮山石成造。	门四，东曰春和，南曰承恩，西曰宁海，北曰永安	《钦定八旗通志》卷一百二十六；《钦定盛京通志》卷二十九

① 《钦定八旗通志》卷一百二十六。
② 《钦定盛京通志》卷二十九。

续表

驻防城	所在区域	规模（周长、城高等）	质地	城门	参考资料
复州	本明复州卫城。康熙二十六年（1687）设城。乾隆四十三年（1778）重修	周围四里。乾隆重修后周长九百十一丈三尺。《钦定盛京通志》卷二十九记载,明代修建后:"周围四里一百八十步"	重修后外皮用砖,里皮用山石成造	明代修城时"门三,东曰明通,南曰迎恩,北曰镇海"①。《大清一统志》也有同样的记载	《钦定八旗通志》卷一百二十六;《钦定盛京通志》卷二十九
旅顺	旧城,宁海县城西南一百二十里,新城宁海县城西南一百二十里。清朝康熙五十四年（1715）重修后成为水师驻防之城②	旧城二百五十五步,新城周围一里二百二十步	不详	旧城门一,新城门一	《钦定盛京通志》卷二十九
牛庄	牛庄城位于海城县城西四十里	周围二里九十三步	不详	门三,东曰德盛,西曰外襄,北曰福胜	《钦定八旗通志》卷一百二十六;《钦定盛京通志》卷二十九

① 《钦定盛京通志》卷二十九。

② 同上。

续表

驻防城	所在区域	规模（周长、城高等）	质地	城门	参考资料
广宁城	即广宁县城。乾隆四十三年(1778)重修旧城	周围十四里一百七十步。重修后城垣围长二千零五十二丈六尺	重修旧城后外皮用砖，内皮山石成造	待考	《钦定八旗通志》卷一百十六
抚顺	位于承德县城东八十里，旧名抚顺城，乾隆四十三年(1778)重修	城围周一里七百三十六步，池深一丈、阔一丈，后米"城围周围三里"。重修后围长五百二十五丈一尺	重修后外皮用砖，内皮山石成造	门二，改修后东南北三门	《钦定盛京通志》卷二十九
铁岭	康熙二十九年(1690)设城。乾隆四十三年(1778)重修旧城	周围四里零十六步，高二丈，池深一丈五尺，广三丈。《大清一统志》卷三十八记载："周四里有奇，门四"。围长七百六十六丈九尺七寸	重修后外皮用砖，里皮山石成造	门四	《钦定八旗通志》卷一百十六；《钦定京通志》卷二十九
盖州	乾隆四十二年(1777)因旧城拐塌奉旨重修。《大清一统志》卷三十八记载：盖平县城，周七里有奇，门三，蒙广一丈八尺。明洪武中因旧城修筑	明代展拓南面，周围七里三步，高一丈五尺。《钦定八旗通志》卷一百十六却记载"周围六里二十步"，并目言重修后"围长六里"，周长六百丈六寸，池深九百八十四丈九尺八寸，池深一丈五尺，广一丈八尺。①	重修后外皮用砖，里皮山石成造	门4，东日顺清，南日广恩，西日宁海	《钦定八旗通志》卷一百十六；《钦定盛京通志》卷二十九

① 《钦定盛京通志》卷二十九。

续表

驻防城	所在区域	规模（周长、城高等）	质地	城门	参考资料
宁远	宁远县城即明广宁中左右三卫地	城周围十里二百八步，高三丈五尺，厚一丈五尺，南关厢三面，周围三里二百二十步，门三，东曰宣化，南曰迎恩，西曰振武，内城与关厢共十四里二百四十步"①	整砌	门三，东曰宣化，南曰迎恩，西曰振武	《钦定盛京通志》卷三十
中前所	锦州府城西南一百六十五里，旧有土城，七里，乾隆四十三年(1778)重修	城长六百六十四丈二尺九寸。《钦定盛京通志》载："中前所城……周围三里八步，高三丈"，池深一丈，广一丈，周围四里二百步	待考	门三，东曰定达，西曰永望，南无字	《钦定八旗通志》卷一百六十；《钦定盛京通志》卷三十
中后所	锦州府城西南八十里，明代旧有土城，乾隆四十三年(1778)重修	城长八百三十六丈七尺八寸。周围三里二百七十步高三丈四百步。东南关厢城三面，广二里二百步。池深一里十一步。《钦定盛京通志》卷三十记载：周围一里二百一十一步二丈	重修后外皮用砖，里皮山石成造	门四，东曰润和，南曰歌薰，西曰悦泽，北曰宁澜。东厢城门二，东曰威远，南曰镇朔，持生	《钦定八旗通志》卷一百六十；《钦定盛京通志》卷三十
小凌河	在锦州城东南四十八里	周围一里二十八步	待考	东南二门	《钦定盛京通志》卷三十

① 《钦定盛京通志》卷三十。

续表

驻防城	所在区域	规模（周长·城高等）	质地	城门	参考资料
巨流河	广宁县城东北二百三十里。原来崇德元年建有旧土城,后乾隆四十三年(1778)重修	旧城二里,乾隆重修后城垣周围长五百九十六丈一尺	重修后外皮用砖,里皮山石成造	旧城门三,南曰拱固,西曰镇西,北曰镇边①	《钦定八旗通志》卷一百六;《钦定盛京通志》卷三十
白旗堡	广宁城东一百六十里	周围一里	不详	不详	同上
小黑山	广宁县城东六十里	周围二里六十八步	不详	门一	同上
同阴驿	广宁县城西南三十里	周围二里五十步	不详	南北二门	同上

① 《钦定盛京通志》卷三十。

就深度而言,各城分别为9尺(白都讷)、7尺(三姓)、8尺(五常堡)、8尺(阿勒楚喀)、1丈8尺(拉林)、1丈(双城堡)、6尺(富克锦)、1丈5尺(义州)、1丈(开原)、1丈7尺(金州)、1丈(抚顺)、1丈5尺3丈(铁岭)、1丈(中前所)、1丈(中后所),固定在6尺和1丈8尺之间。诸城中,五常堡、阿勒楚喀皆为8尺,深度一致,而双城堡、开原、抚顺、中前所、中后所也都具有1丈的同等深度。

就广度来说,各城分别为7尺(白都讷)、8尺(三姓)、1丈2尺(五常堡)、1丈(阿勒楚喀)、2丈(拉林)、1丈5尺(双城堡)、2丈5尺(锦州)、3丈8尺(义州)、4丈(开原)、6丈5尺(金州)、2丈(抚顺)、3丈(铁岭)、2丈(中前所)、2丈(中后所),在7尺至6丈5尺之间,最广者为金州护城河,最窄者为白都讷城河。广度一致的驻防城分别为拉林、抚顺、中前所、中后所,都具有1丈的规制。

第四节　新疆地区驻防城形制

一、"满城"形制及特点

新疆满城主要有惠远、惠宁、巩宁、孚远、会宁、广安六座,分析其形制可以从城垣和内部分区及设施着手。

探析满城城垣形制特征,首先制定下表(见表4-8):

表 4－8　满城城垣形制对照表

满城	规模	质地	城门	城门、城墙相关建置	城垣拓展	城址的转移
惠远	高1丈4尺，周9里3分。	土城	门四，东景仁，西悦泽，南宣闿，北来安。	不详	乾隆五十八年（1793）向东扩大约1/3。	光绪八年（1882）在旧城北15华里移建新城。
惠宁	城高1丈4尺，周6里3分。	土城	门四，东昌汇，西兆丰，南遵轨，北承枢；嘉庆扩城后，于南北偏西添建城门二，"西北曰绥成，西南曰协阜"《钦定新疆识略》，共门六。	不详	嘉庆十年（1805）向西括筑，新筑城垣990丈，共长1364丈，合7里6分。	
巩宁	长1686丈7尺，计9里3分13丈6尺，高2丈2尺5寸。	土城	门四，东曰承曦，西曰宜稼，南曰轨同，北曰枢正。	城楼4座，各5间；瓮城楼5座，各3间；角楼4座，各6间；炮楼24座，各1间；箭楼4座，各3间；城门堆房8座，各3。		光绪六年（1880）于迪化城东北重筑满城，城垣长3里半。
孚远	长720丈，计4里，高1丈6尺。	土城	门四，东曰宾旭，西曰庆成，南曰景薰，北曰拱枢。	正城楼4座，各5间；瓮城楼5座，各3间；角楼4座，各3间；腰楼8座，各1间；城门堆房8处，各3间。		遭回变，光绪十一年（1885）重修。
会宁	长1134丈，计6里3分，西南高1丈6尺，东北高1丈8尺。	土城	门四，东宣泽，西导丰，南光被，北威畅。	城楼4座，各5间；瓮城楼5座，各3间；角楼4座，各3间；腰楼12座，各1间；炮楼3座，各3间；门外吊桥4座。		
广安	长720丈，计4里，高1丈6尺。	土城	门四，东曰郎曦，西曰宣义，南曰殷阜，北曰利成。	正城楼4座，各5间；瓮城楼5座，各3间；角楼4座，各3间；腰楼8座，各1间；箭楼4座，各3间；城门堆房8座，各3间。		

注：依据道光《钦定新疆识略》、《新疆建置志》、嘉庆《乌鲁木齐事宜》、嘉庆《三州辑略》、《新疆图志》等。

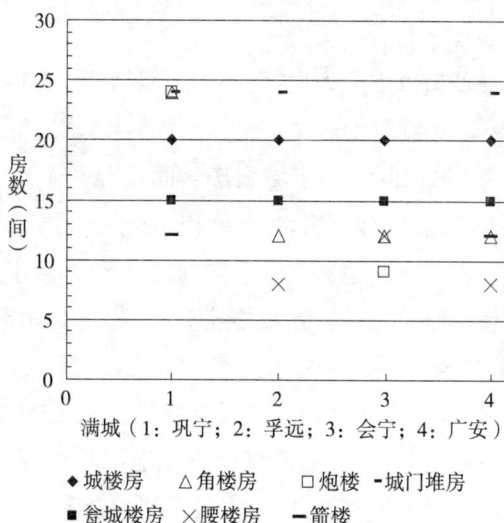

图 4 – 3 巩宁、孚远、会宁、广安城楼、城门相关建置对照图

根据表 4 – 8，规模方面，孚远城与广安城周长一致（4 里）。惠宁城扩建前也与会宁城周长一致（6 里 3 分）。惠远城初设之际，与巩宁城初建规模相差无几（约 9 里 3 分），后扩建三分之一，规模跃居首位，巩宁则屈居其次。然而，无论如何两者都比他城城垣规模大，并且两城亦皆在原城废弃后于光绪年间得到重建。所以如此，与两城所处伊犁及乌鲁木齐军事、政治上的重要性有紧密关系：伊犁在新疆设省前，乃将军衙署所在地，一直是驻防最重之处，而乌鲁木齐战略位置也甚显著，曾由“都统驻扎”，并在新疆建省后成为省会，故而两地满城规模、重建方面显出优势在情理之中。巩宁城垣在众城中最高，其次为会宁城，孚远城与广安城之间以及惠远、惠宁两城间城高一致。另外还可发现，除了会宁城西南东北城高相差两尺外，余城四面皆同。惠远、惠宁两城还曾于

乾隆、嘉庆年间得到扩展,体现出清廷对伊犁这一中心的密切关注。

新疆满城城垣以方形为主,大都为土质结构,即所谓"土城","俱属坚固"①。根据赵生瑞先生研究,由于当时难以生产砖瓦,所以有是结构②。城门除了会宁城嘉庆年间增至6个外,其余众城东南西北各开1扇,共计4扇,规制颇相一致。

分析城垣其他相关建置可以发现,巩宁、孚远、会宁、广安四城各门上城楼皆一座,房五间,瓮城楼五座,各三间,显示出一致的特点;角楼也都是五座,除了巩宁城房各六间外,全都为三间,建置也颇相同。巩宁、会宁两城城垣上还设有炮楼,前者二十四座,房各一间,后者三座,房各三间,不及前者多。巩宁、广安两城皆建有箭楼,建置规模完全一样,都为四座,房各三间。会宁城外,余者三城都筑有城门堆房,规模相同。孚远与广安城腰楼数量一样,而会宁城则较多一些。另外会宁城城门外还有吊桥四座,显示出与众不同之处(见图4-3)。

二、其他驻防城形制及特点

首先列表如下:

根据表4-9,可以发现新疆除了满城外,一般驻防城具有如下几个方面的特点。

1. 就驻防城的质地分析,除了阿克苏城为"土堡"外,绝大部分的驻防城为土质结构,特点鲜明。各驻防城的周长规模,塔尔巴

---

① 《钦定八旗通志》卷一百十八《营建志七》。
② 赵生瑞:《中国清代营房史》,中国建筑工业出版社1999年版,第269页。

表4-9　驻防城形制统计表

驻防城	驻防城位置	规模	质地	城门	城门、城墙及其他相关建置	资料来源
绥靖城	塔尔巴哈台	周围二里七分，高一丈二尺	土城	门三，东曰翔和，西曰布说，南曰遂享。①	角楼四座，门楼三座……东西门内各堆房三间，南门堆房内六间，外三间②	《大清一统志》卷四百十六。《钦定八旗通志》卷一百十八
永宁城	乌什	围长四百六十八丈，计二里八分，高一丈二尺	土城，城门因山为城，"南崖陡峻，北带长流，形势绝胜"。③	城门四，东西南三门，三面踞山，其西面因山为城，"南崖陡峻，北带长流，形势绝胜"。③	城门炮台六座，城楼角楼各四座	《钦定八旗通志》卷一百十八
阿克苏城	阿克苏	围长一百四十丈，高一丈二尺	土堡	不详	正城楼三座，角楼四座	《钦定八旗通志》卷一百十八。"四城连，阿克苏城四座城相连，每城连，城周里许，皆南向，外以一大城垣环之，所跨高匪二十余丈，三城皆小，而固洵形胜地也，城内城东，界以长河，源发北崖，南流出于城外"④

① 《大清一统志》卷四百十六。
② 《钦定八旗通志》卷一百十八。
③ 同上。
④ 《钦定皇舆西域图志》卷十六。

续表

驻防城	驻防城位置	规模	质地	城门	城门、城墙及其他相关建置	资料来源
叶尔羌城	叶尔羌	长二千一百四十二丈，计十一里九分，高二丈三尺	土城	城门五	不详	《钦定八旗通志》卷一百八
和阗城（伊立齐）	和阗	长六百零三丈，计三里三分五厘	土城	城门四	不详	《钦定八旗通志》卷一百十八。按和阗共有六城，"六城曰伊立齐，哈拉哈什，玉陇哈什，齐喇，塔克，克里雅，而统名之曰和阗，其中伊立齐当道冲为之首"，驻防大臣衙署主要位于伊立齐。驻防城是一个系列，不仅仅限于伊立齐一座城。所以具有如此特征，值得关注
徕宁城	喀什噶尔	东西长一百五丈，南北长一百二十丈，围二十五里，高一丈五分①一丈四尺	土城	东西南北四门	城门及四角各盖巡更房一间，南门内兵房六间，余三门各三间，东门外军台一处，房七间	《钦定八旗通志》卷一百十八。另有草厂一处，房六间，看果园兵丁房七间，火药房十四间，收税厅房十间，教场在南门外，房三间，又徕宁南城外，新盖铺房一百五十间，都司衙署十七间

① 《钦定皇舆西域图志》卷十七。

续表

驻防城	驻防城位置	规模	质地	城门	城门、城墙及其他相关建置	资料来源
英吉沙尔城	英吉沙尔	围二里五分，高一丈七尺	土城	城门二	城门建巡更房六间	《钦定八旗通志》卷一百十八。城中东西筑城墙一道，高一丈五尺，长三十五丈一尺，中安栅门一座，回回居墙北，官兵居强南。
库车城	库车	围四里六分，高一丈九尺	土城	东南北三面形圆，西面形方	乾隆五十八年（1793）建城楼四座，设立塔口	《钦定八旗通志》卷一百十八。《钦定皇舆西域图志》卷十五
喀喇沙尔城	喀喇沙尔	长二百五十四丈。"周一里五分①"，高一丈二尺	土城	东西两门	城楼二座，角楼四座	《钦定八旗通志》卷一百十八
哈密驻防土城/套城	哈密	围一里一分，高一丈四尺六寸/长百六十七丈，计四里二分	土城	城门三，"东西北三门"②，城楼城高一丈二尺	不详	《钦定八旗通志》卷一百十八；《钦定皇舆西域图志》卷九

① 《钦定皇舆西域图志》卷十五。
② 《钦定皇舆西域图志》卷九。

哈台绥靖城、乌什永宁城、阿克苏城、叶尔羌城、和阗城、喀什噶尔徕宁城、英吉沙尔城、库车城、喀喇沙尔城以及哈密土城等分别为2.7、2.8、0.78、11.9、3.35、2.5、2.5、4.6、1.5、4.2(套城167丈,驻防土城1.1里)里,根据各城的不同周长规模,可以制定图例对照示意(见图4-4)。

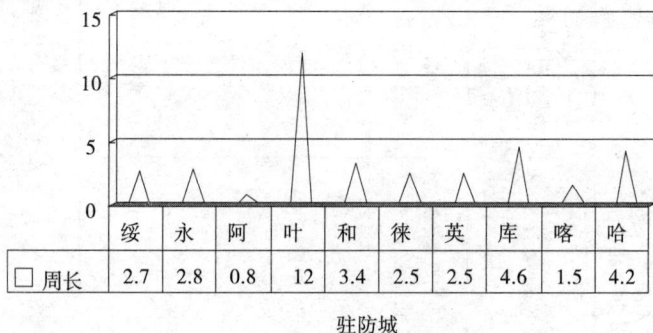

	绥	永	阿	叶	和	徕	英	库	喀	哈
□ 周长	2.7	2.8	0.8	12	3.4	2.5	2.5	4.6	1.5	4.2

驻防城

图4-4 新疆一般驻防城周长对比示意图

2.根据图4-4,叶尔羌城周长较之他城最为突出,以11.9里位于各城之首,其次为库车城,以4.6里位居第二位,然后依次为哈密城、和阗城、徕宁城和英吉沙尔城、永宁城和绥靖城,其中徕宁城和英吉沙尔城规模一样,都是2.5里,阿克苏城规模最小,周长不及1里,其次为喀喇沙尔城,仅1.5里。徕宁城和英吉沙尔城、绥靖城、永宁城规模不相上下,而库车城和哈密城规模也相差无几。由此可以得出结论,新疆地区的一般驻防城除了叶尔羌城外,大部分的驻防城周长都限定在1里到5里之间。

3.在城高方面,除了和阗城的具体情况不得而详、哈密土城为二丈四尺六寸以及叶尔羌城高二丈三尺外,大部分的驻防城都处在一丈至二丈之间,塔尔巴哈台绥靖城、乌什永宁城、阿克苏城、英吉沙尔城、喀喇沙尔城、哈密套城的城高非常一致,都是一丈二尺,规制上表现出极强的一致性。徕宁城和英吉沙尔城城高分别是一丈四尺和一丈七尺,库车城为一丈九尺,接近两丈。

4. 驻防城城门规制无固定的规律可循,或开二门,或开三门,或开设四门,最多者为叶尔羌城,共置五门,最少为英吉沙尔和喀喇沙尔两城,皆为二门。一般城门上建有城楼或巡更房,有些驻防城城角建有角楼或者巡更房门。城门所建筑的相关设施最多,城内、城外或建堆房,或建炮台,或建兵房、军台等设施。

小　　结

1. 驻防城兵员、设施分布形式和城垣建置

就驻防城的形制来说,从驻防官兵和家眷的居住形式、设施的分布类型以及城墙的建置方面考虑,分如下几类:

第一类是城墙或界墙完整确切的驻防城,主要分布在东北盛京、吉林和黑龙江地区、畿辅、直省、新疆地区。这类驻防城从与汉城或者其他城市的相对位置、城垣建置和驻防兵员的成分方面综合考虑又可分为满城和其他类。

第二类是诸如归化、察哈尔和黑龙江布特哈、呼兰、呼伦贝尔、通肯、兴安等驻防八旗主要由游牧或打牲族人组成的驻防城,设施十分分散。归化、察哈尔城副都统、都统位于归化城、张家口关内,而其他衙署、兵房等设施则分布在土默特二旗、察哈尔八旗各旗游牧地域。布特哈、呼兰、呼伦贝尔、通肯、兴安等也是如此,驻防兵员和设施零散不齐,与八旗或其他兵种处于一城集中驻防的其他驻防城不同,属于特殊类驻防城。

第三类是诸如郑家庄、热河、右玉等驻防城。虽然驻防兵员和

设施比归化、察哈尔等驻防城集中,但主要分布在郑家庄内、热河旁、右玉县城内和外部,没有专门城池,为另外一类特别的驻防城。

第四类为德州、福州、广州、京口、沧州、保定等位于城内相对集中但没有完整确切城墙的驻防城。这些实际上为规模较大的驻防营,与汉城同样具有相对位置关系,主要设施所在空间与汉城其他区域通过一定的界限相区别。

2. 驻防城规模

就所有的驻防城而言,除了保定、沧州、郑家庄、右玉、广州、德州、福州、右玉和布特哈、呼兰、呼伦贝尔、通肯、兴安、热河、察哈尔、归化城等未建城垣或城垣不完整外,大部分驻防城的周长或在10里以上,或在10里以下,以后者数量最多。10里以上者,包括山海关、江宁、双城堡、宁远、开原、广宁、惠远(拓展后)、叶尔羌等城,其中双城堡达到20里,江宁接近20里。10里以下者,西安、绥远、义州、巩宁等驻防城为9里多,较之他城长,其余都在9里以下。

3. 城垣质地

驻防城城垣质地没有完全一致的标准,类型多样,不同地区有不同的特点。

土垣,以新疆地区的驻防城为多,畿辅、直省、吉林、黑龙江等地也有;外皮用砖、内皮山石规制,以盛京地区为多,大部分驻防城在乾隆四十三年(1778)左右时段重修后城垣改为此制;内土外木规制,是黑龙江地区驻防城的常见形式,黑龙江地区黑龙江城内外立木、中间填土,即"植松木为墙,中实以土",墨尔根内城也是内外立松木、中间填土成墙,齐齐哈尔内城同样如此,可见三城在内城城垣质地上完全一致,共同性非常显著。

其他城垣质地形式。栅栏、松木或竹篱形式,直省因袭旧城的一些驻防城和黑龙江、吉林等地的某些驻防城属此类;内土外砖、内土外石形式,畿辅、直省、盛京等地的一些驻防城为此类;砖垣或石垣质地,畿辅、直省、黑龙江的有些驻防城为此类;桅木隔石墙,是吉林一些驻防城的质地特点。

4. 城垣形状

无具体形制的驻防城之外,驻防城的形制可分为两大类,不规则形和方形(正方形和长方形)。东北、新疆、直省、畿辅都有一些呈不规则形的驻防城。方形的驻防城数量最多,有的为标准的正方形,有的为标准的长方形。

5. 城门

驻防城城门开设因城而异,一座至九座不等,其中一座和九座者最少,而四座城门者最多。城门的开设无规定规律可循,一般与驻防城的规模和位置关系有关。

6. 城垣重制

驻防城根据城垣的设置情况,有的建有外郭城或他城,有的则没有,仔细区分有如下几种:第一种为一层主要城垣者;第二种为内外两重城垣者;第三种为一层主要城垣并附加他城者。后两种都属于主要城垣外加郭城或关厢城的形式。

7. 其他设施

与一般意义上的城市一样,很多驻防城的城门上建有城门楼、看城兵房，城角则置角楼，另设立瓮城楼、铺楼、敌台等。也有一些特殊情况，如有些驻防城由于借助利用的是原有府城，所以城墙相关建置设施不相一致。如太原旧满城就是如此，西、南利用的是原有府城的城垣，而北、东几面则修栅栏以示隔离①。再比如荆州满城，东、北、南都为原有府城城垣的一部分，东门、公安门以及小北门上都建有城楼，而西面则修界墙分隔，界墙的两扇城门上无城楼等相关建置，展现出一定的差别。

按中国古代的城市，城外往往沿城垣修筑护城河或城壕，与此相似，清代的很多驻防城，尤其东北地区，往往筑建了城壕或护城河。这种与旧有的修城规制相吻合的现象表明很多驻防城不仅仅靠独立的城墙加强防卫力量，同时也要借助于池壕来完善功能。

---

① 《钦定八旗通志》卷一百十七。

第五章　驻防城设施

第一节　城外主要设施及其分布

驻防城城外驻防类设施分为训练设施、后勤设施、衙署兵房、其他等类。其中训练设施最为常见，其次为后勤类。按照这种情况，从区域空间的角度来说可以分为训练设施区、后勤设施区、衙署兵房设施区以及其他设施区。

一、训练设施及其分布

（一）训练设施类型

清代历来重视基础武功训练和训练设施建设，"各省文武官皆设衙署，……武官之大者，于衙署之外，别设教场，演武厅"①，可见训练设施设置的必要性非常之大。清代不仅在县邑广设教场，而且在建立八旗驻防的过程中，为八旗官兵操演之需也配置了训练设施，在驻防城城内、城外规划了相应的训练区。这些训练区内的训练基本设施是教场，也称较场、校场、演武场、校武场，名称多

---

① 光绪《钦定大清会典》卷五十八。

种。除此之外,一些驻防城还建设有炮场、箭场、操演公所等建置。

首先说明一下教场的类型。就服务对象而论,清代教场分为军队专用、军地共用两种,军队专用教场中又可分为八旗营专用、绿营专用两种。其中绿营专用教场又分为多营共用和一营专用。军地共用教场多位于州、县城外数里处,为官兵实施军训和州县训练、校试武童的共用场所。教场功能类型上分综合和专业两种。综合教场承担各种科目的全部训练任务,具有校阅部队、操演技能、合练战术、动员教育等功能,一般规模较大,一地一处,多坐落于城外数里处,有大教场、外教场等别称,"为校阅之区,品技艺,演阵法,申号令,莫不于此"①。专业教场承担部分训练任务,一般设两处以上,是进行步射和刀枪演练等训练科目之场所。这类教场场地较小,或坐落于城内的衙署内外,或坐落于城外,有小教场、内教场等别称。

驻防城外的教场。教场是驻防城外最为重要的训练设施,一般为八旗驻防官兵所用,军地共用、军队专用情况皆有。根据史料记载,驻防城外造设驻防八旗专用教场的情况十分普遍。这类教场一般规模不大,多为中小型教场,供八旗官兵操演、训练之用。如惠远满城教场一处"大厅二间,房十间,左右翼前锋操演小厅二所,各三间,八旗马兵操演小厅八所,各三间",乾隆五十五年(1790)又"添设鸟枪步甲操演小厅一所三间",教场内所建设施皆为八旗前锋、马兵、步甲操演之用,为典型的八旗官兵专用教场②。再如密云驻防城,城东建八旗教场和演武厅,专为八旗驻防官兵服

---

① 民国《续陕西通志稿》卷七。
② 《钦定八旗通志》卷一百十八。

务,城外西南不远处则建造绿营教场,以供绿营之用,界线分明①。此外,东北地区很多驻防城以及新疆、直省位于地方城市外部的满城教场也大都属于这种情况,例证不胜枚举。补充一点,军队专用之混合型教场不甚常见,偶有八旗、绿营共用的情况,主要存在于绿营和八旗驻防区域相邻的地方。如乍浦驻防城主要位于乍浦城之东北隅,绿旗水手营位于东南隅,两者共用教场则位于乍浦城东南隅②。

清代驻防城外的教场中有的教场属于综合教场,如位于府城洪武门外、占地约 4290 亩的江宁驻防城大教场和巩宁驻防满城东门外的大教场(房十间)。有的则造设了专业教场,如沧州驻防城在州城外西北处建造的鸟枪教场,即为训练鸟枪专业技能而设。广东广州城的位于小北门外的北教场,也是操演鸟枪专门之所。巩宁城的东门外除大教场之外也另建了六间房小教场,同样属于专业教场。③

驻防城外炮场、箭场、操演公所等设施。驻防城训练设施除了教场及其内部的建置外,另有专门的炮场、箭场、操演公所等设施,与教场相比,这些设施不甚常见。炮场、水演公所在福州驻防城外可见,炮场位于府城东门外登云路地方,炮房 13 间,立靶处在对面麻布山,离城七里,乃官兵练习之所;水操公所是福州驻防官兵进行水操训练时的居处,房屋 30 间,在小鲤鱼山④。设立箭场的驻防城也很常见,如广州满城的箭场处于府城大东门外,为将军、副都统挑选官兵校阅骑射之所。

---

① 民国《密云县志》之《密云驻防八旗营房分布图》。
② 《钦定八旗通志》卷一百十七。
③ 《钦定八旗通志》卷一百十七、一百十八。
④ 《钦定八旗通志》卷一百十七。

（二）教场区及其分布

1. 教场区的平面基本布局及其规模

教场的布局,以位于场内正中的演武厅为中心,其他建筑分列左右和场地周边,中间为一块广阔的场地,形成了功效较强的训练活动空间。

场地和附在其上的建筑物构成了教场的基本框架。场地面积多有不同,因教场类型、功能不同而有差异。场内各项建筑物,由于项目、数量不一,各驻防城差距很大。有的厅堂房舍为20间以上,设施齐全;有的10间以上,设施较全;有的5间以上,将台、旗杆、大门、照壁基本齐全;有的包括3间或仅有1座演武厅,将台或旗杆1座。演武厅是占地较广的建筑物。若将教场各种建筑物进行分类,共有五种,一是校阅和演练设施,包括演武厅、将台、旗杆、马道、箭亭、靶档等;二是招待校阅官员设施,包括官厅等,是校阅前后休息和从事公务活动之场所,也称后楼、后厅、后堂、退堂等;三是服务保障设施,包括堆房、披厦、厢房、耳房、厨房等,为教场警卫和校阅保障人员食宿之场所;四是附属设施,包括大门、辕门、围墙、壕沟、照壁、鼓吹厅以及周边林木等,以保障安全,改善环境;五是神祠设施,包括场内各种神坛、庙宇等,设置较多的是关帝、马神等庙。①

由于各驻防城城外教场训练设施规模不一,所以无须一一进行阐明。兹举两例以说明。

青州驻防军教场。位于青州驻防旗城南门外,东西长,南北

---

① 赵生瑞:《中国清代营房史》,第88页。

窄,呈方形。西北演武厅俨然而立,房5间,照壁1座,位于教场内之东南隅,另建设了校阅所用旗台2座。教场基本设施俱备,空间利用合理,与驻防主城形成位置上的紧密联系,为整个驻防城不可缺少的一部分。①

图5-1 绥远驻防大教场图(采自光绪《绥远全志》)

绥远驻防大教场(见图5-1)。演武厅共有13间,位于教场区的上首位,该厅对面立照壁一尊,两者基本位于同一轴线上,四周边界植立紧密的林木以示隔离,左右林木基本对称,共同构成了较为规整的训练区域。

---

① 《钦定八旗通志》卷一百十七和李凤琪《青州驻防城建城概述》所附《青州驻防旗城图》。

2.分布特征

教场区主要分布在驻防城或驻防城所在地方城池的东、南、东南三面,尤其位于城东门、南门(包括小南门)外一定区域的现象最为普遍,分布在北门和西门外者较少。说明城外所设教场区的方位与驻防城或驻防城所在地方城市的某些城门方位一致,多以南门、东门为准。导致这种现象的原因有多种,比如地形影响、空间限制,抑或为了在训练时出入更为便捷和快速。

笔者对清代位于城外的一些教场的位置及其驻防城进行了统计。

南门外者。包括辽阳(距离教场 2 里)、岫岩、广宁(县城小南门外)、复州、白都讷(距离教场 1 里)、山海关、保定府(南门外迤西)、青州、荆州、喀什噶尔徕宁城、库车 11 城。

东门外者。盖州、开原(距离教场长 2 里)、三姓(距离教场 1里)、珲春、密云、德州、福州(闽县东门外七门桥)、广州(东教场)、宁夏、惠远、塔尔巴哈台绥靖城、喀喇沙尔、和阗、巩宁(大、小教场两处)14 城。

北门外者。天津(演武厅)、沧州、杭州(驻防城小营门外)、右玉(北门外路西)、广州(北教场)5 座。

西门外者。义州、太原、绥远 3 城。

城东者。宁古塔、庄浪 2 城。

城南者。双城堡城。

城北者。吉林(距离教场 2 里)、开封、归化 3 城。

城西者。阿克苏城。

城东南者。锦州(距离教场 10 里)、金州(距离教场 2 里)、乍浦(位于乍浦城内,但位于驻防城东南)3 城。

城西北者。沧州鸟枪教场、凉州。

城外,方位不详者。兴京、熊岳、阿勒楚喀(教场周长 0.5
里)、江宁、京口、福州水师营(三江口)、孚远、会宁 8 城。

共 51 处驻防城,54 座教场。其中位于南门外共 11 座教场,
占 20%;位于东门外共 14 座教场,约占 26%,共涉及驻防城 26
座,占驻防城总数的 51%,超过一半的比例。位于西门、北门外者
仅 8 座教场,涉及 8 座驻防城,占总驻防城数的 15%。说明东门、
南门外近距离区域是驻防城外教场区的重要位置。

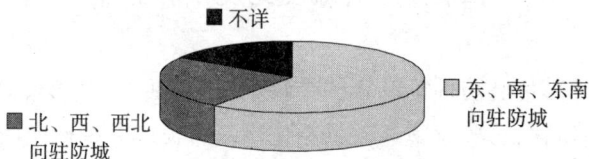

图 5 - 2　资料记载详细的部分驻防城城外教场方位比例图

若就位于东、南、东南方位的教场与北、西、西北方位教场比较
的话,前者 32 座,后者 14 座,教场所在驻防城前者计 31 座,后者 13
座(广州教场分布位于东、北两个方向),显然教场位于东、南、东南
方位的驻防城远远多于西、北、西北方位的驻防城(见图 5 - 2)。

由以上论述还可以看出,位于城外的教场大部分位于驻防城
或驻防城所在城市的城门外,离城甚近。这样可避免离城遥远、操
演不便的弊端①。如青州驻防城,教场即在驻防满城南门,即宁齐
门外,训练设施与驻防主城临近,基本上融为了一体②。其他驻防

① 光绪《保定府志》。
② 李凤琪:《青州驻防城建城概述》所附《青州驻防旗城图》,《满族研究》
2002 年第 4 期,第 72 页。

城中,有的离驻防城主体仅 0.5 里,如阿勒楚喀,有的为 1 里,如白都讷、三姓两城,有的则距 2 里,如辽阳、开原、吉林、金州等城。更或有 10 里者,如锦州。总之情况有一致者,也存在着差异,以离城较近的居多。教场之所以处于城外,主要是出于空间的考虑。驻防城内由于各种建置颇多,空间有限,才不得不在城外寻求更为充裕的空间来建造驻防所需的训练设施。一旦教场建于外面,无疑会缓解城内土地利用的压力。

(三)其他训练设施规模和分布

城外其他驻防训练设施种类较少,涉及炮场、箭场、操演公所等,如前所述,这些设施与教场相比不甚常见,只存在于个别驻防城之外。如福州驻防城外的炮场、水演公所,广州府城大东门外的箭场,都是专门的训练设施。各占一定的地域,为教场区之外的训练区。

二、后勤设施及其分布

(一)后勤设施类型

位于驻防城外或驻防城所在州县城外的驻防城后勤设施分为军器库、火药局、粮仓、马圈四类,军器库、火药局又可归为一类。根据研究,清代的营房后勤设施也分为粮仓、军器库、火药局、马圈和银库等①,前者与后者保持一致。

---

① 赵生瑞:《中国清代营房史》,第 90 页。

1. 军器库、火药局类

作为储存八旗驻防武器、装备的设施,军器库是驻防需要的后勤重要建置之一,不仅储存杀伤性武器,如炮、枪、刀、斧、弓、箭、铅丸、铁子等,还纳存盔甲、账房、锣锅、服装等自身必须装备。有两种形式,第一种是多营共用 1 座;第二种是 1 营分设多座。火药局,或称火药库、火药厂、火药房,主要作为储存或配制火药之用,有的兼有两种功能,有的只有库房而不承担配制火药的作用。另外还有军工厂设施,生产武器、火药等。

军器库位于城外的驻防城。

吉林。战船物料库,位于西门外,初为 19 间,另有堆拨房 2 间,乾隆二十八年(1763)添建造船房 3 间,嘉庆十五年(1810)拆除 7 间。

福州水师。军器库位于离驻防区域约一里之三江口鹤山。

火药局位于城外者。

吉林。火药局在驻防城北 3 里,房 3 间。

天津水师。火药房位于堡墙外东北,房 24 间,瓦房、土房各 12 间。

沧州。火药库在沧州城内东南隅,而驻防城在西北隅。

杭州。火药厂位于北面小营门外教场后。

福州水师。火药局位于离驻防区域约一里之三江口鹤山。

广东。火药局,粤秀山镇海楼前,10 间,储存八旗演习火药、枪炮、铅弹、铅子,由理事同知组织制造予储,以裁撤军标之空闲营房改设。

惠远。火药局满城外,20 间,乾隆三十四年(1769)建 1 所,后移此。所制硝磺供全疆部队配制火药用。

军工厂位于城外者:乍浦,汤山南麓,官厅 3 间,耳房 4 间,后房 3 间,工作房 9 间,储料草房 3 间,土地祠 3 间。

2. 粮仓类

粮仓,即储备粮食之场所,也是重要建置之一。共有三种,旗仓,设于东北八旗驻防城内;营仓,设于沿海、沿边偏远地区的绿营驻地,由各营经管;粮仓,各省驻防八旗所设,秋后购粮入库,来春原价售出,保证供应。粮仓多位于城内,城外较少,如下例:

吉林。义仓,城东门外,仓房 13 间,堆房 2 间。

宁古塔。义仓,东门外。

归化城。仓廒,城西南 180 里托克托城内,10 座,共 50 间,雍正六年(1728)增 6 座。

3. 养牲设施类

该类设施为驻防提供所需牲畜而建,以马圈最为常见。清代官兵编制,八旗官兵每遇征调,每名兵员需要拴马 3 匹,用以骑乘和载军装食具。乾隆二十八年(1763),从都统舒赫德之请,设立官圈,委派官兵集体喂养,称为"圈马"。圈马的建筑设施就是马圈,有的称为养牲所。举例如下:

吉林。养牲所,与教场方向一致,都位于驻防城北面,但前者位于北门外,离驻防城更近。

福州驻防城。马圈,位于府城东门外,房 326 间,东西两翼各马棚 144 间,官厅、差夫房 19 间。

绥靖城。马圈,城东门外,2 处,满洲二营各 1 处,四营未设。

巩宁城。马圈,东门外,6 所,每协领 1 所。

据上,位于城外的后勤设施中,火药局的数量较多,涉及的驻防城也很多,这与该设施的特点有关,如果位于驻防城内会对周围的人群造成不良影响。一般火药局的规模不同,房间较多者如惠远、天津水师,都在 20 间以上,较少者如吉林城,仅 3 间。与火药局相比,军器库、粮仓、养牲设施较少。军器库占房最多者如吉林,一度达到 22 间;粮仓最多者如归化城,达到 50 多间;养牲最多者如福州,达到 489 间。各后勤设施区的占地规模无统一的定制。

(二)后勤设施的空间分布特点

后勤设施根据坐落位置,分为两类。第一类位于驻防城或驻防城所在地方城市的城门外;第二类处于城外距离较远处(见图 5-3)。

位于城门外的后勤设施及其驻防城分别为:

养牲类——吉林养牲所,北门外;福州马圈,东门外;绥靖马圈,东门外;巩宁马圈,东门外。

粮仓类——吉林义仓,东门外;宁古塔义仓,东门外。

火药局、军器库类——杭州火药厂,北面小营门外教场后;吉林战船物料库,西门外。

其他类——粮仓:归化城,城西南 180 里托克托城内。火药局、军器库:乍浦军工厂,汤山南麓;惠远火药局,满城外;广东火药局,粤秀山镇海楼前;福州水师火药局,城外一里之三江口鹤山;沧州火药库,沧州驻防城东南隅;天津水师火药房,堡墙外东北;吉林火药局,城北 3 里;福州水师军器库,城外 1 里鹤山处。

通过上面的分析可以看出,城门外和其他向位是城外后勤设施空间分布的主要位置;养牲类设施区位于城门外,以东门外最为常见;各城中,归化城粮仓距离驻防城主体最远,达到 180 里。

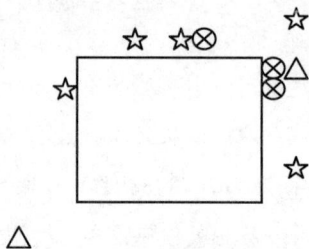

图5-3 清代驻防城城门外主要后勤设施位置示意图

（图中五角星代表火药局、军器库类设施，三角形代表粮仓，圆形中叉形者代表养牲类
设施。由于资料所限，乍浦军工厂、惠远火药局、广东火药局、福州水师火药局和军器
库未作统计）

三、衙署营房设施及其分布

衙署营房一般都位于城内，全部位于城外的情况较为少见，很
多情况下仅一部分衙署营房处于城外，如天津水师新城，内部分布
着诸多衙署兵房等，仅在堡墙外的东北隅坐落着 1 座火攻营营
房①。兴京也是如此，曾有 80 间兵丁官房位于城外②。

位于城外的衙署办公类设施主要是衙署、御史公馆、印房、左
右司房、行署等，御史公馆和印房、左右司房等都是官员办事之所，
也可以归为衙署类。关于各设施的建置情况以广宁、吉林、宁古
塔、密云、广东、归化等城为例分述如下：

广宁，城守尉衙署，位于县城南关。

吉林，御史公馆，城东门外，2 所。

---

① 《钦定八旗通志》卷一百十七。

② 《钦定八旗通志》卷一百十六。

宁古塔,御史公馆,西门外德胜街,15 间,也称钦差行台。

密云,印房,驻防城南门外,1 所;左右司房,南门外,各 1 所。

广东,将军行署,东门外燕塘,3 间,光绪三十二年(1906)维修。

归化,城垣内部曾建有衙署、仓廒等设施,后来逐渐增加了衙署、公署等项,"俱在城外"①。

兵房方面,城内为主要坐落位置,也有位于城外的比较特殊的情况,如杭州,与大部分驻防兵营位于驻防城内的情况不同,满城外建设了兵房,情况尤殊。顺治十五年(1658),杭州满城增兵 500名,"官兵逐渐加多,城内房屋不敷居住",城内促狭尤甚,几无剩余空间,于是就在满城南钱塘县圈 401 亩地作为造建兵房之用,"所有后来之满洲蒙古正红、镶红、正蓝、镶蓝四旗居住满城之外",当时涌金门至洋坝头皆为兵所。直至乾隆二十八年(1763),裁汰汉军四旗,空出房屋才给予城外移来官兵居住,"城外官员旧有房间还给汉军出旗官员居住"②。

就衙署营房区的位置分布而言,或位于驻防城或防城所在城市的某一城门外,或分布在城外其他区域,与驻防主城之间形成了位置上的依赖性,联系紧密。

四、其他设施及其分布

除了训练、后勤、衙署营房,有些驻防城或地方城市外还有其他少量的设施,如炮台、出租房、坛庙祠宇等。

---

① 《钦定八旗通志》卷一百十七。
② 同上。

附表：

表5-1 部分驻防城城外主要设施及其分布统计表

（依据《钦定八旗通志》卷一百十六、一百十七、一百十八和部分地方志绘制）

驻防城	设施	类别	方位	设施规模	驻防城	设施	类别	方位	设施规模
辽阳	教场	训练	南门外2里	不详	庄浪	教场	训练	城东嵩儿川坪	房3间。
兴京	兵丁官房	住房	厅城外	房80间	广宁	城守尉衙署	衙署	县城南关	不详
兴京	教场	训练	厅城外	不详	广宁	教场	训练	县城小南门外	不详
岫岩	教场	训练	厅城南门外	乾隆二年(1737)3间，乾隆四十三年(1778)重修后教场房3间	盖州	教场	训练	州城东门外	乾隆五十年(1785)增3间
熊岳	教场	训练	城外	不详	义州	教场	训练	州城西门外	不详
开原	教场	训练	县城东门外二里	不详	复州	教场	训练	州城南门外	6间
锦州	教场	训练	城东南十里	不详	金州	教场	训练	城东二里	不详

续表

驻防城	设施	类别	方位	设施规模
吉林	战船物料库	后勤	西门外	初为19间，另有堆拨房2间，乾隆二十八年(1763)添建造船房3间，嘉庆十五年(1810)拆除7间
	养牲所	后勤	北门外	13间、牛牢5间，羊圈2间，草房6间
	御史公馆	衙署	城东门外	2所
	义仓	后勤	城东门外	仓房13间，堆房2间

驻防城	设施	类别	方位	设施规模
广东	将军行署	官署	东门外燕塘	3间，光绪三十二年(1906)维修
	火药局	后勤	粤秀山镇海楼前	10间，储存八旗演习火药、枪炮、铅弹、铅子，由理事同知组织制造子储，以裁撤军标之空闲营房改设
	箭场	训练	大东门外	为将军、副都统挑选官兵校阅骑射之所
	炮场	训练	小北门外燕塘墟	即演炮场占地242亩，为旗兵合操之地
	东教场	训练	大东门外	
	北教场	训练	小北门外	占地144亩，操演鸟枪之所

续表

驻防城	设施	类别	方位	设施规模
吉林	教场箭亭	训练	教场"离城北二里"①	周围6里,演武厅3间,堆房2间,嘉庆三年（1798）、十年（1805）重修。箭亭3间
吉林	火药局	后勤	"在城北三里"②	3间。
阿勒楚喀	教场	训练	旧城外,离城半里	周围2里,演武厅3间,乾隆二十五年（1760）重修,同治八年（1869）重建
太原	教场	训练	西门外	不详
辉春	教场	训练	城东门外	嘉庆十五年（1810）重修
广东	操厅	训练	归德门外	5间
双城堡	教场	训练	城南	6间,演武厅、堆房各3间
三姓	教场	训练	城东门外一里	周围一里,6间,演武厅、堆房各三间
白都讷	教场	训练	南门外一里	周围四里,占地375亩,乾隆五十九年（1794）实存3间

① 《钦定八旗通志》卷一百十六。

② 同上。

续表

驻防城	设施	类别	方位	设施规模
密云	印房	官署	驻防城南门外	1所
	左右司房	官署	城南门外	各1所
	教场	训练	城东门外	不详
保定府	教场	训练	府城南门外迤西	周围二百八十九丈,87亩
沧州	教场	训练	州城北门外	周围七十九丈五尺,占5.58亩,雍正三年(1725)添建箭亭3间
	鸟枪教场	训练	州城外西北	占地40.63亩
	火药库	后勤	在沧州城内东南隅。而驻防区域在西北隅	不详
密云	御史公署	衙署	西门外德胜街	15间。亦称钦差行台
宁古塔	义仓	后勤	东门外	不详
	教场	训练	城东三里	周围四里
天津水师	火药房	后勤	堡墙外东北	24间,瓦房、土房各12间
	演武厅	训练	堡城北门外	3间
归化城	教场	训练	厅城北	占地167亩,建房7间
	仓廒	后勤	城西南180里托克托城内	十座,共50间,雍正六年(1728)增6座
	其他设施		城外	不详

续表

驻防城	设施	类别	方位	设施规模
开封	教场	训练	府城北门外	占地 117 亩。乾隆十年（1744）添建房 13 间
德州	教场	训练	州城东门外	原设 1 座，箭亭 3 间。因场地狭窄，不能演放鸟枪而移此。占地 191.8 亩，演武厅 1 座，3 间
京口	炮台	防御	府城北门外山旁	大门、卷棚、官厅，官房各 3 间，兵房、库房各 8 间，红衣大炮 18 尊，每尊炮房 1 间，厨房 2 间，马房 3 间，演放炮场 1 处，周长 226.5 丈
青州	教场	训练	城南门外	演武厅 5 间，旗台 2 座，照壁 1 座
江宁	大教场	训练	府城洪武门外	占地 4290 亩，乾隆三十四年（1769）部分垦为田地出租，每年收租银 1564 亩
荆州	教场	训练	南纪门外	360 亩，乾隆五十七年（1792）添建 15 间

续表

驻防城	设施	类别	方位	设施规模
京口	大教场	训练	北固山下	占地290亩，康熙七年（1668）重建官厅、将台各1座，咸丰年间毁后修复
杭州	兵房	营房	满城南	顺治十五年（1658）增兵500名，城内无法容纳，于满城南钱塘县圈401亩土地，涌金门至洋塘头营为兵所
	大教场	训练	小营门外	不详
	火药厂	后勤	教场后	不详
乍浦（满城在东北隅，绿旗水手营在东南隅）	军工厂	后勤	汤山南麓	官厅3间，耳房4间，后房3间，工作房9间，储料草房3间，土地祠3间
	炮台	防御	乍浦城南门外西山嘴前，临大海	围墙1道，周长37丈，营房14间
	教场	训练	城内东南隅	62亩

驻防城	设施	类别	方位	设施规模
福州	炮场	训练	府城东门外登云路地方	乾隆五十九年（1794）实存炮房13间。立靶处在对面麻布山，离城七里
	教场	训练	闽县东门外七门桥	占地210余亩，演武厅5间，左右披厦各1间，左右相房3进，各3间，后披厦4间，共29间
	水操公所	训练	小鲤鱼山	官兵轮流演练水操之处，房屋30间
	马圈	后勤	府城东门外	326间，东西两翼各马棚144间，官厅、差夫房19间
福州水师营	军器库	后勤	离驻防区域约一里之三江口鹤山	1座
	火药局	后勤	同上	1座
	教场	训练	同上	占地5亩

续表

驻防城	设施	类别	方位	设施规模	驻防城	设施	类别	方位	设施规模
宁夏	教场	训练	初城外演武厅一座,后位于新满城东门外	占地117亩,建房14间及围墙等。	凉州	教场	训练	满城西北	演武厅1座,5间
绥远城	教场	训练	满城西门门外	演武厅13间	右玉	教场	训练	新城北门外路西	5间
	制造火药局	后勤	满城外	20间,乾隆三十四年(1769)建1所,后移置此。所制硝磺供全疆部队配制火药					
惠远	教场	训练	城东门外	大厅2所,10间,左右翼前锋操演小厅2所,各3间。八旗马兵操演小厅8所,各3间。乾隆五十五年(1790)又添建步枪、步甲操演小厅1所,3间	惠宁	马圈	后勤	城东门外	2处,满洲二营各1处,四营未设

续表

驻防城	设施	类别	方位	设施规模
喀什噶尔徕宁城	教场	训练	城南门外	房3间
和阗	教场	训练	东门外	周长1里5分
孚远城	教场	训练	孚远城外	8间
	出租面铺房	其他	孚远城关	150间
喀喇沙尔	教场	训练	东门外	房6间
巩宁城	大教场	训练	东门外	房10间
	小教场	训练	东门外	房6间
	马圈	后勤	东门外	6所，每防领1所
合宁城	教场	训练	城外	3间，演武厅1座

炮台,为重要的防御设施,是为了抵御敌人而建,往往不仅限于大炮、炮台本身建置,还配有其他相关设施。如京口炮台,设立了红衣大炮 18 尊,每尊炮房 1 间,而且还建大门、卷棚、官厅、官房各 3 间,兵房、库房各 8 间,另有厨房 2 间、马房 3 间。不仅如此,炮台区域内还置演放炮场 1 处,周长 226.5 丈,作为训练之用,因此炮台实际上是集防御、训练功用于一体的建置。以乍浦炮台为例,围墙 1 道,周长 37 丈,作为隔离之用,同时还建有营房 14 间,作为防御、训练时之辅助设施。

炮台往往具有一定的高度,这样可以增加发射的里程,从而给敌人以有效地打击,而且出于训练便利的需要,往往位于比较合适的地方。所以在分布位置上,京口、乍浦的城外炮台都充分利用了城外地势较高的地利,前者位于府城北门外蕲山旁,后者则在南门外西山嘴前,面临大海,拥有有利的自然条件。

出租房,是驻防房屋满足基本居住需要后租赁出的房间,一般也都位于驻防城内,位于城外者较少。典型者如学远城出租房,位于城关,房屋 150 间,规模颇为可观。另外,祠宇、坛庙等也很多,这里略之。

第二节 城内设施及其分布

一、城内设施类型

(一)主 要 设 施

检清代史料,驻防城内设施主要以衙署、兵房、训练、后勤、宗教、教育为主(见图 5-4),如开封府满城。

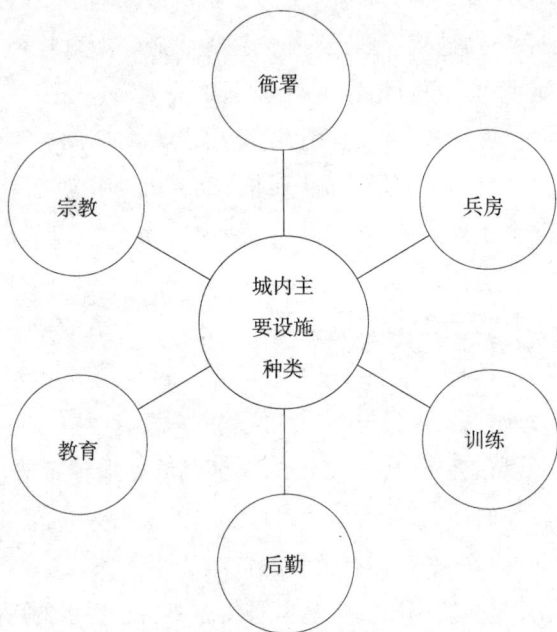

图5－4　清代驻防城内部主要设施种类示意图

　　"计城守尉衙署一所,六十间,佐领衙署十所,各三十间,防御衙署十所,各二十间,骁骑校衙署十所,各十三间,笔帖式衙署二所,拨什库四十名,各营房六间,弓匠铁匠共十六名,各营房四间。甲兵七百六十名,各营房三间。……周围六里,四面土墙,高一丈,东西南三门,南门城楼三间,东西二门,城楼各一间,城门堆房六间,看城兵房十间。雍正六年(1728)建救火班房十处,各二间。十二年设义学二所,各六间。十三年增工匠、铁匠各二名,并原设之十六名,各派房二间。空出房四间,作为制造火药局。乾隆二年(1737)添火药库房三间,看库兵房四间。三年裁笔帖式一员,以其房二十间作为常平仓。又添堆房二间,建恩赏库三间,堆房三

间。七年,添水桶房二所,各三间。教场在城内迤北,长一百二十
五,宽五十六丈。十年添盖房十三间,四十四年添炮房二所,堆房
一间,五十年添步甲一百名。"①

满城不仅外围立城墙、城门、城楼,而且城内衙署、兵房、训练、
后勤、教育等设施俱备。就衙署而言,既设立了城守尉衙署,又造
设了官阶较低的佐领、防御、骁骑校、笔帖式办公和居住用衙署。
兵丁房则包括拨什库、工匠、铁匠、甲兵所住类,此外城门、城内还
建立了坐堆房。衙署、兵房外,城内尚且置设了救火班房、水桶房、
火药局和火药库房、常平仓、恩赏库等后勤设施以及义学、教场等
教育设施和训练设施。可以说驻防所用设施基本俱备,满足了办
公、居住、训练、后备、教育等多方需求。

庄浪、凉州两处满城中,庄浪驻防满城城池内部城守尉、佐领、
防御、骁骑校、笔帖式、留备学舍公所衙署、公库、当铺之外,"关帝
庙一所,十五间,万寿宫一所,十间"②,建立了一些宗教祠庙设施。
凉州满城除了城门、城墙上相关建置外,"关帝庙一所,房二十七
间,副都统衙署一所,一百二十三间,炮台、右司并收购接济官银办
公所共六十四间。教场房五间,在城内西北。印房一所,六间。左
右司各二所,八间。取租房四百五十二间。公库、当铺、布铺、煤铺
等房共五十一间。协领衙署六所,各房四十间。佐领衙署二十四
所,各房三十间。防御衙署二十四所,各房二十三间。步军章京衙
署四所,各房二十三间。骁骑校衙署二十四所,各房十二间。笔帖
式衙署三所,各房十八间。兵房四千七百间。……左右翼官学二

---

① 《钦定八旗通志》卷一百十七。
② 同上。

处"①。祠庙、衙署、训练、兵房、教育、后勤等类设施样样俱全。

总之,以上所举例子能代表性的说明驻防城内的主要设施类型:衙署、兵房、训练、后勤、宗教、教育等。

(二)其 他 设 施

1. 商业设施

驻防城以军事管制为主,一般以驻防设施最为常见,但是在有些城池内部,还存在着由于经济的发展而形成的商业区设施。

东北地区的齐齐哈尔城,"南门一街,因有酒楼,俗呼九龙胡同,九龙者,酒楼之转音也",南门建酒楼设施,悬钟一,"每夜钟起,商贩击钲以应,惟南门一街如此"②,当时从南门进入木城里许,商贾夹街而居,"市声颇嘈嘈"③,因此南门一街为重要的商业区域。驻防城内商铺颇多,"编商铺为十二排,更番值月,供应官府","商贩多晋人,铺户多杂货铺,客居就用无不备,然稍涉贵重,或贩自京,若绸缎之类"④,可见商业发展之盛。随着经济的发展,到齐齐哈尔经商的人越来越多,所卖商品种类较为丰富,"卖香囊者河南人,夏来秋去;卖通草花者,宝坻人,冬来春去。所卖皆闺阁物,得利最厚"⑤。不仅如此,该城旅店业也有一定程度的发展,"城内外门前筑篱者旅店也","上下站壮丁自为聚落,每站不下百

---

① 《钦定八旗通志》卷一百十七。
② 《黑龙江外记》卷二。
③ 同上。
④ 同上。
⑤ 同上。

十家,皆有官房待过客。私开旅店间亦有之"①。

　　吉林地区的城镇经济,在康熙年间也逐渐兴起。本来该城最初由八旗驻防官兵及眷属居处,后来有大批流放的流人以及垦荒谋生的汉族民人和商人陆续聚集,商业逐渐起步并有所发展②。吉林城内有五条大街:将军公署通大东门曰河南街,通小东门曰粮米行街,通大北门曰北街,通西门曰西街、大西街,"铺商惟北街、西街最盛"③,商业设施和商业区渐趋成形。

　　吉林地区的宁古塔城,汉人在城内东西大街开店贸易,"从此人烟稠密,货物客商络绎不绝,居然有华夏风景"④。至康熙末年,宁古塔城内经商者不仅有汉人,当地人也开始经商。据杨宾的《柳边纪略》记载:宁古塔城经商者 36 家,"其在东关者四,土著,皆市布帛杂货"⑤,当时常有满洲官兵向汉人"熟贾赊取"衣食的情况,待官兵"月饷到乃偿值"。所以满洲旗人对汉人"平居礼貌,必极恭敬,否则恐贾者(汉人)之莫与也"⑥。

　　除了东北地区,新疆以及直省等地都有一些驻防城内有相关的商业设施以及商业区,以绥远城为例。作为清代比较典型的驻防城,绥远城内不仅设立了衙署、兵房、祠庙、教育等军事驻防类设施以及私宅、民居等建置,而且还有颇多的商业设施。根据李世馨的《绥远城调查报告》⑦,绥远城内仍旧保存的建筑物中有诸多驻防类建置,如衙署、民居等,其中商业类设施占一定的比重。

---

① 《黑龙江外记》。
② 王凯旋:《东北城市史研究》,《社会科学战线》2003 年第 1 期,第 162 页。
③ 杨宾:《柳边纪略》卷一。
④ 吴振臣:《宁古塔纪略》。
⑤ 杨宾:《柳边纪略》卷三。
⑥ 同上。
⑦ 李世馨:《绥远城调查报告》。

表5-2　绥远城清代商业设施遗存一览表
（依据李世馨的《绥远城调查报告》）

类别	名称	时间	调查简况	地址	备注
商肆	德润楼	清末	迎街5间,东向,砖木结构,硬山式。	新城北街2号	蔡银匠
商肆	石建斋宅	清末	迎街4间,西向,砖木结构,七架无廊。正房2间,南向,倒座2间,均土木结构,单坡影山式(现作民宅)。	新城北街3号	
商肆	德润楼	清末	迎街5间,西向,砖木结构,影山式。正房3间,南向,东厢1.5间,倒座2间。	新城北街5号	
商肆	华记号	清代	迎街5间,西向,五架无廊,硬山式。正房3间,南向,东房1.5间,倒座1.5间,均为单坡硬山式。	新城北街11号	与鼓楼同期建
商肆	银匠铺	清代	迎街5间,西向,砖木结构,六架卷棚,硬山式,板瓦屋面,边5陇。	新城北街35号	
商肆	利义亨	清末	迎街3间,西向,卷棚硬山式,筒板瓦屋面。正房3间,坐北向南,单坡硬山式。南房3间,四架前檐廊,单坡硬山式(荷叶垛)。	新城南街51号	

表5-2显示,绥远城保存的商肆较多,或谓银匠铺,或谓他类,说明绥远城虽然为驻防专城,经济职能有限,但是商业却有一定程度的发展。

2. 其他类

水源设施。作为八旗官兵驻防的重要空间,有些驻防城内还分布着一些水源设施。以太原、杭州、成都满城为例。太原府"城之西,其地北高南下"①,初在府城西南隅选定满城建立地址,由于该区西近汾水,"汾水傍西行"、"水近城"②,用水甚为方便。所以位于该区的满城内建有南海子,面积相当可观,不仅具有调节环境的功能,而且具有观赏的功效,实为满城内一处重要的景观。

成都满城,水源地主要位于南部,除了将军帅府以西的琥珀江湿地外,由城外流入的一支水道向西南蜿蜒伸展,从满城东南城墙进入汉城。水道上修建石板桥、节里桥、通顺桥、拱背桥,水桥一色,一方面为满城提供了一支水源;另一方面具有天然景观的特点,为满城增添了无限活力③。

杭州满城位于杭州城西域,凭借着杭州城天然的自然条件和地理优势,城内的水源十分丰沛。由于接近西湖,驻防城"全恃湖水恺注",防城地势南高而北下,处处与湖水脉络相通。水面由涌金门北水闸入杭州府城,东至军将桥下,折北入防城,云居山、吴山北麓之水自三桥、定安巷南来汇之,折北入防城。经过施水坊、井亭桥、清河坊,又北流偏东,经鞍鼓、马家两桥,分两路从东北、西北向流出防城。水道之上又有井亭桥、龙翔宫桥④,水桥相映,趣味昂然。不仅如此,满城内还有诸多井池,如西井、方井、小方井、白龟井、凤凰井、双井、松花井、显忠池、吴家荡、玉壶园水、浴鹄池等,数量可观,以供应汲饮和其他方面的用水⑤。

驻防城还有一些私宅和民居建置,有的目前还保存着诸多遗存。总之,大部分驻防城以驻防功能为主,军政一体,有的随着民

---

① 《阳曲县志》卷十一。
② 同上。
③ 任桂淳:《清朝八旗驻防兴衰史》,《四川成都满城位置图》。
④ 徐映璞:《两浙史事丛稿》,第326页。
⑤ 同上。

治机构的发展以及经济的兴起,社会活动渐渐频繁,城内的设施种类也丰富了起来。

二、不同地区驻防城内部设施类型的差异

新疆、东北、直省和畿辅地区的驻防城在形制、驻防官员以及规模上的不同,决定了驻防城内部设施存在着一定的差别。根据这些设施的不同可以将驻防城分作三类。

(一)八旗专驻城池

分为满城和一般专驻城。目前关于满城的看法学界存在争议,大都认为是清朝为了与汉人区别而专门设立的城池。但这种看法有些模糊,有关满城的问题仍旧很多。实际上应该通过分析现有的资料进行探讨,只有挖掘出满城的共同特点才能对满城的特征有更为深入的理解,进而对满城的数量以及大致分布情况有进一步的把握。根据现有的研究状况,满城有广义和狭义之分。广义的角度,满城指八旗官兵及其家眷居处的专有驻防空间。这里的八旗官兵不仅仅包括满洲、蒙古、汉人等族,还涉及其他少数民族。狭义的角度,指与汉城具有明显相对位置关系由城守尉以上官员率领的满洲、蒙古、汉人等八旗官兵驻防的专有城池。笔者认为,从狭义的角度理解满城比较合适,因为这与目前有关满城的资料记载所体现出来的满城特征基本一致。满城应是民间的一种俗称,是驻防城的一个类别,主要存在于新疆和直省、畿辅地区。

一般专驻城,指盛京、吉林、黑龙江以及畿辅、直省的由八旗官兵驻防、以旗制为主、无明确相对位置关系的防城。其与满城的主

要不同之处在于与汉城之间有无相对的位置关系,有者为满城,无者为一般专驻城。

从驻防设施角度来说,无论是满城还是一般驻防城,都以八旗驻防类设施为主,主要由八旗驻防官员管理,军事色彩十分浓厚。为了更好地阐释这种特点,需要举例进一步说明之。

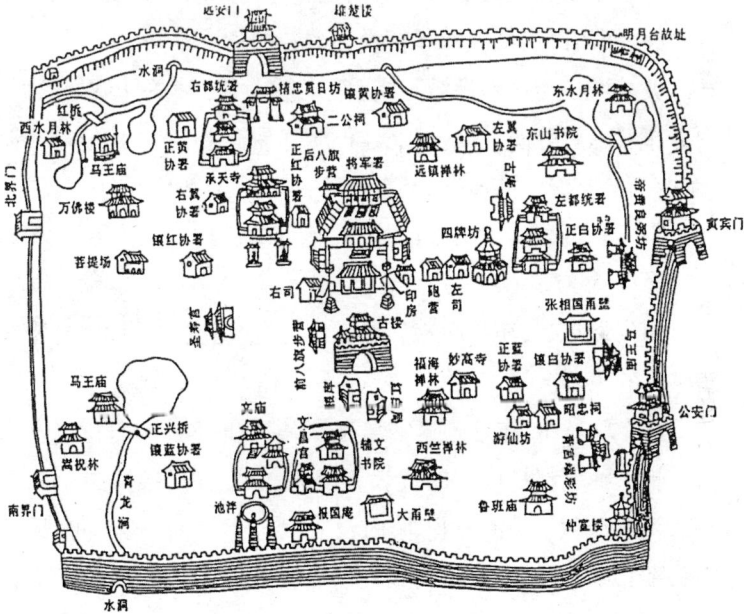

图 5-5　荆州满城位置及其内部重要设施简图

满城以荆州(见图 5-5)和潼关两城为例。荆州府在康熙二十二年(1683)设将军、副都统及八旗官兵驻防之前,城内主要以汉人活动为主,民治机构占据主体。后来大兵来驻,将府城一分为二,中间设立界墙,东面作为建盖驻防设施的区域,即满城,西面则为汉人活动的空间,建有府署、县署等民治机构和绿营相关设施。

满城内主要实行八旗军事化管理,主要设施也以驻防类为主,不仅设立将军衙署、左右翼副都统衙署,而且还置协领、佐领、防御、骁骑校、笔帖式衙署和兵房,"兵四千名,房各二间",所谓官兵"各给衙署营房"①。因此荆州满城可以说是十分典型的以驻防设施为主的专驻之城,虽然城内同时还有公衙门、承天寺、鼓楼等②,但这些为辅助性的设施。总之满城内的设施专为八旗官兵及其家眷而设,与其西面的民治设施和绿营设施混合的情况不同。

潼关满城。与荆州满城不同,潼关满城位于潼关厅城外西面。城内分布着八旗驻防设施,城北建设城守尉衙署,署西建笔帖式衙署,东西又分布着防御衙署,又有骁骑校衙署和领催、兵丁房屋,其中"兵丁一千名,各给三檩量椽房二间,共营房二千零六十四间"③,俨然一座围有城垣的大兵营。

上面仅以荆州、潼关两座满城为例,其他满城城内设施也皆有八旗驻防的色彩。

一般专驻城中,东北地区的凤凰城、畿辅地区的采育里以及直省的福州水师城都是典型的代表。以凤凰城为例,康熙二十六年(1687)设驻防城,周围二里,城内设立衙门十二间,仓十间,兵丁官房二百二十间,整个城池内以驻防官兵及家眷所居驻防设施为主要建置,无民治机构及设施,为专设驻防城的代表④。又如采育里,是畿辅地区的专驻之城,虽仅由级别较低的防守尉率驻,但是城池、城内驻防设施具备,"防守尉衙署一所,九十间,防御衙署

① 《钦定八旗通志》卷一百十七。
② 光绪六年《荆州府志》卷首《舆图》。
③ 《钦定八旗通志》卷一百十七。
④ 《钦定大清会典》卷五十八。

二所,各十二间,骁骑校六间,甲兵五十名,各营房二间……衙署后余地为官兵教场,城堡四围俱土墙"①,也是毋庸置疑的驻防专城。

除了凤凰城、采育里外,八旗水师驻防专城可以福州为代表。福州水师驻防城初仅为一般驻防营,规模较小,四周仅临江一面建有城垣营门,乾隆二年(1737)添筑围墙,设四门,城内协领、佐领、防御、骁骑校官员都有专门的衙署住所,领催兵六百名,每名房二间,又有操演公署、木捻匠兵房等专为驻防所用的建筑,也是典型的专驻城池②。

关于一般专驻城,所列凤凰城、采育里、福州水师城仅为其中之例,其余诸如建有城垣的白都讷、宁古塔、黑龙江等城以及无城池的布特哈、呼伦贝尔以及畿辅地区的郑家庄等驻防城也都建有丰富的八旗驻防设施,以旗署机构为主要形式。

综上所述,无论满城,抑或一般专驻城,城内的设施都与八旗驻防紧密相关(都以旗署机构为主要管理机关)。

(二)新疆地区由大臣率领的满营、 绿营及回兵共处的驻防城

根据清代对驻防城的规定,新疆地区的驻防城除满城外,还有一些特殊的驻防城,如叶尔羌、阿克苏等。平定准噶尔叛乱前,这些城池为回民所居,平乱后清朝充分认识到它们的重要性,遂遣八旗官兵和绿营进行戍卫,所以城内不仅有满营兵种,还有绿营兵

---

① 《钦定八旗通志》卷一百十七。
② 同上。

种。这些城池不是专由八旗官兵驻防,但是设立大臣管理军政大事,城池的军事性质非常显著,所以城池本身的驻防意义显著,也属于驻防城的一部分①。这些驻防城的建立是军府制度在一个方面的体现。

新疆的这些驻防城内,不仅包括满营所属营房,而且还有绿营营房。以阿克苏为例,堡城内建盖仓库官员兵丁住房十九间,办事公所十二间,官员住房二十六间,"满营佐领一员,满兵五十名,共建房三十四间"。并且还有"绿营官员住房四十二间,兵丁住房四十间,军器火药库房十一间",后来乾隆五十五年(1790)添盖绿营兵房十二间。满营、绿营官兵居住设施都有,两类不同的兵种共处一城。

再如乌什永宁城,平定叛乱后建立。内办理大臣衙署住宅共八十五间,领队侍卫官房三处,共三十一间。侍卫官房九处,共六十六间。印房办事公所官兵住房六十六间。另外,还建粮饷局官兵住房、库房、仓廒、火药库、军器库、税厅教场房等设施,城内满营、绿营各设相应设施,"满营官员住房二十八间,满营兵丁住房三十九间,绿营官员住房七十二间。绿营兵丁住房五十间"②。与由八旗官兵专驻城对比,永宁城内的设施种类更为丰富,满营、绿营设施仅为这些设施的一部分。

总而言之,新疆地区的一些驻防城并非以八旗官兵驻防设施为主,而是包括绿营以及其他军事设施,与直省、畿辅地区的驻防城差别较为明显。

---

① 《钦定大清会典》卷五十八。
② 《钦定八旗通志》卷一百十八。

（三）盛京和吉林地区双重性质的驻防城

盛京和吉林地区都有一些双重性质的驻防城，尤其是盛京地区数量最多。如前所述，这些驻防城在设立民治机构之前，城内驻扎大量兵员，担负着驻防职责，驻防城的军事色彩很浓。后来随着民治机构的发展，这些驻防城逐渐具有了一般城镇的特点。直到旗署机构完全消失，这些城市内仍旧驻扎着许多八旗驻防兵员，城池的驻防功能并未消亡。从设施上分析，这些驻防城有着自己的特点，城内不仅有管理驻防官兵和旗人的旗署，而且还有管理民人事务的民治机构，且往往驻防机构设立在前，也有民治机构先设立、驻防机构后设立的情况。

如盛京地区的兴京，在建立专门行政机构前一直以八旗制度为主，驻防官兵驻守在城内，驻防官员衙署和兵丁房屋成为城内的主要建置之一，各旗旗署分别坐落在城内各自的驻防区域内（见表5-3）。兴京于乾隆二十八年(1763)增设理事通判厅。凡驻防旗务以城守尉治之，仍统于奉天将军，凡旗民交涉事务以通判治之，仍统于奉天府尹，驻防城内设立了管理旗民的机构设施，即通判署。及至光绪三年(1877)设立抚民同知后，城池移至新宾堡，后宣统元年(1909)改同知为兴京府，驻防城的民治机构迅速发展，双重性质越发明显了①。

---

① 民国《兴京县志》卷二《官制》。

表 5 - 3　兴京驻防城旗署分布统计表①

旗署	分布位置	旗署	分布位置
镶黄旗	东门里	正黄旗	东门里
正白旗	东上坎	正红旗	东南隅
镶白旗	西上坎	镶红旗	南门
正蓝旗	关帝庙后	镶蓝旗	协领署后

锦州(锦县)城的基本布局比较规整,城内旗民两署并置。旗治衙署的分布情况:"副都统公署,旧在城内北门路东,后移东街路北。城守尉公署,在城东南大街路北。都统府,在城北门内东巷,俗呼大人府,为清时历任副都统官宅,光绪三十四年(1908)副都统裁缺后改设八旗学校,宣统二年(1910)校地迁徙,废为民居。协领公署,在城内北街东,清乾隆四十八年(1783)设。"民治衙署的分布情况:"儒学公署,在学宫右。经历司公署,旧在府治大门内,清康熙四年(1665)建后移建南街路东,乾隆四十二年(1777)重修。知县公署,在城内东街南胡同,典史公署,在城内北街西,清康熙元年(1662)建。管庄公署,在城内东街南隅。"②从分布上来说,东南隅民署结构较多,东北隅旗署较多,虽然两旗官署的分界不是十分显著,但可以看出它们在城内坐落位置上的差别。所以锦州为旗民两署并存的驻防城。

再如开原城,也曾发展到旗署和民署并存的阶段,城内建有八旗衙署营房,同时也有一些县署外的民治机构设施,如与旗仓

---

① 民国《兴京县志》卷二《官制》。
② 民国《锦县志》卷四《建置》下。

并存的民仓,位于城内"北街路西第一胡同"①。盖平城设县后,城守尉"在县署西街路北"②,也是旗民两署并存。如此例子不胜枚举。

至此,可以对双重性质的驻防城与新疆满绿两营共处的驻防城和新疆、直省、东北的专驻城池的区别作出总结。双重性质的驻防城内部设施不完全拘泥于八旗军事驻防类,同时还有民治机构设施,而新疆地区满城外的驻防城内部设施包括满营、绿营衙署营房等,专驻城池则以八旗军事驻防设施为主,实行军民统一的八旗管理制度。

三、城内主要设施及其分布

通过前面的论述可以知道,驻防城城内主要设施名目较多,除了一般的居民、商业及其水源设施外,大部分设施与驻防有关。根据各设施的功能,可以分为衙署、兵房、宗教、教育、训练、后勤以及其他类,由于各设施都占据一定的地域空间,所以驻防城内的区域也就可以分为衙署设施区、兵房设施区、宗教设施区、教育设施区、训练设施区以及后勤、其他设施区。驻防城数量繁多,资料甚丰,关于各类设施在城内的分布特征无法一一详细说明,只能作出扼要概括。各类设施的分布由于驻防城城内空间用地情况的不同而无完全一样的规制,本书对其共同点作出一定程度的探讨。

---

① 民国《开原县志》卷二《公廨》,李毅纂修。
② 民国《盖平县志》卷二。

(一)衙署设施区及其分布特征

衙署,亦称公署、公廨、公所、衙门,为各级官员处理公务的处所。衙署的建筑标准较高,在驻防城各类设施中占据主导地位,如乍浦[1]。

新疆地区的驻防城,除了满城主要由旗兵驻防外,还有绿营和满营同处的驻防城,如天山南路众城和北路的塔尔巴哈台绥靖城,所以满城内衙署属于驻防八旗衙署,而两营同处的驻防城存在八旗、绿营衙署两种形式,故而一城形成了八旗衙署区和绿营衙署区。东北地区的驻防城,除了专驻之城外,有一些双重性质的驻防城,如盛京地区就是如此。这类驻防城内不仅有驻防八旗衙署,还存在着管理民人的民署机构,情况较为特殊。畿辅和直省地区的驻防城由于多为满城形式,专由八旗驻防官兵及其家眷居处,所以衙署主体是八旗衙署。此外,在驻防城内尚设有一些政府官员衙署,如理事同知衙署、查旗御史等。

1. 衙署的类型与基本布局

各省文武官员皆设衙署,各地区驻防骁骑校以上将领以及绿营把总以上将员也均设衙署,多为单独院落,署内建有官邸(本人及家属生活起居之处)。与此一致,驻防城内的衙署也具有同样的情况,但存在一些特例。如东北的驻防城,与京城衙署不设官邸

---

① Brunnert,h. s. ,and Hagelstrom, V. V. *Capture of Chapu*;*dispatch from lieut-general Sir Hugh Gough G. C. B. ,to the right Hon. Lord Stanley.* Chinese Repository 12. 5 (May 1843):pp. 248 - 252.

的情况相同,往往设一座最高长官衙署和若干属下将领集体办公场所,官邸或住宅另行设置,"东三省定制将军衙门略如精度,为堂属治事公所,事毕各散。故将军及各城副都统各有署、有府"①。以齐齐哈尔城为例,不仅建有将军、副都统衙署,同时还立"将军私宅,称府","副都统私宅,皆称大人府"②。东北地区的驻防城也有特例情况,"唯吉林副都统无专署,其所居府即署也"③。

清代对于衙署的规制有严格的规定,"各省文武官皆设衙署,其制:治事之所为大堂、二堂,外为大门、仪门,大门之外为辕门。宴息之所为内室,为群室。吏攒办事之所为客房。大者规制俱备,官小者依次而减"④,根据官员级别的不同而有所不同。但经赵生瑞先生分析,由于衙署的来源不同、投资渠道不同以及建筑时间和建筑项目不同等原因,上述规定并无具体明确的量化指标,最终会对总体建筑的规模难以控制⑤。无论怎样,衙署的规模还是与官员的衔阶成正比的。驻防城的衙署主要为八旗类,主要分将军、都统、副都统、城守尉、防守尉、防御、骁骑校等类别,新疆的驻防城由于有八旗、绿营等类,所以衙署还包括绿营的总兵、副将、参将、游击、都司、守备、提督等类。

衙署一般设大堂、二堂、三堂,还有其他和公务以及生活起居相关的各种附属建筑,多由坐北向南、数量不等的三合院、四合院组成。规模小者为二进,一般为三进,轴线上有正房、仪门、大门、影壁等。规模较大的四合院建筑群,占地面积十分可观。

---

① 光绪《吉林通志》卷二五。
② 《黑龙江外记》卷二。
③ 光绪《吉林通志》卷二五。
④ 《钦定大清会典》卷五八。
⑤ 赵生瑞:《中国清代营房史》,第74页。

2. 衙署区的分布特征

衙署的分布具有如下特点,级别较高的官员衙署或者位于驻防城池或区域的重要街道旁,或者是突出的位置,一般比较醒目,一方面具有标志性的作用,另一方面也是封建等级制度的有力体现。

不同的驻防城,驻防官员的级别不同。每城都有级别最高的官员负责所在防城的具体事务,有的驻防城以将军为最高官员,有的以副都统、城守尉为首。新疆地区有些驻防城是由大臣管理;东北地区的有些驻防城比较特殊,驻防城旗署最高官员或以防守尉为首,或以防御为首,情况不一。驻防城的最高官员之下往往有一些级别较低的官员,如将军之下或设副都统,副都统下设城守尉,城守尉下又设防御等等。但无论是何类驻防城,最高级别或者稍高级别的官员衙署为了显示其重要性,大都坐落在比较显眼的地方。为了说明这一特征,本文对一些驻防城进行了统计,列表如下:

表5-4 部分驻防城重要官员衙署位置比较表

驻防城	衙署类型	分布位置	位置特点	驻防城	衙署类型	分布位置	位置特点
锦州府	城守尉衙署	府城内东街	主要街道旁	金州	副都统衙署	县城内东街	主要街道旁
义州	城守尉衙署	州城内东街路北①	同上	辽阳	城守尉衙署	州城内东二道街	同上
盖平	城守尉衙署	城内西街路北②	同上	吉林	将军衙署	上仪街	同上

---

① 民国《义县志》中卷《建置志》,民国赵兴德修,王鹤龄纂,民国十九年铅印本影印。
② 《盖平县志》卷二《建置志》之《公廨》。

驻防城	衙署类型	分布位置	位置特点	驻防城	衙署类型	分布位置	位置特点
齐齐哈尔	将军	在内城中偏东	显要位置	开原	城守尉	鼓楼东大街路北第三胡同东	主要街道旁
打牲乌拉	总管衙署	城内十字街	中心位置	兴京	城守尉	城内东门里①	城门旁
密云	东西官厅	城内十字街	主要街道旁	保定府	城守尉衙署	府城南门内	近门区域
					防御、骁骑校、笔帖式衙署	府城南门内	同上
西安府②	将军衙署	吉茂巷	城内偏西，重要巷道旁	潼关	城守尉	城内正北	同上
	右翼满洲副都统衙署	西华门街	城内西南隅，非中心位置，但在主要街道旁		笔帖式	城守尉衙署西	同上
					防御	城守尉衙署东西	同上
右玉	城守尉	县城内鼓楼东街	所在地方城市的主要街道	宁夏	将军	城内西大街	主要街道旁
	印房	县城内鼓楼东街	同上		左翼副都统	东大街	同上
	防御	县城内鼓楼东、西街各2所	同上		右翼副都统	西大街	同上
	骁骑校	县城内鼓楼东、西街各2所	同上				
	笔帖式	县城内鼓楼西街	同上				

① 《兴京县志》,民国沈国冕修,苏民纂,民国十四年铅印本影印。
② 嘉庆《咸宁县志》卷一。

驻防城	衙署类型	分布位置	位置特点	驻防城	衙署类型	分布位置	位置特点
惠远城	将军	城内东街	所在地方城市的主要街道	惠宁城	将军	东街	同上
	四营领队大臣	锡伯营在东街,余在西街	主要街道旁		领队大臣	西街	同上
	惠宁城领队大臣公署	城内西街	同上				
福州	将军	府城内东门大街	同上	杭州	将军	延龄门内大街之西	同上
	右翼副都统衙署	府城内东门大街	同上				
荆州	将军	寅宾门大街①,原为知府署	同上	成都	将军	位于城内南隅中心,正对南北向主街	重要位置

通过对盛京地区的锦州、金州、义州、辽阳、盖平、开原、兴京,吉林地区的吉林、打牲乌拉,黑龙江地区的齐齐哈尔,畿辅地区的密云、保定,直省的西安、潼关、右玉、宁夏、福州、杭州、荆州、成都以及新疆地区的惠远、惠宁等城的分析可以看出,驻防城内较高级别官员的衙署有两种位置特点,一是大多数位于主要街道旁,二是坐落在重要的具有标志性作用的区域内(如城内的一隅或城门的附近)。前者衙署坐落的主要街道或为城内东大街,或为西大街,

---

① 《荆州府志》卷之九《公署》,清倪文蔚等修,顾嘉蘅等纂,清光绪六年刊本影印。

或为其他街道,如辽阳的城守尉衙署就是坐落在城内东二道街①。

有些官员的衙署坐落在城内的重要区域内(见图5-6)。如潼关城守尉衙署处于城内正北,笔帖式、防御衙署则分布在城守尉衙署的西东两侧,三者所在位置当为满城内的最高权力机构区域,因此相对于城内其他建置的位置来说其重要性不言而喻②。成都满城内的将军衙署也实有标志性建筑的特点,位于城内南隅,正北造设一条主街,其余建置则分布在街巷东西两侧③。另有一些驻防城主要官员的衙署位于所在地方城市的城门附近,如保定府"城守尉衙署一所,防御衙署四所,骁骑校衙署四所,笔帖式衙署二所,甲兵各给住房,俱在府城南门内";三姓副都统的府署也在城东门内④。

一些驻防城内级别较低的官员,如防御、佐领等的衙署大都位于所在旗营的驻防区域内。如荆州府驻防城,"佐领四十六员俱在各旗管辖地面设置,各十二间","防御五十六员,各衙署八间,俱在各旗管辖地面","骁骑校五十八员,各衙署六间,俱在各旗管辖地面",佐领、防御、骁骑校衙署都位于所在旗营地界内。潼关骁骑校的衙署位于城内各街,基本上也都随所在旗营坐落。宁夏满城"协领、佐领、防御、骁骑校属各在本旗"⑤。东北驻防城的衙署以辽阳为例来说明。根据民国《辽阳县志》⑥,除城守尉衙署外,各旗官厅分布情况如下:镶黄旗官厅,在城内东偏刚家胡同路北;

---

① 《钦定八旗通志》卷一百十六。
② 《钦定八旗通志》卷一百十七。
③ 任桂淳:《清朝八旗驻防兴衰史》所附《四川成都满城位置图》。
④ 《钦定盛京通志》。
⑤ 乾隆《宁夏府志》卷五《建置一》之《公署》。
⑥ 民国《辽阳县志》卷三《城池公廨》,裴焕星修,白永贞纂,民国十七年铅印本影印。

正黄旗官厅,在城内大泡子西沿镶蓝旗北;镶白旗官厅,在东门里路北;正白旗官厅,在城东偏城守尉府胡同西头道北;镶红旗官厅,在城内大泡子东边;正红旗官厅,在城内东偏三义庙东;镶蓝旗官厅,在城内大泡子西边;正蓝旗官厅,在城内大泡子东边;巴尔虎旗官厅,在城守尉府东后胡同,诸多的衙署也都分布在所在的旗营地面。凤凰城的镶黄旗衙署,在龙凤街后街;正白旗衙署,在关帝庙前;正红旗衙署,在衙门胡同;镶白旗衙署,在七圣祠东;镶红旗衙署,在魏家胡同;正蓝旗衙署,在衙门胡同;巴尔虎旗衙署,在县署后,基本上各旗衙署也都位于所在旗营的管辖地面。直省如宁夏满城的协领、佐领、防御、骁骑校衙署,也都位于满城内的各旗地域,不再一一举例。

(二)兵房设施区及其分布特征

兵房作为驻防城的建筑主体之一,总体而言有两种位置形式,一种是位于所在旗种驻防地面内,另一种则是为了保证安全而设的或位于城门内,或位于各旗所在地面内的堆房和兵房。

第一种兵房,是驻防城的主要建筑。驻防城本来是军事防城,兵员为城内主要活动群体,所以大部分驻防城兵房的数量较其他建置为多。这些兵房主要按照各旗分处的五行相克规制坐落在所属旗种地面内。如保定府兵房位于府城南门内[1],由于南门内是保定驻防城所在的主要区域,所以兵房也就分布在南门各旗驻防的地面内。沧州驻防城"甲兵三百十一名,弓匠铁匠四名,各给住房,俱在州城内西北隅",西北隅即沧州的驻防城区域,也是兵房

---

[1] 《钦定八旗通志》卷一百十七。

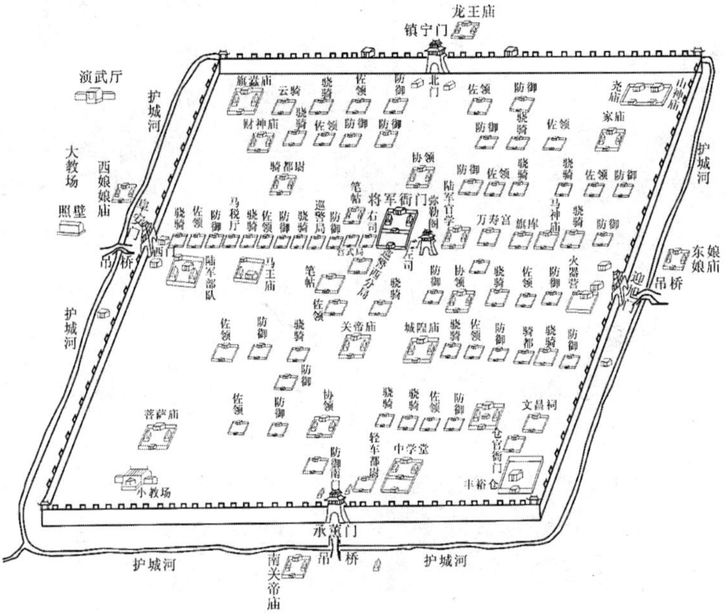

图5-6　绥远驻防城内部主要衙署位置示意图

（据《绥远全志》卷一附图重绘）

所在的主要地面。潼关满城兵房，"东西设街道八条，八旗甲兵分住"①，八旗甲兵也是有秩序的分布在满城内各条规整的街道区域内。再如宁夏满城的兵房，在主要分布位置上也具有类似特征，"镶黄、正白城东北，正黄、正红在城西北，镶白、正蓝在城东南，镶红、镶蓝在城西南"②。

第二种兵房，包括堆房和看守兵房两种形式。堆房，是为了城内或城内某一区域的安全而设的具有警卫作用的兵丁房屋，看守

---

① 《钦定八旗通志》卷一百十七。

② 乾隆《宁夏府志》卷五《建置一》之《公署》。

兵房是为了看守某一设施而设置的专门建置,两者在服务对象上具有相同点。如东北地区的铁岭,堆房 4 所,4 城门各 1 所;与此相似,宁古塔城门堆房也是位于各城门,城门附近成为两座防城的堆房所在位置。

再如直省的青州,"堆子九处,每所各二间",共设九处堆房,分布在城内,且城门处还造立了"看城门营房四处,每门各三间",12 间看守城门兵房分列于各城门①。河南的开封满城,不仅在城门处建堆房,"城门堆房六间,看城兵房十间"、"乾隆三年(1738),添堆房二间",而且城内火药库、恩赏库等设施亦有兵房、堆房供看库兵使用,前者"看库兵房四间",后者"堆房三间"②。

新疆的和阗驻防城"军械库二间,看库兵房一间",喀什噶尔徕宁城"南门内兵房六间,余三门各三间","看库兵丁住房二十间,看仓兵丁住房十七间",也都设立了看库或看守城门兵房③。

补充一点,堆房并非完全位于驻防城内,有些分处在驻防城所在城市的城门或城墙上,如广东驻防城,"又八旗官兵分拨在府城六门坐堆,计设堆房共六十二间","内城八门旗兵防守,外城七门抚标营防守"④,有一部分驻防兵房在内城城门执行坐堆任务。

由上论述可以判断,兵房主要分布在旗属驻防地域内,比较集中,此外还有一些因为其他的需要而建设,或位于城门,或在城内,不拘一格。

---

① 《钦定八旗通志》卷一百十七。
② 同上。
③ 《钦定八旗通志》卷一百十八。
④ 《钦定八旗通志》卷一百十七。

（三）其他设施区及其分布特征

驻防城内除了上述衙署、兵房外,还有坛庙祠宇、训练、后勤、教育等设施,这些设施由于驻防城的不同,在分布位置上一般无特别明显的共性,但是通过案例的分析,仍然可以对这些设施的分布特点作出一定的归纳。

1.坛庙祠宇设施区及其分布特征

出于政府、各级官吏、兵员及官兵家眷各自的需要,驻防城区域内配套建有一些坛庙祠宇设施。祭祀的场所分为两类,一是诸如关帝、马王、山神、城隍、真武等祭祀古人或神灵的庙宇,其中关帝庙数量最多、规模最大,祭祀活动场面也最为隆重,反映出旗人对关帝的膜拜之深。如西安满城,每逢阴历六月二十四日关羽诞辰日,19座关帝庙都要举行祭祀,一派盛状。二是诸如万寿宫、昭忠祠等祭祀当代人的庙宇。万寿宫是供奉皇帝、皇后万岁牌位或画像的生祠,为八月初十、十月初十给皇帝、皇太后举行祝寿庆典的场所①。昭忠祠为奉祀死于国事的文武官员和阵亡将士的祠庙,一般京师级别较高,奉祀全国的品级较高者(并为其立传),地区级或部队级的只奉祀本地区、本部队或某一时期的人②。驻防城所供奉的为后者。一般而言各驻防城的坛庙祠宇的种类不相一致,有的较多,有的较少。如绥远城内建有关帝、马王、城隍、山神、

---

① 《呼和浩特满族简史》,第82页。
② 赵生瑞:《中国清代营房史》,第94页。

土地、东岳、火神、龙王、真武等十余种庙宇,殿堂多达 150 间①。西安满城内有灶爷、天地、财神等庙宇 80 座②。少者如凉州满城,据甘肃省《五凉全志》之《武威县志》卷一③记载,城内"关帝庙一,房二十七间",其他庙祠不多见。

关于各城坛庙、祠宇的设置情况,这里不再一一详述。本文以齐齐哈尔、惠远等城为例进行简要探讨。

齐齐哈尔城,《黑龙江外记》卷二载:"齐齐哈尔城中有城隍庙、土地祠、马神庙、观音庵,城外有先农坛、关帝庙、万寿寺、三官庙、龙王庙、大悲庵、药王庙、鬼王庙、昭忠祠、普恩寺、河神庙、镇江阁"等。在分布上,"城隍庙在城中西南隅","马神庙在城中卜奎站侧,前殿祀","北门土地祠,在高阜上","观音庵,在木城西南",或处于城之一隅,或位于城门旁。

惠远城,据《西陲总统事略》卷五《坛庙祠宇》:"万寿宫,在惠远城北门内"。关帝庙原在北门内,乾隆五十七年(1792)将军保宁奏明改为真武庙,移建关帝庙于西门大街。八蜡庙在鼓楼东北,乾隆三十年(1765)建。刘猛将军庙在鼓楼西,乾隆三十二年(1767)建。城隍庙在北门内,乾隆四十年(1775)建。火神庙在北门内,乾隆五十七年(1792)建。北门内还建有万寿宫、城隍庙、火神庙等。关帝庙初也在北门内,后来移至西门大街。由此可见,北门内是坛庙祠宇较为集中的地方,除此之外,主要街道以及标志性建筑鼓楼的附近也是主要的坐落处。

---

① 《八旗通志》二集《营建七》。

② 李级仁:《西安八旗小史》,《文史资料选辑》总第 126 辑,中国文史出版1993 年版,第 229 页。

③ 甘肃省《五凉全志》之《武威县志》卷一,据清张珩美修、曾钧等纂,乾隆十四年(1749)刊本影印。

　　直省的青州、成都、绥远三城的坛庙祠宇分布也各有自身的特点，见下表：

表 5 - 5　青州、成都、绥远城的主要坛庙祠宇分布位置统计表

满城	坛庙祠宇	分布位置	附注
青州①	普恩寺	东门里，与将军府毗邻	内供释迦牟尼和十八罗汉大雄宝殿一座，后院为魁星阁，供文昌帝君
	福应寺	西门里	正殿为城隍，东殿供马王、龙王、火神，西殿供药王、炮神
	关帝庙	城内东北角	供奉关帝
成都②	关帝庙	满城仁里胡同、仁里二条胡同以西③，今祠堂街东口	乾隆时期建庙，每年春秋二季，成都将军率官佐亲临祭祀
	文昌宫	城东南隅祠堂街	同治六年(1867)加以修理，春秋两季祭祀
	昭忠祠	与文昌宫紧邻	供奉总兵德龄及八旗文武官员的灵位
	欢喜寺、圣素寺、严真观等	不详	清代以前即有，驻防后重新修改
	龙王庙④	满城东北隅，接近城垣	南有里仁胡同

---

　　①　李凤琪:《青州驻防城建城概述》,《满族研究》2002 年第 4 期,第 71 页。

　　②　陈一石《清代成都满蒙族驻防八旗概述》,《成都大学学报》(社会科学版)1985 年第 3 期,第 42 页。

　　③　《四川成都满城位置图》,采自《清朝八旗驻防兴衰史》。

　　④　同上。

续表

满城	坛庙祠宇	分布位置	附注
绥远①	旗仓庙	西北隅,靠近城角	北临城垣,东近云骑衔署
	财神庙	西北隅,旗仓庙东南	离旗仓庙较近,东临骁骑衔署
	尧庙、山神庙	东北隅接近城角处	两庙紧临
	家庙	山神庙南偏西	东北隅
	马神庙	位于与将军衔署平行线东段	西接旗库,东近骁骑衔署
	万寿宫	与马神庙一样	与马神庙之间仅隔旗库
	马王庙	西门大街南	满城西隅
	关帝庙	中部偏南,南门大街西	与城隍庙仅一街之隔
	城隍庙	中部偏南,南门大街东	东有骁骑衔署
	文昌祠	东南隅,东近城垣	南为仓官衔门,西近同知衔门
	菩萨庙	西南隅	南接小教场

另如京口驻防城,关帝庙除了在驻防城外分处,城内也立设,
"一在黄祐坊都统东辕门口,一在营内,顺治十七年(1660)重
建"②,或在驻防城营区内,或在重要官员的衔署旁。宁夏满城,
"万寿宫在城东南街",主要祠宇位于满城东南街道旁。密云驻防
城,城池东北角建太阳宫,西北角建万寿宫,东南角则分布着魁
楼③,祠宇分布在靠近城角的地方。

---

① 《绥远全志》所附《绥远城衔署庙院全图》,清高赓恩等纂修,光绪三十四年(1908)刊本影印。

② 江苏省《丹徒县志》卷五《庙祠》,清何绍章等修,杨履泰等纂,光绪五年(1879)刊本影印。

③ 民国《密云县志》所附《八旗营房图》。

　　据上,坛庙祠宇在各驻防城内的分布,并没有完全固定的位置,或位于城门旁,或近城角,或位于城之一隅,或处于城内主要街道旁。有些驻防城某一区域的某类设施较为集中,有的则比较分散(见图5-7),没有固定的规律。而驻防城之间,有的驻防城某些坛宇的分布位置一致,有些则不一样,也具有多样性。

2. 训练设施区及其分布特征

　　前文已经说明,训练设施区主要包括教场、演武厅以及其他设施。一般来说,作为兵丁训练场所,教场的占地面积比较可观,所以多位于城外,位于城内的也不乏其例。此外箭厅也属于常见设施,很多驻防城内都置设。

　　就教场而言,规模较大者如西安满城,形制详备,旁开三门①,东西长三百三十步,南北长三百十二步,规模相当可观。教场位于府城内的迤北处②,满城的西南隅,为八旗驻防官兵的理想训练场所。成都满城内也以西南靠近城垣处为教场地址,即西教场,所处位置没有对满城官兵设施区格局造成破坏,选址较为合适。并且教场内建演武厅,设施可谓齐全③。与西安满城在西安府城的位置一致,开封满城的教场"在城内迤北",以城内一隅为址,"长一百二十五丈,宽五十六丈。十年添盖房十三间"④,周长约2里,规模虽不及西安教场大,但相对于周围6里的府城而言,几乎占了1/3,规模颇大。甘肃凉州满城,"教场房五间,在城内西北"⑤,位

---

①　嘉庆《咸宁县志》卷一《陕西西安满城位置图》。
②　《钦定八旗通志》卷一百十七。
③　任桂淳:《清朝八旗驻防兴衰史》所附《四川成都满城位置图》。
④　《钦定八旗通志》卷一百十七。
⑤　同上。

置也偏北,与西安、开封也有相似的地方。

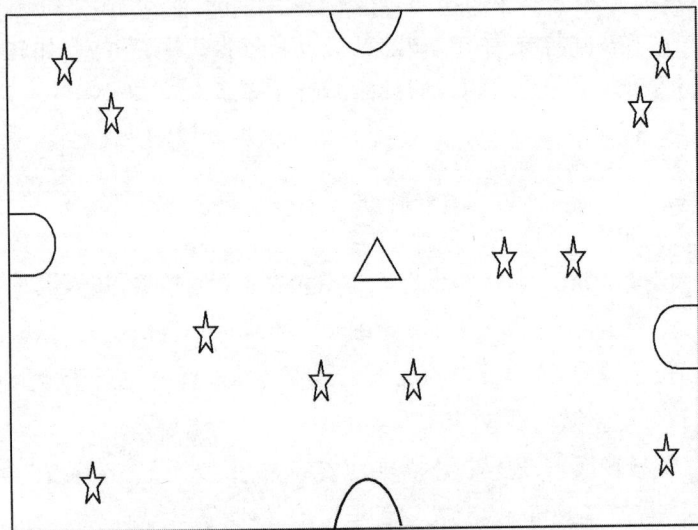

图 5-7　绥远城庙院分布示意图

（根据《绥远全志》之《绥远城衙署庙院全图》所绘,等腰三角形代表将军衙署,五角
星代表各坛庙宇）

　　规模较小者如绥远满城,西南隅菩萨庙南门坐落着一处教场,
即小教场①,虽不及大教场之规模,但由于离官兵驻防地域非常近
而相对便利得多。

　　一些满城内建有演武厅设施。如宁夏满城演武厅二所,一所
在城外,另一所即在城内②。珲春也是如此,城内建演武厅,坐落
在南门内,离城门甚近。

---

① 《绥远全志》附《绥远城衙署庙院全图》。
② 《钦定八旗通志》卷一百十七。

驻防城内设置箭厅、箭道也是常见现象。因为驻防官兵经常练兵，所以需要小型练兵场来满足，箭道、箭厅即是这样的机构。箭厅、箭道一般都位于甲兵驻防区域内，每旗往往设一座，如江宁府内箭厅，"八旗共八座，先锋箭厅一座，左右两翼蒙古箭厅二座，俱在满城内"①，共 11 座。有的两旗箭道并立，如广州满城内箭道或为一营专设，如前锋营箭道，位于满城西南隅，或为两旗箭道并立，如"满镶白、正蓝旗箭道"，"汉正黄正红旗箭道"②，位于各旗驻防地面内。成都满城内几乎每甲内都设有"箭厅"，小型练兵场共 28 个③。由此可见，箭厅、箭道为驻防的配备训练设施，旗属驻防地为主要分布的位置。当然箭厅、箭道也有位于城内其他区域的情况，如广州满城汉军所在的北面区域内设"公箭道"一处，以供公用④。

综上，满城内部训练设施主要为教场和其他的一些小型设施，后者以箭厅、箭道最为常见。在分布上，教场由于规模较大，位于城内某一隅的情况最为普遍，也有一些位于靠近城垣的某一区域；箭厅、箭道大都处于驻防甲兵所在区域的内部或附近。

3. 教育设施区及其分布特征

满洲统治者注意吸收借鉴汉族教育方面的经验，根据本民族的实际情况和政治、军事建设的需要，在驻防城设立了一些教育设

---

① 《钦定八旗通志》卷一百十七。
② 《驻粤八旗志》卷二《建置》所附《广东广州满城街区图》。
③ 陈一石：《清代成都满蒙族驻防八旗概述》，第 41 页。
④ 《驻粤八旗志》卷二《建置》所附《广东广州满城街区图》。

施。无论东北、畿辅、直省地区,还是新疆地区的驻防城①,大都置有官学房、义学房等教育设施。

东北地区的八旗官学比较常见。以吉林、黑龙江为例,从康熙三十二年(1693)起至嘉庆二年(1797),吉林将军辖区共设立了九处八旗学校;黑龙江旗学的设置则始于康熙三十四年(1695)墨尔根旗学的建立②,之后至道光年间,墨尔根、齐齐哈尔、黑龙江、呼兰先后设立了旗学,见表5-6。

表5-6　吉林、黑龙江地区部分驻防城的官学设施及其分布位置统计表

驻防城	学址	驻防城	学址
吉林	城内西南半里许	宁古塔	城内东南隅
三姓	东南隅	阿勒楚喀	东南隅
珲春	城内	打牲乌拉	城内过街牌楼东
拉林	堡内东南隅	墨尔根	城内八旗公署后
黑龙江	八旗公署南	呼兰	城守尉府

表5-6表明,吉林、黑龙江地区驻防城的官学位于东南隅的现象普遍,位于衙署旁或其他地方的也有。

其他地区的驻防城内,教育设施也有位于衙署旁的现象。如杭州满城的梅青书院,相传为林和靖故居,后改为僧院,再改为关帝庙。及至嘉庆五年(1800),将军范建中选旗营俊秀,于此会文课艺。同光年间,富勒贺、寿元、善能等先后捐资重建,院后并设义

---

① 《西陲总统事略》卷八《教学》,惠远、惠宁"两满营八旗,每旗各设清书学房一所,每营各奏设义学一所,所教读子弟清汉各书,学习清语,兼习骑射"。
② 《八旗通志初集》卷四十九《学校志四》。

塾四所,位于延龄门大街之西,将军署后①。

位于衙署内的情况也不乏其例。如打牲乌拉城内除了官学所外,建满汉义学一所,位于协领署内。除了打牲乌拉城,其他诸如绥远城,官学学舍和满汉翻译学舍都位于将军衙署内。

总而言之,教育设施的设置位置并非固定不变。

4. 后勤设施区及其分布特征

后勤设施也是驻防城内的重要设施,包括军器库(火药库)、粮仓、马圈等。

军器库、火药库,或位于衙署内,如拉林军器库位于将军衙署内,五常堡火药库处于协领署内②;或位于其他设施内,如宁夏满城军器库位于各旗档房内③,以备使用;或位于其他地方,如三姓火药库坐落在城北门内,成都火药局位于西教场南角,可储存三年需要的火药和铅弹④,情况各异。

粮仓,用来储米或谷物。大部分驻防城都设有储备八旗官兵军粮的粮仓。东北地区一些双重性质的驻防城内还建有民仓⑤。以成都为例,永济胡同(今人民公园内)内建有重要的粮仓——永济仓,乾隆四年(1739)建库以储备军粮,与成都府众州县签订了

---

① 徐映璞:《两浙史事丛稿》之《杭州驻防旗营考》,浙江古籍出版社1988年版,第337页。

② 《吉林外记》卷首。

③ 乾隆《宁夏府志》卷五《建置一》之《公署》。

④ 陈一石:《清代成都满蒙族驻防八旗概述》,第41页。

⑤ 据《开原县志》卷二,开原县旗仓,在县城北街路西第三胡同,而另有民仓,位于北街路西第一胡同,距离比较近,分布区域也相似;《钦定八旗通志》卷一百十八载,新疆很多驻防城,如叶尔羌城,内部主要粮仓不仅仅由满营独用。

长期合同,每年购买食米二万多石①。有的驻防城设有义仓以作备用,如《盛京通志》记吉林城各旗都配有义仓,包括镶黄旗义仓、正黄旗义仓、正白旗义仓、正红旗义仓、镶白旗义仓、镶红旗义仓、正蓝旗义仓、镶蓝旗义仓。

严格而言,粮仓在城内的分布位置不固定。有的处于城内一角,如吉林八旗义仓和水手营义仓皆位于城内东北角,比较集中。有的则位于重要官员的衙署内或附近,如墨尔根。有的则在城内一隅,西北隅、东北隅、东南隅都有②,位置便利。为了进一步说明粮仓位置的特点,兹选择东北地区为例,见下表。

表5-7　东北部分驻防城驻防粮仓的主要位置对照表③

地区	驻防城	粮仓位置	驻防城	粮仓位置
盛京地区	辽阳	主要大街南	盖州	城内正北
	凤凰城	东北隅	金州	西北隅
	复州	西北隅	岫岩	旧城内正东
	锦州	东北隅	宁远	西北隅
吉林地区④	吉林	东北隅、东南隅	白都讷	东南隅
	三姓	东南隅		
黑龙江地区⑤	齐齐哈尔	在将军衙门内大堂东	墨尔根	在副都统衙门内
	黑龙江	在副都统衙门内		

① 陈一石:《清代成都满蒙族驻防八旗概述》,第42页。
② 《盛京通志》卷十八《公署》。
③ 同上。
④ 《盛京通志》卷十八载,吉林地区一部分驻防城内建有义仓。
⑤ 《盛京通志》卷十八载,黑龙江地区驻防城粮仓中很多储谷仓位于城外,如黑龙江城储谷仓213间在城南2里,规模比城内粮仓大。

由表5－7可知,三区驻防城内的粮仓各有自身的坐落特征,黑龙江地区的粮仓主要位于重要官员衙署内,吉林地区的粮仓主要坐落在东南隅理想位置,而盛京地区的则东北、西北、正北、正东等方位皆有。

马圈也是后勤设施的一个重要部分。惠远城内"八旗官马圈八所",每旗均设一所,惠宁城"八旗官马圈四所",比惠远城少了四所,设置数量并非一致。就分布而言,马圈主要与所在的旗种关系很大,所以也多坐落在各旗地面内。就广州满城来说,其内设有马圈十余处,多位于箭道旁,当然有的处于箭道内,但几乎每旗都有,与箭道一样遍布在各旗所在的地面内①。

5. 其他类

驻防城虽然是主要因驻防需要而设,以军事建置为主的建筑空间,但是驻防城内的情况并非千篇一律。有的城内尚有其他设施,如管理犯人的监狱设施②、因城内消防需要而立的激桶房类消防设施③。有些则建经营性的铺房,如"伊犁地处绝缴,官兵日用诸物,惟藉商贾由内地运往,恐奸商于物少之时,价值居奇,有官设铺面,则兵丁得以贱价购买,而所得息银,又可接济差务,添补倒毙马匹,于兵丁生计大有裨益"④,惠远、惠宁两城均设置了官铺⑤。

---

① 《驻粤八旗志》卷二《建置》。

② 如吉林和黑龙江地区有些驻防城内的监狱,具有位于将军署内或附近的位置特点。依《盛京通志》,三姓监狱在副都统署内;珲春监狱在副都统署外。而《黑龙江外记》卷二则曰,齐齐哈尔监狱,"在将军府西,排木为垣,中分内外"。

③ 《八旗通志》卷一百十六载,如阿勒楚喀激桶房,具有位于城内十字街的特点,无论任何区域起火,即可实施救援。

④ 《清高宗实录》卷一三二四,第15页。

⑤ 吴元丰:《清代伊犁满营综述》,载《满族历史与文化》,王钟翰主编,1996年版,第115页。

另外有些驻防城内还建有牌坊①、果子楼以及后勤银库等建置。

第三节 新疆"满城"设施个案分析

前面对满城内外设施类型的分析是综合性的,为了进一步摸清该问题,兹以新疆为例,通过详细分析该区满城内外主要设施的类型和规模来加深对驻防城内外设施类型的理解。由于资料的阙略,本书主要研究满城的设施类型和规模,对各类设施的具体分布情况阐述较少。

新疆满城内多为军事类设施,包括官员衙署、兵房、学房、仓库、训练、祠庙及其他政治、军事、教育、宗教等类,层次比较分明。

一、衙署设施

衙署,亦称公署、公廨、公所、衙门,为各级将员处理公务的处所,在各类营房中占据主导地位,一般建筑标准最高,工程质量最好。衙署布局都有定制,本书将通过比较各满城衙署区衙署的间数、规模,一方面探明每座满城不同官员衙署规模的异同,另一方面揭示各满城间衙署区的相同和不同之处,从总体角度把握满城衙署设施的规模特征。

根据道光《钦定新疆识略》、《钦定八旗通志》卷一百十八《营建制七》以及《新疆建置志》、嘉庆《乌鲁木齐事宜》、《三州辑略》、档案等文献资料,制表如下:

---

① 乾隆《宁夏府志》卷五《建置一》之《公署》曰宁夏满城"西大街新建坊,东曰恩澍,西曰惠泽"。

表5-8 乾隆四十一年(1776)新疆满城主要官员衙署规模对照表①

满城	领队大臣	协领	佐领	防御	骁骑校	笔帖式	其他
惠远	160/4/40	184/8/23	640/40/16	480/40/12	320/40/8		理事同知 1所
惠宁	40/1	92/4/23	96/6/16	192/16/12	128/16/8		
巩宁	75/1	186/6/31	408/24/17	312/24/13	140/14/10	66/6	理事通判 迪化州知州 镇迪道 吏目 14/1 80 101 21
会宁	74/1	46/2/23	128/8/16	104/8/13	72/8/9	10/2	
孚远	89/1	70/2/35	136/8/17	104/8/13	80/8/10	12/2	左司 右司 19 13
广安	77/1	54/2/27	72/4/18	52/4/13	40/4/10	10	同知 左司 右司 57/1 19 14

注:因乾隆四十年(1775)古城官兵由巴里坤移来后满城格局基本稳定下来,所以以该
　年为准较为合适。表中每组数字有两个分隔符者指"房数(间)/座或所/每座(所)
　房数",无分隔符数字仅指房间数(间),一个分隔符者指"房数(间)/座(所)"。

综合表5-8,满城衙署在类别、规模上具有一些特点:

第一,城内大部分为驻防军事官员,所以为他们造设的衙署数
量占主体,其中参赞、领队大臣以及笔帖式虽非武职,但参与驻防
事务管理,所以也是驻防官员的一部分,而巩宁、广安两城的理事

———————

① 领队大臣以上级别官员驻防的满城中,惠远、惠宁两城建有将军衙署,分
别为1所80间和1所34间,惠远设参赞大臣衙署1所60间,而巩宁满城造立有
都统衙署1所123间,表中未列出,特此说明。

通判、镇迪道、迪化州知州、吏目、同知以及左右司等官员为行政类,所以他们的衙署属于政府类,非驻防军事类。

第二,从每类官员每座衙署的房间数入手,单座满城内不同类的驻防官员每座(或所)衙署的房间数差别明显,往往官员级别越高,数量越多,反之亦然,两者具有正比关系。这种现象不仅在惠远城存在,在其他满城也是如此。如果上表未能完全显示出这种关系,则下图可进一步说明之(见图5-8)。

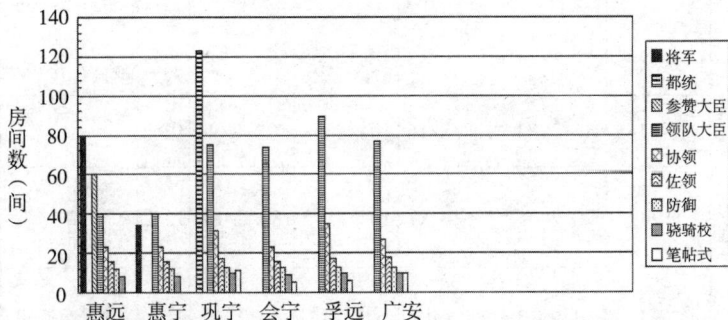

图5-8　新疆满城驻防官员单位(座或所)衙署规模分类对照图

各满城间每类官员的单位衙署房数,总体上以乌鲁木齐巩宁城都统最多,共123间,其次为孚远城领队大臣衙署,最少的是惠宁城笔帖式,平均5间。如纵向比较满城间各类官员每座衙署的房数,可发现:惠远、惠宁两城将军衙署中,惠远城较多;都统衙署则仅乌鲁木齐巩宁城置有,共123间;而参赞大臣衙署也仅惠远城设置,为60间。其他各类驻防官员除惠宁、惠远两城未设笔帖式衙署外,各城皆有。论单位衙署房数,则领队大臣,孚远城位居首位,广安城位列其次,惠远、惠宁两城完全一样;协领,则惠远、惠宁、会宁一致,孚远城最多;佐领,惠远、惠宁、会宁一样,巩宁、孚远两者也一致,广安城则最多;防御,惠远、惠宁完全一致,为 12 间,其余诸城皆为 13 间;骁骑校,巩宁、孚远、广安三城一样,以 10 间居于首位,而惠远、惠宁两城几无差别;笔帖式,巩宁城最多,会宁城最少。

所以满城之间,惠远、惠宁各类衙署单位房数完全一样,此两城与其他满城之间每类官员衙署的单位房数有的一致,有的不同,彼此差别不大,在规制上仍具有共性。

第三,从衙署总量(每类官员的衙署房间总数)方面分析,首先,单座满城内部各类衙署间虽然无统一定制,但仍有一些特点不容忽视:惠远、巩宁、会宁、孚远、广安五城中,佐领衙署最多,以佐领为点,惠远城上至参赞大臣呈递减趋势,下至骁骑校也呈递减趋势,巩宁、会宁、孚远、广安四城上至协领、下至笔帖式,也都具有如此特征。其次,满城之间,惠远城领队大臣、协领、佐领、防御、骁骑校衙署都比他城多,巩宁城除了领队大臣,协领、佐领、防御、骁骑校衙署也都多于惠宁、会宁、孚远、广安四城,这与惠远、巩宁两城在驻防中的重要性不无关系。诸城之中,广安城衙署规模总体上较少,佐领、防御、骁骑校等衙署都不及他城,这是由于广安城驻防官兵经常换防的缘故。惠宁、会宁、孚远三城间,惠宁城协领、防御、骁骑校多于其余两城,孚远驻防兵员虽然移自会宁城,但领队大臣、协领、佐领、骁骑校(防御除外)等类衙署总量上却处于领先位置,说明孚远驻防十分重要。总之,无论横向比较,还是纵向分析,满城衙署总量固定的模式难以发现,一些满城之间的差别和共性却毋庸置疑地存在。

补充一点,依《钦定八旗通志》卷一百十八、《钦定新疆识略》等记载,满城内另有公署、公所、档房、印房、司房等官员办公类建置,兹分述如下:惠远城西街建有惠宁城领队大臣公署,将军署西则建有印务处、营务处、粮饷处、驮马处、功过处、档房等公所各1，惠宁城也设有档房1所，巩宁城则印房32间，粮饷处、营务处、驮马处、领队档子处各房23间，孚远城"档房二所，各三间……印房十三间"，会宁城"协领档房各三间，兵户二司各房十四间，印房十六间"，部分兵移古城后，剩余"协领衙署二所"，"俱作公所"，佐领"一所作公所"，"一所作兵户司"，所遗兵户司作满档房，原有满档房作八旗步营公所，所剩骁骑校衙署八所又"分给八旗作操演兵丁公所"。

二、兵房设施

满城兵员经常变动，所以兵房不甚固定，与研究官员衙署的方法一样，本书仍以乾隆四十一年(1776)为准统计比较各满城兵房区的规模。总体上，新疆的满城兵房数量不相一致，规模上彼此存在差异，其中惠远城驻防兵房数量遥遥领先，其次为巩宁城，然后依次为惠宁、会宁、孚远、广安。由兵房的差异可以反映出满城在驻防中的重要性，所以惠远、巩宁两城在驻防中的显著位置毋庸置疑，而广安城换防兵丁数量有限，八旗兵房数处于末位也就不足为奇了(见图5-9)。

此外，满城有少量兵员被委派承担坐堆任务，并为之建置了相关房屋，即"堆房"，除了上所述及城门堆房外，大都位于满城内。堆房一般不如兵房那样集中，也没有兵房的规模大。根据《伊江汇览》，惠远城南北大小巷24道，东西39道，每道对面设栅栏2道，堆房1所，共63所；巩宁城城内街口堆房共44所，另在各十字路口筑有"小堆房"4所，各3间；孚远城鼓楼堆房四所，四角各1所；会宁城则于乾隆三十八年(1773)设堆房36间，12所，各3间，

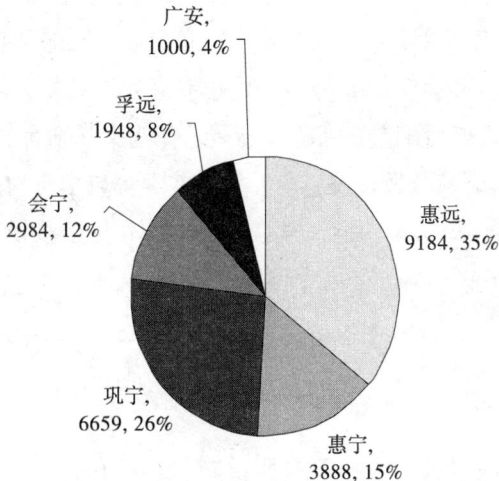

图 5-9　乾隆四十一年(1776)新疆满城兵房规模对照图

注:依据《钦定八旗通志》卷一百十八,统计的是领催、前锋、马甲、步甲、炮手等的住房
　　总数(间)。

可见惠远、巩宁、孚远、会宁四城城内设有堆房者,惠远城最多,孚
远城较少。堆房主要分布在街口、鼓楼等处。

三、教 育 设 施

教育设施占一定空间,具体来说,惠远城于乾隆三十四年
(1769)立满汉翻译蒙古学舍 9 间,八旗各设满汉学房 4 间,后乾
隆五十七年(1792)、嘉庆七年(1802)分别增筑俄罗斯学房、敬业
官学房各 1 所。与此相似,惠宁城也曾增设满汉蒙古学舍 1 所,八
旗学舍 16 所。而巩宁、孚远、广安三城的教育设施由义学和弓学
房组成,巩宁城不仅左右义学各 144 间,蒙古学房 1 所,而且建有

八旗官员弓学房,协领弓学房 6 处,各 10 间,佐领弓学房 24 处,各
5 间,孚远城也建义学 10 间,八旗弓学房 24 所,各 4 间,广安城设
义学 10 间,弓学房 8 所,各 4 间,亦不例外。另外,会宁城一部分
兵移至孚远城后剩余一所佐领衙署曾作为义学学舍,共 16 间。根
据上述,新疆满城教育设施主要为一些学舍或学房,有满汉蒙古学
舍、八旗学舍、义学、弓学房等名称,总体上这些设施数量规模
不等。

四、祠庙设施

满城内建设诸多相关祠庙设施,尤其万寿宫、关帝庙最为普
遍,几乎每城都各筑有 1 座。如惠远、惠宁两城皆建有万寿宫、关
帝庙。以惠远城为例,"万寿宫在惠远城北门内,乾隆三十一年
(1766)建",关帝庙"原在北门内,乾隆五十七年(1792),将军保宁
奏明改为真武庙,移建关帝庙于西门大街"。而巩宁城亦如此,其
中关帝庙更是普遍设置,根据《三州辑略》,不但城市中心鼓楼旁
建有一座关帝庙供全城军民祭祀,而且在城内满、蒙古各族军民生
活的地方也建有几座规模略小的关帝庙,供本旗军民祭祀。同样
据《三州辑略》、《新疆图志》记载,孚远、会宁、广安三城也都建有
万寿宫、关帝庙,规模基本一致,往往"万寿宫十六间,关帝庙二十
间"。其实,之所以每城皆建万寿宫、关帝庙,与清时的祭祀信仰
有关,如对关羽的崇拜,就曾达到无以复加的程度。

满城内部以及城外近距离处另有其他祠宇多种,兹以记述较
详的惠远城为例,考其相关坛庙祠宇名称、建置年代、位置,附表
如下:

表5-9 清代新疆惠远城坛庙祠宇类设施建立时间和位置表

坛庙祠宇	建置年代	位置	坛庙祠宇	建置年代	位置
万寿宫	乾隆三十一年(1766)	北门内	关帝庙	乾隆二十八年(1763)初建,后五十七年(1792)移建	初位于北门,后移西门大街
八蜡庙	乾隆二十三年(1758)	鼓楼东	城隍庙	乾隆四十年(1775)	北门内
火神庙	乾隆五十七年(1792)	北门内	文昌宫	嘉庆七年(1802)	东门内
刘猛将军庙	乾隆三十二年(1767)	鼓楼西	祠堂一座	乾隆三十一年(1766)	北门内
风神庙	乾隆四十年(1775)	西门外	社稷坛	不详	城外东南隅
先农坛	不详	社稷坛北	普化寺	乾隆三十二年(1767)	东门外河岸
龙王庙	乾隆四十年(1775)	南门外	不详	不详	不详

注:依据《西陲总统事略》卷五《坛庙祠宇》。

表5-9揭示,惠远城内的祠庙比城外多,处于城内者多位于北、东城门内和鼓楼旁,其中北门最多;城外者靠近满城,主要处于东、南、西三个方向。

五、训练设施

根据功能不同,新疆满城教场类训练设施分为综合和专门两类,综合教场承担各种科目的训练任务,专门教场则针对某一兵种而设,前者较多,后者颇少(如巩宁城)。

表5－10　清代新疆满城教场建置数量、位置、规模、时间情况对比表

满城	教场数（所、座）		位置	房间数（间）			建置时间
惠远	1		东门外	大厅		小厅	乾隆五十三（1788）、五十五年（1790）
				10		33	
惠宁	1		城内西北	房	演武厅	箭厅	乾隆五十五年（1790）
				不详	1（座）	15	
巩宁	大教场	八旗教场	东门外	大教场		八旗教场	乾隆三十八年（1773）
	1	1		10		6	
孚远	1		城外	8			乾隆四十年（1775）
会宁	1		城外	房		演武厅	乾隆三十八年（1773）
				3		1（座）	
广安	1		城外	8			乾隆四十五年（1780）

　　教场主要由场地和附着其上的建筑物构成，场地情况由于篇幅所限本书不再阐释，而建筑物可由表5－10窥之一斑：包括演武厅、箭厅以及其他设施等。这些建置的房间规模虽因资料所限难以详知，但可发现它们在规模上并非完全一致。而且上表还显示，除了巩宁城设两处教场外，每满城一般设置一处教场，且大都位于城外，以便训练时获得足够的空间。而各教场建置时间以巩宁和会宁两城最早，惠远、惠宁则较晚。

六、后勤设施

　　后勤设施，主要为粮仓、军器库、火药局、马圈和银库等类，具体情况见下表。

表 5-11　清代新疆满城后勤设施规模对照表

满城	粮仓或库	磨房	官马圈	军器库	公库	军器局	炮场	火药局	绸缎银库（间/座）
惠远城	350间，69所	200间，40所	8所	42间，1所		25间，1所	1所	20间，1所，乾隆五十二年移城外	40/5
惠宁	100间，20所，乾隆五十五年增3所，15间	16所	4所	17间，2所					
巩宁	39，1所　面仓1所	24间	6所	31间					
孚远城		1所	1所	19间（含储存火药）	19间				
会宁	仓、库96间，各4所	64间，16所	107间，防御衙署7所，加上佐领1所	军器、火药库共48间，4所（含公库）			4所		
广安城	40间，1所		1所	19间（含储存火药）	1所				

依表 5-11，按类别细分，后勤设施共四种。粮仓（粮库）和磨房属一类，是为满城官兵提供粮食的设施；官马圈、军器库、军器局以及炮厂、火药局属一类，是为满城官兵训练、作战所需器物而设；银库属直接经济类设施，为第三类；公库是公共库房，容纳物品包括粮食、武器等，与其他库房不同，为第四类。各满城在这些后勤设施方面的共同点是都建有粮仓、磨房、官马圈、军器库等设施，且有些满城之间某项后勤设施的指标基本一致；不同点则是各城之间后勤设施规模差别明显，其中惠远城除公库外的其他各类设施

规模均大于其他城,而且其后勤设施种类也较为齐备,比他城多了军器局、炮厂、火药局、银库等项。

七、其 他 设 施

一种为赢利性建置设施,如巩宁城出租铺面房 201 间,每年收取租银作为公用,额定租银:一、二、三等房,每间每月分别为 1.6、1.5、1.4 两;自营铺面楼,位于城内鼓楼转角处,房 16 间,4 所,各 4 间,也是收取租银作为公用。此外还有当铺、布铺、匠役局、药铺、木铺、房租处等房各 1 所,每年获利 500 至 10000 两不等。其他满城如孚远城,也置出租铺面房 150 间,广安城出租铺面房 100 间,会宁城取租房 266 间,都是通过出租房屋获取经济收入。

一种为公馆和其他官员住房,如孚远城大公馆 1 所,广安城公馆也是 1 所,而巩宁则有公馆、官住房 9 所,专供在营内当差的"废员"(因罪、因过被革职的官员)居住。

综上,满城内部设施包括衙署、兵房、教育、祠庙、训练、后勤及其他政治、军事、教育、宗教类设施。各满城在这些设施的规模上有很多特点可寻。

小　　结

从类型方面而言,驻防城相关设施种类多样,大部分与驻防有关,包括衙署、兵房、训练、后勤、教育、祠宇坛庙等。有的驻防城还有商业设施和园林设施等。训练设施包括教场、炮场、箭场、操演公所、演武厅等,后勤设施涉及军器库、火药局、粮仓、养牲等类,教育设施分为官学房、义学房等,祠宇坛庙的种类因驻防城不同而有异。

就驻防城设施的分布来说,分为城外、城内两部分。城内设施最为集中,种类数量一般较城外多。城外设施主要分为训练设施、后勤设施、衙署兵房和其他设施等,城内设施则也主要为衙署、兵房、训练、后勤、宗教、教育等类。

对比城内城外设施,衙署、兵房主要集中在城内。其中城内衙署分布具有如下特点:级别较高或一些稍高的官员衙署往往位于驻防城池或区域的重要街道旁或突出位置,比较醒目,一方面具有标志性的作用,另一方面也是封建等级制度的有力体现。有些官员衙署坐落在城内重要区域内;有些驻防城级别较低的官员,如防御、佐领等的衙署大都位于所在旗营的驻防区域。兵房方面,共有二种位置形式,一种位于所在旗种的驻防地面内,一种为了保证城内安全而设的堆房和兵房,或位于城门内,或位于各旗所在地面内,或处于所看守设施旁。城外较少,仅部分衙署营房处于城外。城外者有的位于驻防城或防城所在城市的城门外,有的则分布在城外其他区域,与驻防主城之间形成了位置上的依赖性,联系紧密。

教场主要分布在城外,城内较少。位于城内者,处于某一隅的情况最为普遍,有的则位于靠近城垣的区域。箭厅、箭道大都处于驻防甲兵所在区域的内部或附近。城外者大部分位于驻防城或驻防城所在城市的城门外,离城甚近,位于东、南、东南方位的驻防城远远多于西、北、西北方位的驻防城。

后勤设施,城内、城外皆有,城内设施的分布具有不同特点,城外者位置上可以分为两类:第一类位于驻防城或驻防城所在地方城市的城门外区域,第二类则处于距离较远处。

驻防城内的分布各有自身的特点,并没有完全一样的分布位置。或位于城门旁、或近城角、或位于城之一隅、或处于城内主要街道旁,有些驻防城区域某类设施较为集中,有的则比较分散(见图 5 - 7)。城外者无固定的分布规律。

教育设施主要分布在城内,城外甚少。其他设施,名目不一,城内城外都有,分布位置无固定规律可循。

第六章 驻防城整体空间结构

本书以探明驻防城的二维空间结构,即平面结构为主,城市地理学者使用的三维空间研究模式本书没有使用①。分析驻防城的整体空间结构,需要对驻防城的规划思想和规划原则进行揭示,探明了这些问题实际上也就对驻防城的总体空间结构有了更好的把握。在分析时,例证法和比较法为主要的研究方法。

第一节 规划思想

与中国古代的城市规划一样,驻防城也有着特定的规划思想,并且与前者有着一些相似之处。总体而言,驻防城体现出的主要为五行相胜思想,同时还展示出儒家思想的特征。

一、五行相胜思想

五行说是中国古代影响深远的一种学说,即木(东)、火(南)、土(中)、金(西)、水(北),"顺次叫做'五行相生',逆次叫做'五行相胜'。五行统一于阴阳,阴阳统一于天",蕴涵"五行以正天时,

① 顾朝林:《中国城市地理》,商务印书馆 1999 年版。

五官以正人位,人与天调,然后天地之美生"的道理。

这种广为盛传的汉族文化被满洲统治者吸纳采用,建立八旗制度,在方位上按照阴阳五行排定,所谓"自昔帝王之兴,五德迭运,或取相生,或取相胜,继天立极,由来尚矣。本朝龙兴,建旗辨色,制始统军,尤以相胜为用"①,吸取了五行相胜的内核。清军入关进入北京后,八旗兵民井然有序的按照阴阳五行相胜方位排列,两黄旗在正北,取土胜水之意;两白旗在正东,取金胜木之意;两红旗在正西,取火胜金之意;两蓝旗在正南,取水胜火之意,中间则是清政府中枢机构。各旗具体位置,镶黄旗在安定门内,正黄旗在德胜门内,正白旗在东直门内,镶白旗在朝阳门内,正红旗在西直门内,镶红旗在阜成门内,正蓝旗在崇文门内,镶蓝旗在宣武门内,分布有序,规制统一,戍卫着京师重地(见图6-1)。

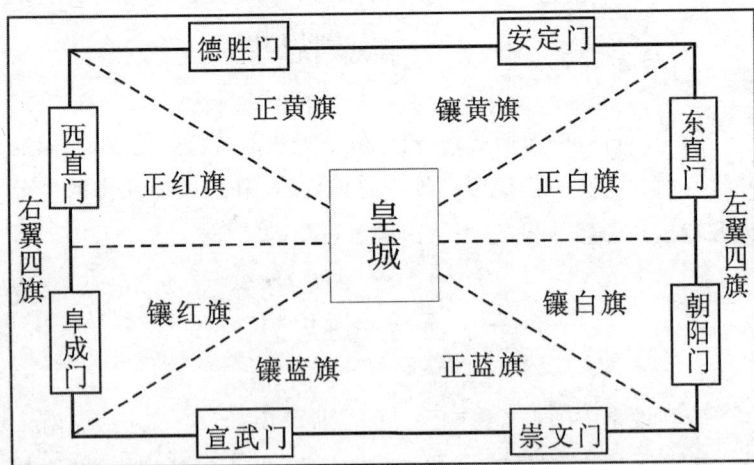

图6-1 清代北京城八旗方位示意图

---

① 《八旗通志初集》旗分志二。

　　基于"八旗方位相胜之义,以之行师,则整齐纪律;以之建国,则巩固屏藩"①的认识,满洲统治者在设置八旗驻防时也基本上依照上述规制行事,每驻防点的八旗官兵及其家眷的安排绝大部分是按照八旗方位相胜的宗旨实行的。而对于驻防城而言,由于主要是由八旗官兵和家眷居处,各旗相胜方位又比较确定,且占有特定地面,位置明确,与其他旗属形成了位置上的对照关系,这样以来绝大部分驻防城也就具有了比较规整的内部总体结构。驻防城的这种特征,充分体现了清朝统治者按中方本图、中方副图;东方本图、东方副图;南方本图、南方副图;西方本图、西方副图;北方本图、北方副图的五行相胜原则治国安民的初衷。五行既然能相生、相胜(相克),而且变幻无穷,运用在城市设计中自然也要注意方位,使东、南、中、西、北都能得到合理利用,有利于王朝的统治和安全。

　　简言之,五行相胜思想影响下的八旗方位的固定分布在驻防城内体现得淋漓尽致,例子也不胜枚举。为了进一步说明这种特征,以盛京地区、黑龙江地区、直省等地的一些驻防城作为例证进行阐明。

1. 盛京地区

例证——义州(义县)驻防城

该城为双重性质的驻防城,起初驻防意义非常显著,后来设立民治机构,驻防功能发生变化。据《义县志》中卷《建置志》,能窥义州官厅衙署分布情况之一斑。

城守尉署,在城内东街路北,即明义州卫旧署;广宁县义州巡

---

① 《八旗通志初集》旗分志二。

检司署,在城内东街路南。满洲镶黄旗官厅,在北街胡同福发当西;满洲镶黄旗官厅,在城内西北隅;满洲镶黄旗官厅,在城内西南隅塔西,坐北向南;满洲镶蓝旗官厅,在上帝庙西胡同,俗称后镶蓝旗房;满洲镶蓝旗官厅,在西城根路东,坐北向南;满洲镶红旗官厅,在北街西胡同上帝庙前路西,坐北向南;满洲镶红旗官厅,在北街西胡同,福发当路东,坐北向南;满洲正黄旗官厅,在福发当西领教养工厂西院,坐北向南;满洲正白旗官厅,在北街西胡同上帝庙东路北;汉军正蓝旗官厅,在城内西北隅;汉军正黄旗官厅,原在北街大烟筒胡同路西,经官售给苗姓嗣,置汉军正蓝旗房后,房间门坐东向西;满洲正蓝旗官厅,在上帝庙迁路西;汉军正白旗官厅,在东街北大佛寺后身路北;汉军正红旗官厅,民国时在凌河内;汉军镶白旗官厅,在城内东北隅满洲后镶蓝旗西隔壁;汉军镶白旗官厅,在城内西北。

由上可知,义州城内除了民治机构外,旗署及其兵房设施甚多,并且皆遵循八旗固定方位坐落,体现了五行相生相克思想。

2.黑龙江地区

例证——黑龙江城、齐齐哈尔城、墨尔根三城

三城初建立时,"城中通衢委巷,皆无名号可称",但是总体分布上仍然充分采纳了与京师一样的八旗分布方位,"三城中八旗皆按法勒哈、稽察法勒哈国语地面也。两黄旗北,两白旗东,两红旗西,两蓝旗南","制如京师,取五行相克意"①。

---

① 《黑龙江外记》卷二。

3. 直省

例证 1——成都驻防城

成都满城,八旗的序次,也是镶黄、正黄、正白、镶白为上四旗,正红、镶红、正蓝、镶蓝为下四旗,秩序井然①。

例证 2——青州驻防城

青州驻防城,按编制设官署 58 所,公务衙门 1 所,共计房 742 间。兵丁住房 2016 所,计房 4032 间,堆子房 9 处 18 间,四门看守房 12 间,匠役房、官学堂、演武厅及庙宇,共 4899 间②。这些设施的安排体现的仍然为五行相生相克思想:实行正黄、镶黄、正白、镶白、正蓝、镶蓝、正红、镶红八旗固定布局,每旗又分前后两佐,通称八旗十六佐。在这种思想的指导下,驻防城内房舍鳞次栉比,错落有致,街道纵横如棋盘,总面积为 746640 平方米③。

例证 3——绥远驻防城

绥远城八旗驻防仿京师驻防之分布,"是按其阴阳五行来安排的";这既决定了旗人在城中的部署,也划定了八旗旗分的位置。正黄旗和镶黄旗住在城北,北方代表水;正白旗和镶白旗住在东边,东方代表木;正红旗与镶红旗住在城西,西方代表金;正蓝旗和镶蓝旗住在南边,南方代表火。黄色代表土,土能挡水;白色代表

---

①　光绪《大清会典》卷八十四和雷履平:《成都满城考》,《西南民族学院学报》(哲学社会科学版)1981 年第 3 期,第 69 页。
②　偏武奏折与《青社琐记》,载李凤琪:《青州驻防城建城概述》,《满族研究》2002 年第 4 期。
③　同上。

金,金能降木;红色代表火,火能克金;蓝色代表水,水能灭火。这种布局,一伸一抑,一张一合,足以平衡和克服各自带来的负作用①。

例证4——杭州驻防城

整个满城"北至井字楼,南至军将桥,西至城,东至大街,筑砌界墙,环九里有余,穿城径二里。高一丈九尺,厚一度,长一千九百六十二度"②。八旗分布各按方位:正白旗在营东北拱宸门内,镶白旗在平海门内,正蓝旗在迎紫门内,镶蓝旗在营东南军将桥,正红旗在营西北承乾门内,镶红旗在井亭桥西,正黄旗在洪福桥西,镶黄旗在营北长生桥东③。

例证5——西安驻防城

西安满城内(见图6-2)共分八区四十段,"旗营驻防省城之东北隅,曰满城。城内分八区,区分五段,共四十段。第一区镶黄旗驻焉,第二区正黄旗驻焉,其驻于第三区者正白旗也,第四区正红旗也,镶白旗则第五区,镶红旗则第六区,正蓝旗则第七区,镶蓝旗则第八区,为分驻之地"④。

畿辅、新疆地区的驻防城八旗驻防区域都存在上述情况,无须一一举例。这些都足以说明,清朝在驻防城内的八旗方位布局模式相当流行普遍,对五行相生相克思想产生了推波助澜的作用。

---

① 蒙林:《绥远城八旗蒙古初探》,《内蒙古社会科学》(汉文版)2000年第6期,第58页。
② 张大昌:《杭州八旗驻防营志略》卷十五《经制志政》。
③ 徐映璞:《两浙史事丛稿》,浙江古籍出版社1988年版。
④ 宣统元年(1909)《陕西清理财政说明书》下编《岁出军政费说明书》。

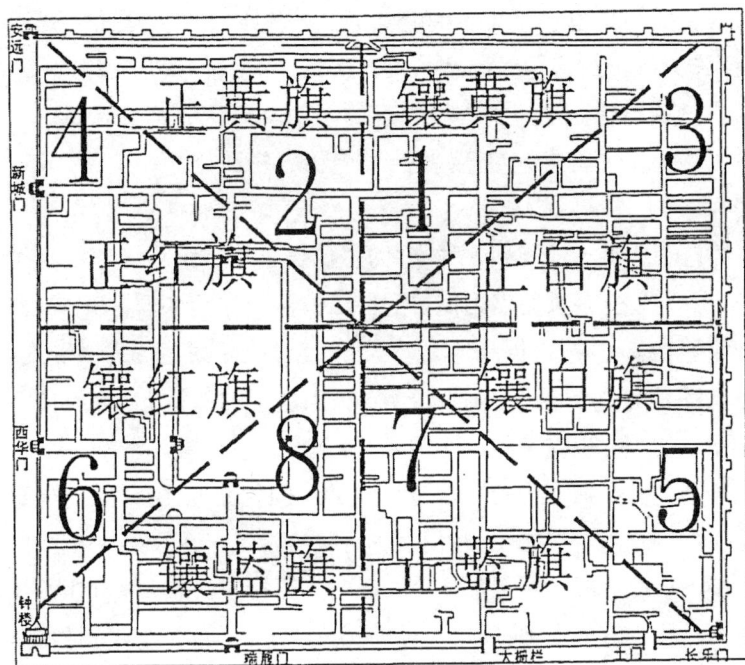

图 6－2　清代西安满城八旗驻防分区示意图①

二、儒 家 思 想

　　秦始皇统一全国建立了中央集权专制主义的封建国家以后，封建专制主义的中央集权统治中国达两千年之久。在此期间，儒家思想一直占据统治地位，同时也影响着中国城市的规划，无论都城还是地方城市，都或多或少地打上了儒家思想的烙印。董仲舒

　　①　史红帅：《明清时期西安城市地理研究》，北京大学博士研究生学位论文，2003 年，第 62 页。

发展了的儒家思想是维护封建统治的思想武器,以"三纲"、"五常"作为维护封建等级制度的道德信条。与此一致,秦汉以后的城市规划也受到了这种等级制度的制约。清朝的城市规划更不例外,为了体现封建统治者的尊严,充分利用了儒家的等级思想。

与地方城市的规划一样,驻防城的设计也一定程度地展现了儒家思想。上述驻防城内衙署的突出位置,或位于驻防区的中心,或重要街道旁,或占据高地,毫无例外地体现了封建的等级制度。下文述及的中心布局原则也说明了儒家思想的等级观念在驻防城中得以体现。以潼关满城为例。据《钦定八旗通志》卷一百十七,满城最高官员城守尉的衙署位于城的中间偏北向,与都城内皇宫位于城的中枢位置相似,迎正南修南北向大街一道,具有中轴线的功能,这与西安、北京等都城中轴线的作用极为相像。城守尉的左右两边排列着防御、骁骑校等重要官员的衙署,与城守尉一样据高处,展露出显赫的地位。潼关驻防城的这种中心布局特点,毫无疑问也是对儒家思想的展示(见图6-3)。

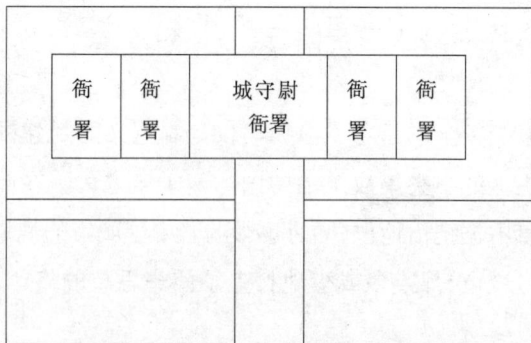

图6-3 潼关主要官员衙署重要位置示意图

第二节　规划原则

研究驻防城的空间结构还可从规划原则的分析入手,后者的做法有助于进一步阐明前者。驻防城虽然主要为八旗驻防的需要而设,但是内部布局同样也体现出了一些规划原则。本部分主要采用了例证法。

一、中心布局原则

中国古代的城市不论是首都还是地方城市,在规划时都要首先选择中心,中心位置确定后再向四周扩展,确定城市的核心街道,这样与城垣或者界墙一起框定了城区的总体范围,这种建城方法体现的就是中心布局原则。与此一致,大部分驻防城对这种原则有着一定的体现,城内或以钟鼓楼为中心,或以重要官员的衙署为中心,或以十字路口为中心,同时城中间还设置一条或两条相交的中轴线,奠定城内的核心脉络。中心点和中心轴线的设立,明显地体现出了中心布局原则。

例证1——锦州(锦县)

城内大街主要有四条,形成主动脉。钟鼓楼在四街之中,楼下辟四门,上皆嵌石额,东曰皇恩浩荡、西曰万国咸宁、南曰四海升平、北曰八方安泰,起着中心枢纽的作用。这样,钟鼓楼和东西南北大街成为中心布局的重要点线。该城城垣巍立,门四,东曰宁远、南曰永安、西曰宁顺、北曰镇北,门上皆有重楼,外皆有月城,俗谓之瓮圈,内外重门,皆护以铁①,城垣、城门又组成驻防城外不可缺少的界线,与钟鼓楼和四大街中心建置一起形成了主要框架。

例证2——惠远城

中心点:鼓楼和将军衙署。

中心十字轴线:东西大街和南北大街。

两点两线形成城内中心框架,尤其将军衙署,成为核心建置。该城自里向外分布着诸多设施,共三段。第一段,即将军衙署旁和东西、南北主要街道旁的衙署和其他设施,"东街系将军衙署一所,……署东为锡伯营领队大臣衙署,西则外印房、粮饷、驼马……五处之公所也","西街,察哈尔营领队大臣衙署,并屯镇行馆(伊犁镇总兵官行署)、参赞大臣衙署、索伦营领队大臣衙署,……凡六所。迤西为同知衙署。"南北主街乃商业重要段落,"南北大街两旁,则皆市廛"。第二段,其他的驻防建置。《伊江汇览》②曰:"鹰齿排列三层"。第一层为协领衙署8所,第二层佐领、防御、骁骑校衙署各14所,第三层为马、步兵和炮手、匠役之2500余间兵房和每佐领下官兵生活必须的14座官磨房。第三段,临近城墙,东街南则弓局,北则铁局;西街北为箭局、撒袋局,北隅为收储夷屯粮石之仓,西北隅即军器库、火药局。

例证3——绥远城

呈方形,"周围九里十三步,高二丈九尺五寸,顶阔二丈五尺,

---

① 民国《锦县志》卷一《地理》上,王文藻修,陆善格纂。
② 中国社会科学院中国边疆史地研究中心:《清代新疆稀见史料汇辑》(新疆卷)《伊江汇览》《衙署》,全国图书文献缩微复制中心版,第25、26页。

底阔四丈"。置四门,东"迎旭"、南"承薰"、西"阜安"、北"镇宁",皆有瓮城,楼门二重,"角楼四座","堆拨八处","每处建盖房三间"[1]。在这样一个基本呈方形的城内,据李世馨《绥远城调查报告》[2],建有中心标志性建置钟楼和将军衙署,前者基本位于城平面中心,后者则正好坐落在城的中心位置,即南北中轴线上。将军衙署为砖木构制,内外两院,内院二进,前公解、后内宅,外院更房、马号、花园等,辕门前有影壁,侧有鼓乐房,总计占地三万平方米,房132间[3]。

以将军衙署和钟楼为中心[4],东西、南北向放射出十字大街,将城区一分为四。大街直达四门,成为驻防城的中枢街道,东西两街坐落着一些官员衙署和其他设施,如东街建万寿宫一座,宫门外照壁一座,大宫门、二宫门、正殿、朝房,共计二十间;西街左、右司二所,各房十七间。在中心建置和中枢街道的框架下,绥远城其余衙署兵房设施有秩序的坐北向南,坐落其间。总之,绥远城的规划布局充分体现了中心布局原则。

例证4——青州驻防城

满城东西、南北大街首先交织成主要城池骨架,城中间为十字街口,毋庸置疑的成为城中最繁华的地域。十字街口东路北,坐落着东西50丈、南北60丈具有中心标志作用的将军衙署[5]。这样以将军衙署为中心建置,东西、南北大街为主要轴线的空间结构,

---

① 光绪三十四年(1908)版《绥远旗志》卷二。
② 李世馨:《绥远城调查报告》,第35页。
③ 同上书,第36页。
④ 同上书,第35页。
⑤ 李凤琪:《青州驻防城建城概述》,《满族研究》2002年第4期,第70页。

折射出的正是中国古代城市普遍展现的原则——中心布局原则。

例证 5——潼关驻防城

周围四百九十二丈二尺,合计二里七分,城壕、城墙、城门、城楼皆备。内部结构仍是在中心布局的原则上进行的。中心点乃位于城北的城守尉衙署,中心线,即中轴线,乃正对城守尉衙署的正南大街。另外,还有一条东西向大街,与南北大街交织成城内的主脉①。这样点线为纲,与其他均匀分布的设施一起形成了满城的主要内容。

例证 6——广州驻防城

位于广州城市西北隅,东自四牌楼(今解放路一带),西至西门城墙(今人民中路、人民北路),南自归德门城墙(今大德路一带),北至大北门。后八旗满洲兵丁到粤后,重新分配居址,以光塔街(今称光塔路)街中心为准,以南属八旗满洲驻地,以北属八旗汉军驻地②。这样,光塔街就成为满城内东西主要交通干线,同时也是整个防城的中心脉络。

例证 7 和例证 8

凉州、宁夏地区的驻防城中心处有大十字牌楼标志性建置。凉州满城中心"大十字牌楼四"③,宁夏满城"四牌坊在城之

---

① 《钦定八旗通志》卷一百十六。
② 马协弟:《清代广州满族述略》,第62页。
③ 甘肃省《五凉全志》之《武威县志》卷一,清张珏美修、曾钧等纂,乾隆十四年(1749)刊本影印。

中……东曰承恩,西曰威远,南曰定功,北曰拱极"①,仍旧对中心布局的原则有所展现。

二、街巷分割原则

驻防城的不同功能区,都是由街道分割的。根据地位、需要和地形特点,可以分割成大小不同的区域。一般意义上,街道分为主要街道和次要街巷,前者将驻防城分为几个大的区域,后者则又继续将这些区域分割成小的区域。

例证1——采育里

《钦定八旗通志》卷一百十七载,驻防城主街——采育大街东西横亘城堡内,大街内分布着以防守尉衙署为中心、有序排列在东西两侧的防御、骁骑校、甲兵营房设施。此采育大街实际即官兵衙署兵房所在的区域,不同于一般意义上的街道。根据记载,此街被巷道分割成六段,每段内分布着适量的衙署营房,可见在驻防兵员较少的采育里驻防城内也呈现出了街巷分割的特征②。

例证2——杭州驻防城

满城位于湖山胜地,其内由于水道的影响不甚规整,但仍然体现出了街道分割的特点。根据徐映璞先生考证③,城内坊巷甚多,除了南北浣纱路斜行外,南北纵线共有九条:东浣纱路、西浣纱路、

---

① 乾隆《宁夏府志》卷六《建置二》之《坊市》。
② 《钦定八旗通志》卷一百十七。
③ 徐映璞:《两浙史事丛稿》,浙江古籍出版社1988年版,第331—334页。

板桥路、孝女路、吴山路、延龄路、柳营路、东坡路、白傅路;东西横线八条:将军路、泗水路、迎紫路、花市路、仁和路、平海路、学士路、长生路;此外,还有别的巷道。上述街巷织成了城内的交通网络,分各种建置于许多区域。

例证3—荆州驻防城

满城内,八旗分而居之,街巷明确,镶黄旗大街、正黄旗大街、正白旗大街、正红旗大街、镶白旗大街、镶红旗大街、正蓝旗大街、镶蓝旗大街,基本将各旗区域划定[①]。

例证4——潼关驻防城

潼关驻防城,不仅体现了中心布局原则:级别最高的官员——城守尉衙署成为重要的标志性建置,南北大街为中轴线,十字大街为交通中枢,而且还体现了街巷分割原则:城内除了十字大街外,另有东西八条主要街道,将满城分成诸多小的区域,以供"八旗甲兵分住"[②]。

例证5——惠远城

除了东西、南北大街外,"自南至北,东西小巷39道,俱设有木栅……自东至西南北栅栏24道(即大小巷)"[③],满城内部区域被分割为诸多小单元,也同样遵循了街巷分割的原则。

---

① 张佳生主编:《满族文化史》,辽宁民族出版社1999年版,第72页。
② 《钦定八旗通志》卷一百一十七。
③ 中国社会科学院中国边疆史地研究中心:《清代新疆稀见史料汇辑》(新疆卷)《伊江汇览》《衙署》,全国图书文献缩微复制中心版,第25、26页。

例证6——绥远城(见图6-4)

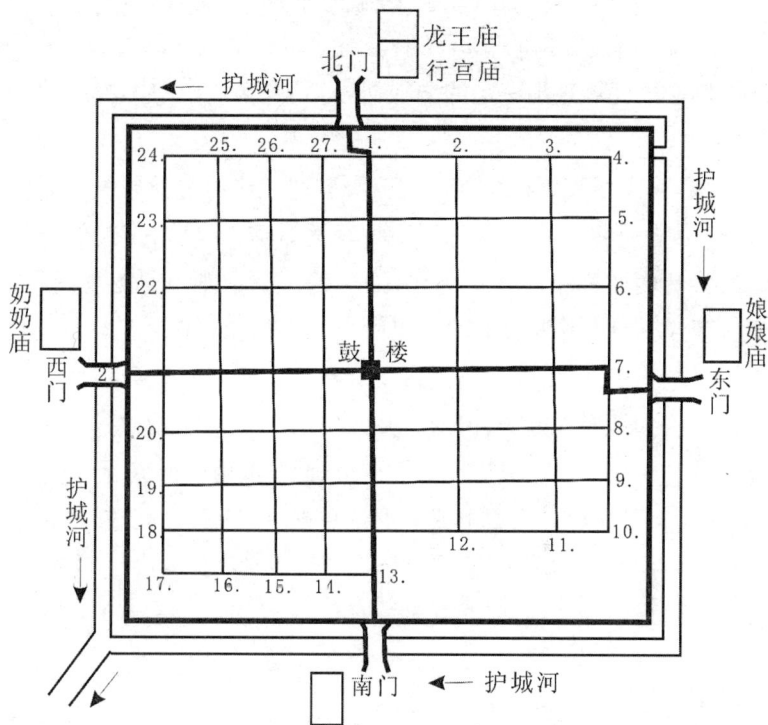

图6-4　绥远满城街道示意图

(据《中国清代营房史》①)

绥远城平面呈正方形,有主要街道27条和小巷26条,将全城
空间地区划分为棋盘状②,也是街巷分割得以展现的有力佐证。

---

①　赵生瑞:《中国清代营房史》,第1206页。
②　蒙林:《绥远城八旗蒙古初探》,《内蒙古社会科学》(汉文版),2000年第
6期,第58页。

三、方块居住原则

驻防城还体现出一定的方块居住原则,类似于中国古代的里坊制。

根据《中国大百科全书》的解释,里,"是中国古代居民聚居之处","一般呈方形或矩形,围以墙,设里门出入,里内排列居民住宅",隋唐时改称城内之里为坊,而称郊区的区划单位为里,所以后人里、坊合用,称里坊制①。概而言之,里坊实际上是指中国城市内外的居民区,大都进行过规划。尽管中国封建社会前后期城市居住区的性质有差异,但形态并无变化,一直是方块式的居住单元。这种居住区是由纵横交错的街道分割的,由于街道端直,并与城墙平行,形状也多为方形或矩形。在方块居住区内,又被许多小街道分割成大小不等的小方块区。

方块居住原则在清代驻防城内也有显著的体现。

例证1——绥远城

绥远城内八旗蒙古的4个佐领和同一旗分的八旗满洲人根据严格的布局规则,混居在一起。蒙古八旗、满洲八旗兵的居室相同,每两条东西向的小巷间有兵房两排,形成小型块状居住区,前排院门南向,后排院门北向,每排宅院相连。甲兵宅院占地均为0.33亩,住房为两间。居室位于院北端并为砖瓦房,房顶呈马鞍状。宅院内有东厢房或西厢房不等。居室山墙一侧为箭道,墙后

---

① 《中国大百科全书》之《建筑·园林·城市规划》卷,中国大百科全书出版社,第298页。

为厕所。居室的外屋稍大,里屋较小;里屋大多为南炕或北炕。宅院空地广植花草果木,"入夏香飘四溢,蜂飞蝶舞,宛如花园"①。显然,这种居住单元形式与坊里制相似,体现出排列有序、整齐划一的布局特点。

例证2——京口驻防城

首先需要阐明驻防城的设立经过。根据光绪《丹徒县志》卷二十《武备》,京口之地设有镇海大将军都统八旗大营、镇海将军都统八旗大营以及安南将军八旗大营。顺治十二年(1655),因为海警之急,朝廷命都统伯石廷柱挂镇海大将军印,统率八旗官兵,驻防京口,屯演武场;后顺治十六年(1659)九月,复因"海警焚陷南北郡县",重新在京口设置重镇,命都统刘之源挂镇海大将军印,统八旗官兵,镇守沿江沿海地方。并在城内"圈西南文昌、儒林、黄有、怀德等坊居民房屋,分派八旗中驻",揭开了京口驻防城的序幕。后来乾隆二十八年(1763)改汉军为蒙古,营地如故。同年,绿营也开始在京口扎营,"顺治十六年(1659)九月,调防各路绿旗兵马四千,游击守备八员,随八旗圈城西北东三门外民房,屯驻前后左右四营。"康熙十三年(1674)五月,复命内大臣和硕额驸石华善挂安南将军印,统二千八百名旗官兵,驻京口丹徒县,捐建营房1500间,于北固山下演武场左右屯驻。

由此可知,真正位于镇江府城内的驻防城的形成是在顺治十六年(1659),主要是充分利用了镇江府城内的文昌、儒林、黄祐、

---

① 蒙林:《绥远城八旗蒙古初探》,《内蒙古社会科学》(汉文版),2000年第6期,第58—59页。

怀德四坊地域。黄祐一坊旗营内建有京口将军、都统、公衙门等衙署①。既然驻防城空间借助的是镇江府城的旧有坊巷空间地域，在设施坐落形式上毫无疑问地会受到坊巷格局的影响，所以也就势必体现出方块居住的原则。

例证 3——成都驻防城

根据嘉庆《四川通志·舆地志》，成都驻防城共有官街 8 条，兵丁胡同 33 条。这里的官街和胡同实际上主要指八旗官兵居住区，不同于一般意义上的街巷。尤其是胡同，常被划分为数十家小庭园，每家占地 1—2 亩左右，或称甲地，内修三间住房，四周有围墙。每家的大片空地，多树花竹木。驻防城内，作为官兵居住区的官街、胡同井然有序地排列在南北干道的两侧，被分块划定，形成了诸多东西长、南北窄的区域。虽然成都驻防城内的官兵及其家眷居住区以官街或胡同称谓，实际上这种居住形式与古代的里坊制相同，体现的也是方块居住原则。

说明一点，官街胡同除了上述内涵外，也代指居住区周围街巷的意思，毕竟每一官街胡同区的周围都建设了相应的街巷、官街。成都驻防城嘉庆之后人口增多，城内新建了一些坊巷，兵丁胡同曾达至 42 条，出现了前后胡同、头条胡同、二条胡同以及同名异街的情况（如镶黄旗有仁里胡同，镶红旗有仁里头条、二条胡同）②。

---

① 光绪《丹徒县志》卷三《廨舍》。
② 雷履平：《成都满城考》，《西南民族学院学报》（哲学社会科学版），1981年第 3 期，第 69 页。

例证 4——天津水师驻防城

雍正四年（1726）四月，兵部右侍郎莽鹄立等在葛沽卢家嘴"踏勘地形,丈量应筑营房地基",并"绘图进呈",后工部议准照该图式建筑城堡,即驻防城,该城自南至北 225 丈,自东至西 260 丈,为东西略长的矩形;"设堡门四座,炮台四座,以备守望",城垣、城门、军事建置具备。在内部结构方面,"内盖兵丁营房四千间,每一连十间,隔作五段,前后量留院落,中分街巷。设立水沟以泄积水,假造桥梁以便人行"①,兵丁住房 400 连,即 400 个居住小区,小区内又分 5 个小的居住亚区,共计 2000 个段落。这样的居住区划分方式,可以说已将方块居住原则体现得淋漓尽致。

例证 5——广州驻防城（见图 6-5）

广州驻防城各旗的长官是佐领,旗下面的组织叫"甲喇",各旗、甲喇在八旗驻防区内有各自的居住块状地面,彼此之间通过栅栏隔离,共计九十一道,由八旗满洲、汉军各佐领分别把守。满洲兵负责三十八道,汉军负责五十三道②。虽然各旗所在块状区域形状并非完全一致,但是基本上符合中国传统的方块居住原则。

四、对称布局原则

例证——密云驻防城

根据民国《密云县志》所附《八旗营房图》,满城内八旗具体分

---

① 《八旗通志初集》之《营建志二》。
② 马协弟:《清代广州满族述略》,第 62 页。

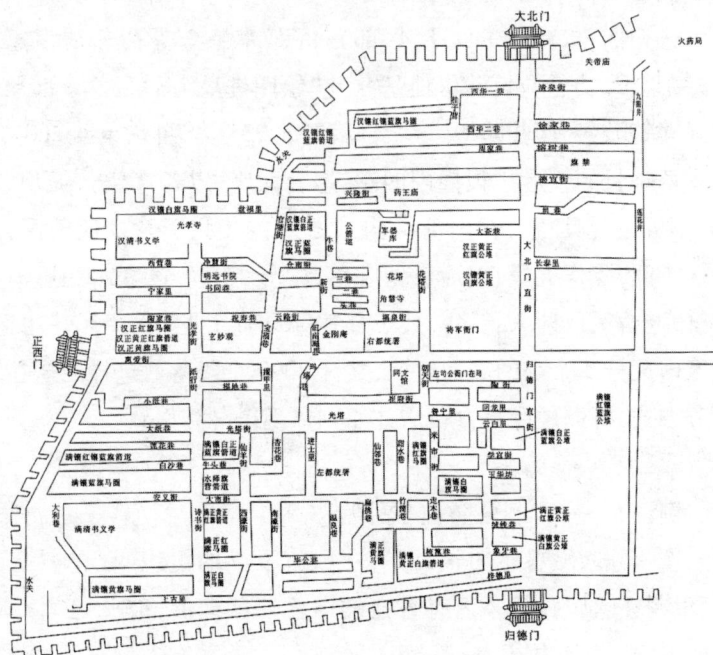

图6-5 广州满城平面布局图

（《驻粤八旗志》卷二《建置》）

布在16块比较规整的地面内,东西、南北大街形成满城总的交通轴线,将城池分成四个均匀的区域。各旗基本上按照八旗方位坐落,西北隅分布着满洲正黄、正红共处,正黄,正红和蒙古正黄、正红共处的四块小区,东北隅则分布着满洲镶黄,正白,镶黄、正白共处以及蒙古正白、镶黄共处四块小区,西南隅则为满洲镶红、镶蓝,镶红,镶蓝,蒙古镶蓝、镶红四块,东南隅为满洲镶白,镶白、正蓝共处,正蓝和蒙古镶白、正蓝共处四块,十分规整。

密云驻防城的对称程度可见一斑:左右各列两排,第一排每个旗种按照八旗固定方位协调坐落,形成了对称结构,第二排为相近旗属共处的兵房小块区域,彼此十分匀称;而且,蒙古八旗一般被安排在外围,其中正白、镶红,镶白、正蓝,镶蓝、镶红分别位于东北角、东南角和西南角,正黄、正红两旗则位于西门大街以北,都没有对整体对称格局产生负面影响。

五、因地制宜原则

例证1——右玉

右玉驻防城,虽然位于右玉县,但是在坐落形式上非常特殊,并非专门建有城垣的城池。就驻防设施的所在位置而论,虽然城内分布着一些驻防官员的衙署,但是驻防兵员却散布在城外:满洲镶黄旗"在城东南、东北隅",正黄旗"在城西南、西北隅",正白旗"在城郭外南边,沿长三里余",正红、镶红、镶蓝三旗"在城北郭西边,沿长四里余",镶白旗在"城北郭外东边,沿长三里余",正蓝旗在"城北郭外东边,沿长二里余,离城七里",汉军镶蓝旗"在城南郭外西北,沿长里许",其余七旗"在城南郭外东边,沿长四里余"①,各旗位置相对分散,坐落形式上也不够集中。出现这种现象的原因是多方面的,地理形势是不容忽视的一个方面,因此右玉驻防城的总体结构着实表现出了一定的因地制宜特征。

例证2——热河

热河驻防区的空间分布结构也体现出自身的独特性。按八旗

---

① 《八旗通志初集》《营建志》二。

驻地均有固定方位,各旗位置明确,大部分八旗驻防地也都按这种规制划定。但是热河由于四周皆山,并无固定的城郭,所以八旗驻防未能完全遵循上述定制。不仅驻防兵力分布在三个地区:四百名驻于热河(今承德市区),二百名驻于喀喇河屯(今承德市滦河镇);而且由副都统以上官员率领的热河主要驻防区域也没有集中在特定的城池内,而是分布在承德府城内和近郊。具体情况如下:镶黄旗营房在狮子沟,正白旗营房在小南门、迎水坝一带,镶白旗营房在南营子居仁里(原名白旗营房),正蓝旗营房在五条胡同下口荆笆铺一带,镶蓝、镶红二旗营房在滦河镇,正红旗营房在西大街逸西下营房一带,正黄旗营房在殊像寺附近。其中,正蓝旗营房于道光年间迁至南营子头条胡同下口路南,即肃顺府对面的罗王府。另外,今承德市翠桥南路东地区物资局东面建有小教场。罗王府南边协镇衙门之西有弓房,今翠桥逸西南路西翠桥小学一带设有马圈①。从这些设施的位置来看,驻防区域的选择比较自由,空间结构十分散涣。地理环境是导致这种格局的主要影响因子,致使规划时采取了因地制宜的方法和原则。

例证3——福州(见图6-6)

福州驻防城,属于没有界墙或城垣的驻防城。位于城内东部,南起闽县衙署附近,北至沙桥、灰桥,再北达汤水关②,形制不规则。整个区域因循了城内的旧有格局,体现出了因地制宜的原则。选址之外,一些主要设施的分布也一定程度的体现了这种原则。

---

① 布尼阿林:《热河八旗驻防简述》,《承德师专学报》(社会科学版)1988年第1期,第66—67页。

② 《福州驻防志》之《旗汛界址》。

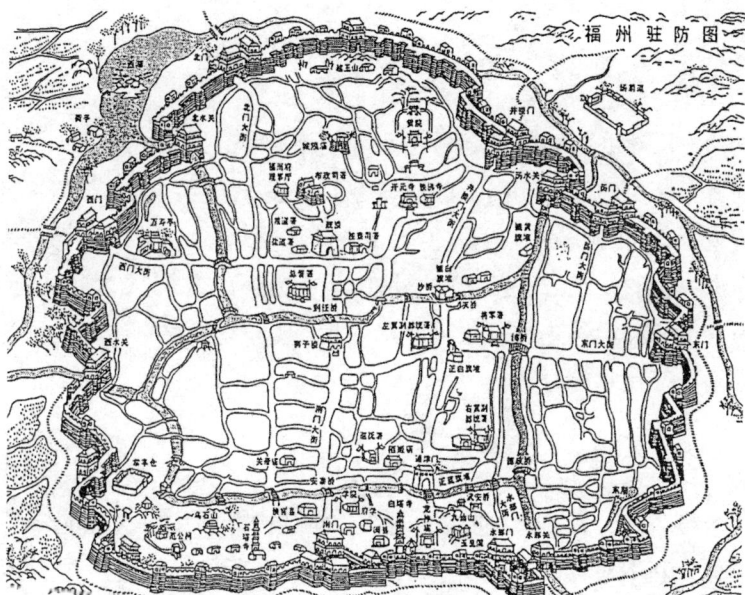

图 6-6 福州驻防图

（采自《清朝八旗驻防兴衰史》）

各旗堆拨,如正蓝旗堆、镶白旗堆、镶黄旗堆等都分布在驻防区域的边沿,位置比较随意。将军署虽然也处于适中位置,但由于驻防区域不规整而略微偏倚。左右翼副都统署也分别在西北、东南位置,更无对称性可言(见图 6-6)①。这些都说明福州驻防城的修建虽然利用了府城的空间,但是并没有进行规整的布局规划,而是在府城基础上因地制宜而建成的。

---

① 任桂淳:《清朝八旗驻防兴衰史》附图。

第三节 空间结构特征

上面对驻防城的规划思想和规划原则作了分析,并借助例子进行了必要的探讨。由于驻防城数量繁多,具体空间结构又各具特色,所以很难一一阐明。但关于驻防城的总体结构特征,仍可以作出一定的归纳。驻防城的总体结构或为棋盘式,或为蜈蚣式,或为其他式。虽然这种分法具有局限性,但与大多数的驻防城总体结构特征还是符合的。

1. 棋盘式

棋盘式,乃诸多驻防城的内部总体结构特点,即一些驻防城内对称或基本对称的主次街巷,以及大小区域所构成的整齐划一、类似于棋盘的格式。有的驻防城完全符合这种模式,如绥远城、青州驻防城等;有的则近似于这种形状,如广州、西安等。兹以青州、宁夏满城为例。

青州驻防城,各旗方位有序排列,整个内部平面被划分为 16 块小的区域,街巷镶嵌其间,形成标准的棋盘式结构(见图 6 - 7)。

宁夏满城兵房 5000 间,全城官兵衙署房间共 7176 间,主要设施按照八旗方位均匀列于城内。镶黄旗、正白旗在城东北区,正黄旗、正红旗在城西北区,镶白旗、正蓝旗在城东南区,镶黄旗、镶蓝旗在城西南区,四区建两列十六排房,共 64 排[2],俨然如棋盘状。

----

① 李凤琪:《青州驻防城建城概述》,《满族研究》2002 年第 4 期,第 72 页。

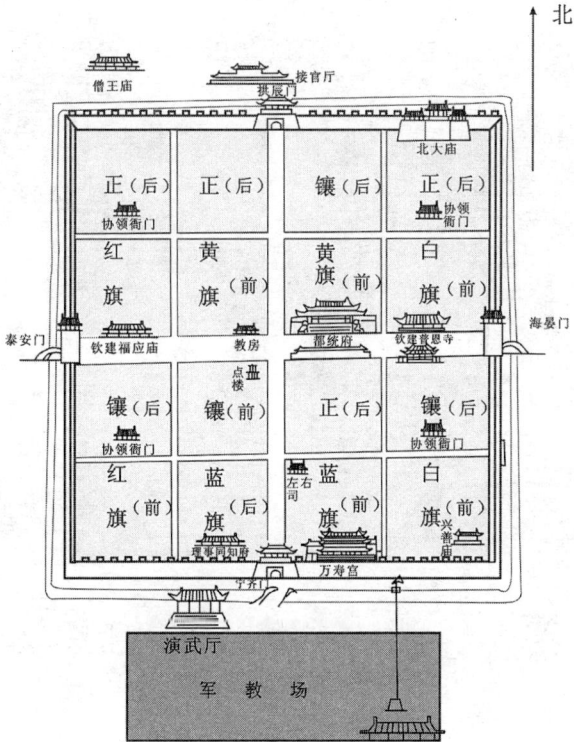

图6-7　青州驻防城旗城图①

　　而且新满城的周长、城墙高度、垛口数、炮眼数、炮台数、药楼数及城内官兵衙署房屋的排列栋数,也都是八的倍数,暗合八旗,规整之甚可见一斑。这种将驻防八旗的编制和城市建筑形制巧妙结合的做法,可谓别具匠心(见图6-8)。

―――――――――

　　①　乾隆《宁夏府志》卷六《建置二》。

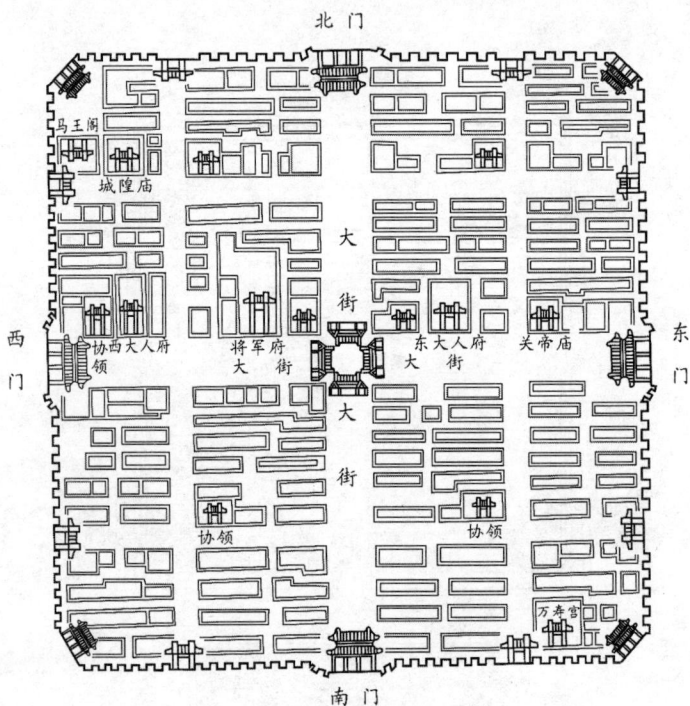

图 6-8　宁夏清代新满城图

2. "蜈蚣"式

指一些驻防城的最高衙署位于重要位置(非中心),像蜈蚣头;正对衙署造设一条重要街道,如蜈蚣主脊,各区排列在左右两侧,恰似蜈蚣的足。成都、潼关、采育里等驻防城内部结构体现的就是这种形制。

以成都驻防城为例(见图 6-9)。

成都满城内中心偏南一隅坐落着最高官员衙署——将军帅府,虽然没有位于中心位置,但却是整个满城的轴心建置;以将军

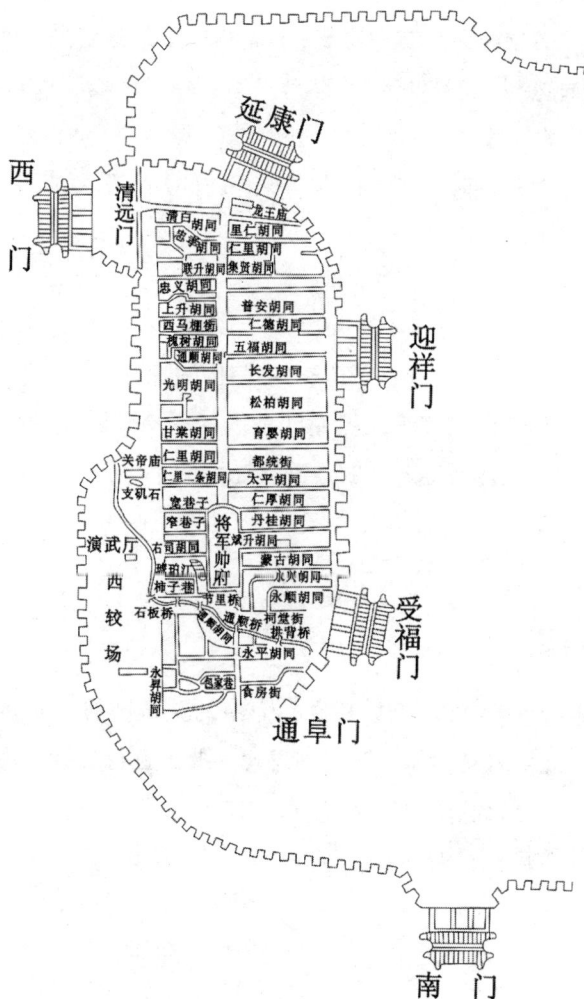

延康门

西门

清远门

迎祥门

受福门

通阜门

南　门

清白胡同
里仁胡同
志诚胡同
仁里胡同
三升胡同　乐贤胡同
忠义胡同
上升胡同　普安胡同
西马棚街　仁德胡同
槐树胡同　五福胡同
通顺胡同　长发胡同
光明胡同
松柏胡同
甘棠胡同　育婴胡同
仁里胡同
关帝庙　都统街
仁里二条胡同　太平胡同
支矶石　宽巷子　仁厚胡同
窄巷子　将军城升胡同　丹桂胡同
演武厅　右司胡同　军帅府　蒙古胡同
西较场　珊瑚巷　永兴胡同
柿子街　万里桥
石板桥　永顺胡同
通顺桥　祠堂街　拱背桥
永昌胡同　永平胡同
包家巷　膳房街

图6-9　四川成都满城内部街巷胡同分布图(重绘满城内部结构图)

帅府为核心,直达北门大街一条(长顺街),东面住左翼东四旗,西面住右翼西四旗①,形成了城内的中轴线和交通主脉,两侧街巷罗列排比,共同构成城内的交通网络,平面结构呈蜈蚣形状,正如傅崇矩《成都通览》所说:"以形势观之,有如蜈蚣形状。将军帅府,据蜈蚣之头;大街一条,直达北门,如蜈蚣之身;各胡同左右排比,如蜈蚣之足。城内景物清幽,花木甚多,空气清洁,街道通旷,鸠声树影,令人神畅。"

3. 其他式

棋盘式、蜈蚣式为一些驻防城内部结构的特点,尚有很多驻防城具有其他一些特点,如东北黑龙江地区的一些驻防城即呈不规则形;福州、右玉、热河等遵循因地制宜原则的特殊驻防城,内部结构也与众不同②。关于各城的具体特点,这里不再一一赘述。

小 结

大量事实说明,以八旗兵和家眷为主的驻防城的空间布局体现了一定的规划思想和原则。规划思想主要为五行相胜思想和儒家思想。在五行相胜思想的指导下,驻防城八旗官兵和家眷按照八旗方位井然排列。两黄旗在正北,取土胜水之意;两白旗在正东,取金胜木之意;两红旗在正西,取火胜金之意;两蓝旗在正南,取水胜火之意,中间则是中枢机构。按照这样的顺序,很多驻防城

---

① 陈一石:《清代成都满蒙族驻防八旗概述》,《成都大学学报》(社会科学版)1985年第3期,第39页。

② 《钦定八旗通志》卷一百十六。

的内部格局极为规整。与地方城市的规划一样,驻防城的设计于儒家思想也有着很好的展现。驻防城内衙署的突出位置,即或位于驻防区的中心或重要街道旁,或占据高地,都毫无例外地体现了封建社会的等级制度。

驻防城同样也体现了一定的规划原则:中心布局、街巷分割、方块居住、对称布局以及因地制宜原则。除了福州、右玉、热河等遵循因地制宜原则的特殊驻防城外,大部分驻防城的总体结构或为棋盘式、或为蜈蚣式、或为其他式。

第七章　太原满城时空结构个案研究

　　以太原满城为个案分析对象,主要考虑到太原满城的代表性。首先,太原满城是比较稳定的驻防城之一。清朝入关以后,设置了一些重要的驻防点,太原满城就是在其中的太原驻防的设立过程中产生的,为直省顺治初建立的 6 座驻防城之一。太原满城在发展过程中几乎没有遭到废弃,直到光绪朝仍然存在,发展相对稳定。其次,太原驻防满城的形制、设施、与太原府城的联系、兵员数量、战略地理特点都具有自身的特点,可以作为分析本书所研究内容的典型案例。再者,分析太原满城时空结构对于本书的研究具有补充说明的作用,是一个例证。

　　下文主要研究了太原满城的建置情况,一方面分析了该城筑建的经过;另一方面探讨了其所处位置的军事地理形势,阐明了满城的形制以及内部设施,就满城的城垣、城门和城角以及内部衙署、营房、祠宇、学舍、街巷等相关设施进行了论述,并揭示出了满城的驻防官兵数量和内部经济结构。

　　清朝入关以后,为了加强对外族的防范,保持国家政权的稳定,在全国设置了二十多处满城、派遣八旗官兵进行严密驻防,其中,在山西太原府城内也建立了一座满城,以加强对该区的统治。关于太原满城,有很多有价值的内容值得探讨,然而目前的研究成果比较有限,还存在诸多不足之处。因此,基于上述认识,本书拟对太原满城进行系统的研究,深入分析它在发展过程中的时空结构特征。这种研究不仅有益于开拓太原历史城市地理、军事地理以及民族问题学术研究的领域,而且利于通过经验的总结,为太原城当今的一些发展问题提供一定的借鉴。

第一节　满城的建置

一、建置过程

太原满城是畿辅驻防设置过程中的产物。入关后,清廷除了将八旗安置于京城之内,还认识到京师外围设置重兵的必要性,于是在北京周围布置了许多驻防,太原驻防就是畿辅外围其中一个比较重要的防卫要点。据《钦定八旗通志》记载:"山西太原府驻防,顺治六年(1649)设,分府城西南隅为满城。"①《山西通志》亦言:"顺治六年(1649)巡抚祝世昌、巡按赵班玺、布政孙茂兰、按察张儒秀、知府曹时举、知县刘光汉奉旨建",指明顺治六年,也就是公元 1649 年,为太原驻防,也即满城的初设时间。之后,清光绪十二年(1886),汾河发水,满城受其患,积水丈余,房屋倒塌,"巡抚刚毅奏请于府城东南隅别建新城",不得不于第二年,也即 1887年,重新迁筑新城,即新满城②。由此可知,太原满城有新旧之分,旧满城和新满城相隔 238 年。

清朝于不同地域内对满城的选址主要有两种形式。第一种是在城外择适宜之处。第二种则是在原有城垣内划定一隅,修

---

① 嘉庆《钦定八旗通志》卷一百十七。
② 光绪《山西通志》卷二三。

筑界墙、加以分割。太原满城属于后一种类型，无论旧满城，抑或新满城，都是利用府城内部空间筑造而成的。顺治十年（1653）户部尚书车克等人于五月二十七日的一件题本中记载："顺治五年（1648），艾大人领兵防守，安插（太原城）东南一带"，最初是以太原府城东南隅作为驻兵之地，后由于"六年（1649）恩大人奉旨换班前（来），领兵三倍于前"，且东南原住民房已被破坏，"尽成瓦砾，无凭修葺"，不得不"以西南一隅为满洲居住"之地，划定西南之域为满洲官兵居处之所，也即"满城"，一般称为"旧满城"。满城建成后，其西、南两面凭借府城城墙，北东两面与府城仅一街之隔，北面紧邻水西门街和西米市（今水西门街），东面临靠大南门街（今解放路）。其实旧满城建置在西南之地，除了受兵丁增加、东南民房遭受破坏难以居住等影响外，在选址上还有着其他一些考虑。首先从地势角度来说，太原府"城之西，其地北高南下"①，西北面地势颇高，不宜建筑满城，而西南面则与之相反，造设满城对满城兵民来说实有便利之处。其次，满城位于西南处，与此处水源丰沛不无关系。太原府城西近汾水，"汾水傍西行"、"水近城"②，使城西用水甚为方便。而满城恰恰位于西南低洼之隅，满洲官兵无疑能获取汾河充足的水源。因此，政治和地理环境是满城始筑于太原府城西南的两个不容忽视的因素。

汾水近府城，一方面可以为其提供水源，另一方面也为其带来了诸多灾患，"一遇夏秋，雨潦冲激之害时所不免"，乾隆六年（1741）巡抚喀曾"奏汾水近年傍东而行，每岁五六月间山水骤发，

① 《阳曲县志》卷十一。
② 同上。

大溜直抵土堰,深虑决堤而入城郭"①,可知汾水给太原府城造成
了很大威胁。由于满城位于城之西南,所以与府城一样也必然受
到汾水的危害。满城于顺治年间建成后至光绪十一年(1885)间
一直比较稳定,至光绪十二年(1886),汾水泛滥,大水决东堤,城
西一带被水冲没,清廷不得不迁建满城,在府城内部选择可建之
地。起初城中八旗居民和旗兵只好迁居暂住在府城贡院(今起凤
街铁路宿舍),第二年(1887)春在太原府城东南西起文庙、崇善
寺,东至府城墙根,北起山右巷南口东岳庙,南至全府城墙根的一
片土地,重建满州城,取名新满城②。由此可以注意到,满城复建
于东南,与顺治五年(1648)艾大人领兵安插(太原城)东南一带的
先例是有一定联系的。

需要补充说明的是,起初建造满城时,圈占原有民宅曾给居
民造成了诸多不便,西南一带居民要求迁至东南,东南一带居民
则认为不应再行迁移,而山西巡抚也曾上奏应"以西南一隅永为
满洲居住,更以无主宗房兑给失所居民,……使兵有安居,民有
乐业",所以在如何迁建满城上存在着不同意见。鉴于此种情
形,朝廷方下旨"不得屡迁扰民",终将八旗驻防城池固定在西南
一隅。

据上,清廷分别于顺治六年(1649)和光绪十二年(1886)造建
旧满城和新满城,对满城城址的选择比较重视,曾因水患将城址由
西南隅移至东南处。

---

① 《阳曲县志》卷十一。
② 《山西通志》卷二三。

二、满城所在驻防的战略地理形势

满城的产生与驻防息息相关,所以分析满城的战略地理形势需要从驻防的设置入手。清朝之所以要在太原布设驻防、修建满城,当与太原所具有的独特自然地理形势和战略地理位置有密切关系。

首言自然地理形势。从宏观地理角度考虑,太原府城所在的山西省东、北边地分别与华北平原、蒙古高原交壤,西、南隔黄河与陕西、河南相临,一直是诸多部族迁徙的通道,为一个可攻可守的安全地带和非常适宜的文明发源地。而且汾渭盆地的自然地理比较完整,由此往东可抵山东,往南则达云梦洞庭,交通地理位置上的优越性不言而喻。尤其值得注意的是,黄河紧傍山西,驻防于此一定程度上可以仰仗此道天险来加强守卫。再者,山西境内群山大致呈东北西南走向,其间从南到北散布着大同盆地、忻定盆地、太原盆地、临汾盆地及运城盆地等一系列断陷盆地,素有"凸封闭"区域之称。从微观地理角度分析,太原府城位于山西高原中部,太原盆地(亦称晋中盆地)北端。太原盆地海拔最高点为2,670米,最低点为760米,平均海拔800米左右,地势平坦,土壤肥沃,灌溉方便,农业发达,实为军事驻防的理想之地。而且,盆地北起石岭关,南至韩侯岭,长约二百多公里,"东阻太行常山,西有蒙山,南有霍太山高壁岭,北扼东陉西陉关,是以谓之四塞也"①。太原府城所在地区地貌总轮廓是北、西、东三面环山,中部和南部一角为开阔的河谷平原,汾河自北而南纵贯府城西边,两岸沟渠纵

---

① 顾祖禹:《读史方舆纪要》卷四十《山西二·太原》。

横,这种依山傍水的优越地理位置,除了可为太原府城提供足够的水源保障,也能在军事上增加易守难攻之势。因此,无论在宏观角度,还是在微观角度,太原府城都具有军事上需要的有利的自然地理形势,而这正是清朝在此府内布设八旗驻防、修筑满城的一个重要原因。

再言战略地理位置。《读史方舆纪要》描述山西形势曰:"东侧太行为之屏障。西侧大河为之襟带。北则大漠、阴山为之外蔽,而勾注、雁门为之内险。南则首阳、砥柱、析城、王屋诸山滨河而错峙",所谓"定都于燕,而京师之安危,常识山西之治乱,盖以上游之势系于山西也"①,军事战略位置相当重要。而作为河东—山西地区中心的太原自古以来也都是战略要地,依《宋史·地理志》,"其地东际常山,西控党项,南尽晋绛,北控云朔,当太行之险地……太宗平太原,虑其恃险,徙州治焉,然犹为重镇,屯精兵以控边部云","正以其控扼一边(谓辽人夏人也),下瞰长安(谓开封)缠数百里,弃太原则长安京城不可都也"②,因此位于山西腹地的太原城东、西、南、北皆据有战略地理优势,再加上其三面环山,地处陕西、河南交通之衢,"天下之肩背"之势甚为明显。更有学者研究太原所谓肩背优势主要表现在:中央在中原,隔一条黄河;中央在关中,还是隔一条黄河;中央至京蓟,则隔一条太行山③。因此,太原实为"表里河山,天堑合围"之地,军事战略上的重要性不容置疑。

---

① 《读史方舆纪要》卷四十《山西二·太原》。
② 同上。
③ 靳生禾:《晋阳古城之文化积淀及其历史地位》,《山西大学师范学院学报》2002 年第 2 期,第 15 页。

总之,由于太原城和山西战略地理位置非常重要,清朝为巩固统治、有效控制全国,不得不重视山西战略上的显著地位,在重心要地太原设置八旗驻防。

同时还应看到,太原驻防以及满城的设置,在整个驻防以及满城体系中占有重要的地位,其一方面是畿辅外围八旗防线的重要驻地之一,另一方面则是整个山西八旗驻防南部要点。清初设防非常重视对京师以及畿辅地区的戍卫,顺治至康熙前期,畿辅驻防经过多次调整,形成了三个层次,其中,顺义、昌平、三河、良乡、宝坻、固安、采育、东安为第一层次,为靠近北京城的最近防线;霸州、玉田、滦州、雄县是第二层次,构成第二道防御体系;而较远一点的太原和保定、沧州、德州则为京师驻防体系的最外一层。可以看出,太原驻防是畿辅驻防体系外围防线的重要部分,与保定、沧州、德州驻防共同组成了不容忽视的外圈防线,并与第二层、第一层互为表里、声势联络,共同形成了坚固的驻防群体,拱卫着京师。不仅如此,太原驻防还是整个山西防御体系的重要内容。有清一代,整个山西地区的驻防除太原城外,尚有归化城、绥远城、右卫等处。右卫和归化城八旗驻防,皆始于康熙三十二年(1693),绥远城则动工兴建于雍正十三年(1735),乾隆二年(1737)告竣。从战略位置上考虑,太原处于山西行省的中部,驻防于此可顾及该省中部和南部的安危;右卫则位于山西北部,靠近长城,"本城孤悬西北,向来寇骑突犯,辄当其冲"①,归化、绥远(今内蒙古呼和浩特市)两城则位于西北,为控制蒙古而设的两处重要驻防。此四处驻防关系甚紧,归化城位于绥远城旁,其关系之紧不言可知,而右卫和归

---

① 《读史方舆纪要》卷四十四,第21页。

化、绥远驻防之联系也不容忽视,当蒙古有事,右玉驻防可"预为
之备也"①。而作为山西行省四大驻防点之一,太原驻防与其余北
部三驻防更是南北呼应,构成中南部和北部区域两个重要的八旗
驻防要点。

综上所述,太原满城的出现是军事驻防要求的结果,正由于山
西和太原的自然、军事战略位置相当重要,清朝才在此设置驻防,
而此驻防不仅是畿辅驻防必不可分的部分,也是山西行省不可或
缺的重要防点。

第二节 满城的形制和内部设施

一、满 城 形 制

(一)城垣规模和形状

太原旧满城南至城根,北至西米市,东至大街,西至城,"计南
北长二百六十丈,东西阔一百六十一丈七尺"②,为南北较长的方
形,南北要比东西长约 100 丈,"周围八百四十三丈四尺"③,合
2811.33 米。新满城则位于西起文庙、崇善寺,东至府城墙根,北
起山右巷南口东岳庙,南至全府城墙根的一片土地,"周三百九十
二丈"④,约 1306.67 米,规模较之旧满城大大缩小。从《阳曲县

---

① 《清圣祖实录》卷一百八十六,康熙三十六年(1697)十二月乙丑。
② 《八旗通志初集》卷二十四《营建志》二《八旗驻防衙署营房》、《钦定八旗
通志》卷一百一十七。
③ 《山西通志》卷二十三。
④ 同上。

志》城内《建置图》来分析,新满城南北城垣仍较之东西为长,与旧满城有相似之处。两满城皆是利用太原府城的一隅之地建造而成,因太原府城"周二十四里"(12000米),故旧满城周长相当于府城的23%,新满城约及其11%,而两者之间进行比较,旧满城周长要比新满城长近一倍(见图7-1)。

(二)城垣筑建特点

旧满城和新满城都有两面城墙借助了原有府城城墙的一部分,旧满城西、南两面分别利用了太原府城西、南城垣的一部分,新满城的东、南两面城垣则是利用了府城东、南城墙的一段,因此两者分别有两面城墙的建制与府城城墙一致。太原府城宋太平兴国七年(982)建,明洪武九年(1376)拓展东、南、北三面,城墙"高三丈五尺","外包以砖"①,所以新、旧满城凭依府城城墙的城垣部分也当具有如此特征。旧、新满城另两面城垣皆为新建,旧满城"东北二方,设立栅栏为门为界"②,东面城墙面临大南门街,北面则近水西门街和西米市街,而新满城城垣则北起山右巷东泰山庙,西起文庙、崇善寺。

(三)城门和城角

旧满城"东门二,北正蓝旗,南镶蓝旗,北门一"③,共有两个东

---

① 《阳曲县志》卷三《建置图》。
② 《钦定八旗通志》卷一百十七。
③ 《山西通志》卷二十三。

门,分别由正蓝旗和镶蓝旗驻守,北门有一个,紧邻水西门街,靠近西门,而未处于满城正中位置。与旧满城相似,新满城也"门三座"①,东、南处未设门。就城角来说,旧、新满城各括有府城的一个城角,城角上又各有一角楼,设有威远炮、虎尾炮、花瓶炮等武器,"西南角楼,头号威远炮六位,二号威远炮十九位,三号威远炮三十位,虎尾炮二位,花瓶炮十四位","东南角楼,头号威远炮七位,二号威远炮十九位,三号威远炮五十二位,虎尾炮二位,花瓶炮十五位"②。

二、满城内部设施

满城内部设施主要包括衙署、营房、祠宇、学舍四类,无论是旧满城,抑或新满城皆如此。这些设施可根据史籍作出考证。

①衙署。旧满城:城守尉衙署 1 所,房屋 11 间;防御 4 员,衙署 4 所,一所 15 间,二所 13 间,一所 21 间;笔帖式衙署 1 所,16 间。根据《阳曲县志》卷三《建置图》,旧满城衙署主要位于满城的中部。新满城:城守尉署 1 所,防御 4 所,骁骑校 4 所,笔帖式 1 所,皆位于满城内。官员级别不同,衙署规模存在着差异,满城内城守尉营房较多,而防御和笔帖式房数则差别不大。

②营房。营房为满城内部兵丁所住建置,内住有领催、马甲、弓匠、铁匠等。由于部兵丁的数量屡有变化,所以新、旧满城内部营房数不甚固定,如《八旗通志初集》卷二十四《营建志》二《八旗驻防衙署营房》记旧满城原设甲兵共给房 973 间,而《钦定八旗通

志》卷一百十七则曰旧满城"领催马甲弓匠铁匠共 564 名,造给营房 898 间"。关于满城兵丁的数量及其变化,本书将在下面述及。一般来说,兵丁增加以后,兵营数量也应增加,但也有例外,如乾隆五十一年(1786)八月奏添马甲 60 名、步甲 40 名,却并未添建营房①。

③祠宇。旧满城内有四神阁,靠近北门,位于水西门街和都司街交汇处,并跨北城垣入满城,即"十字路南,入满城"②。关于旧满城内部其他祠宇情况,因史籍所限难以知晓。新满城内则祠宇颇多,北有东泰山庙,西南有崇善寺,南有小五台。根据《阳曲县志》,崇善寺旧名白马寺,后改名延寿,明洪武初拓筑新城于寺外,洪武十四年(1381),晋恭王潆母高皇后即故址,除辟南北袤三百四十四步,东西广一百七十六步,建大雄宝殿七间,东西回廊前门三楹,重门五楹,经阁、法壶、方丈、僧舍、厨房、禅室、井厅、藏轮俱备,南面有瞻寺地四十顷,洪武间置僧网司。小五台,又名大土庵,旧为王道行桂子园,后归河东府,改名金粟园,明季兵毁,雍正年间总督伊都立重修,后邑绅增建魁星阁,旁祀朱子晦翁③。

④学舍。旧满城内设有官学和义学。官学在满城初建时即已设立,其内房舍四间。另有义学一所,"嘉庆九年(1804)设,经费银四百二十两,用生息项"④。新满城内则设有义学,"衙署、营房、祠宇、义学悉备"⑤。

需要说明的是,教场虽不位于满城内部,但与满城关系紧密,

---

① 《钦定八旗通志》卷一百十七。
② 《阳曲县志》卷三《建置图》。
③ 《阳曲县志》卷一《舆地图》。
④ 《山西通志》卷七十六《学制略》下。
⑤ 《山西通志》卷二十三。

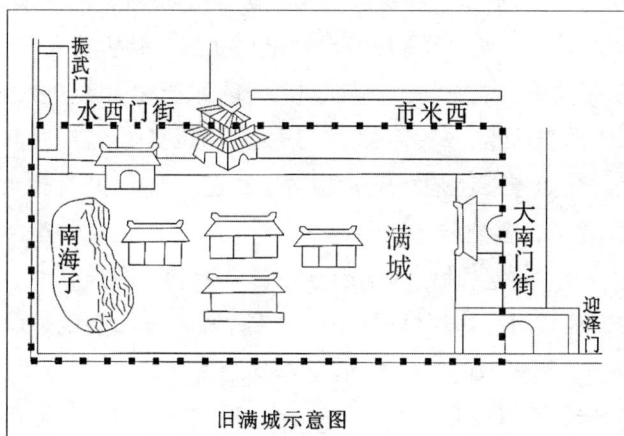

旧满城示意图

满城与府城相对位置示意图

满城范围

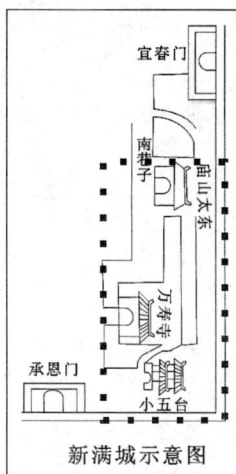

新满城示意图

图 7-1　新旧满城形制和位置示意组图

注:依据《阳曲县志》卷一《舆地图》,旧满城南北要比东西城垣长,所以县志所附旧
满城图实有不确切之处。

是满城官兵演习的重要场所。教场就在府城振武门外,地临汾水,屡被淹没,不便检阅,乾隆时移入城中东北隅。其庙院2所,内正殿5楹,祀关帝、火神、马王。外乐楼1座,武演厅3楹,帅台1座,院官厅3楹,东西厢房各3楹,大门1楹,司道官厅3楹,东西厢房各3楹,大门1楹,地僻而廓,箭道宽敞密迩。教场为"精营士卒以时习武"之地,"甚便防御"。①

　　除了上述建置,满城内部都存在主要街巷。旧满城中一条东西向大街从东门直达西城根,当时叫"满城大街",也就是后来的"旧城街"。新满城内四条大街,基本均为南北走向,取三个街名:新城街、新城西后街和新城东后街。20世纪30年代,新城街一分为二,北段称"新城北街",南段称"新城南街",一直延续至今,两者皆是由于满城驻防而形成的街巷。② 新满城内另有一条小街,即"小五台后空地曰东岗村街"③。

第三节　满城驻防兵丁数量及内部经济结构

一、组　织　系　统

　　太原满城的组织系统,系指其内部的驻防主官、属员层次、职责分工及其相互关系。其官员共10人:城守尉1人,防御和骁骑校皆为4人,另有笔帖式1人。根据《钦定大清会典》记载:"驻

---

① 《阳曲县志》卷九《兵书》。
② 盛力:《闲话太原街巷》,《文史月刊》2000年第12期,第57页。
③ 《阳曲县志》卷三《建置图》。

防,则受治于将军、都统、副都统、城守尉、防守尉。"①因此,城守尉是统领太原驻防的主要官员,为正三品官。驻地不同,城守尉的隶属关系有差异,一般驻防将军、副都统辖区内者,分别由将军、副都统兼辖,而太原驻防初是由城守尉单独统领,直接受制于中央,而后乾隆二十一年(1756)却"统属于山西巡抚"②,与开封驻防一样改由巡抚节制。防御和骁骑校从属于城守尉,前者为正五品官,职权与佐领一样往往取决于守军的规模,负责驻防军需品的调配,后者则是正六品官员,协助防御履行军事和行政职责。笔帖式的级别往往低于命官的级别,以七品至九品的品级划分,负责翻译文件、准备奏章,只属于行政部门,不属于军队③(见图7-2)。

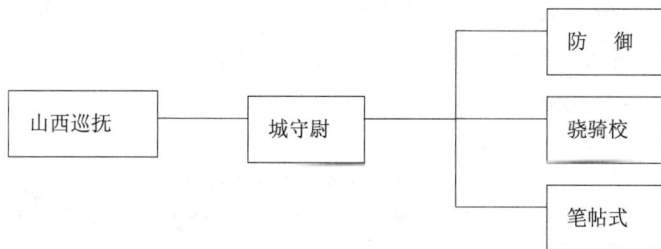

图7-2　太原满城内部官员组织结构示意图(1756年以后)

二、兵丁数量

太原驻防满城的兵丁分为四类。一为领催,经管档案登记和

---

① 《钦定大清会典》卷四十五《兵部》。
② 《山西通志》卷七十七《营制略上》。
③ 《驻粤八旗通志》卷五,第49、50页,《杭州八旗驻防营制略》卷十五,第8、9页。

俸饷支领等基层机关事务,由优秀马甲和闲散中挑补;二为马甲,又称马兵、骑兵、骁骑,由步甲、养育兵、匠役和闲散中挑补,挑补为马甲是成丁满洲旗人的主要出路;三为步甲、匠役,步甲,又称步兵、步军,匠役则包括弓、铁等匠,由另户、户下人、闲散中挑补;四为养育兵,清军入关后,兵有定额,而满洲人丁却与日剧增,形成大批生活无着的余丁,养育兵即为此而设的预备兵,由贫困户、闲散和骁骑校以下低级人员子弟中挑补。①

驻防兵初设时兵源主要包括正蓝、镶蓝二旗满洲、蒙古兵和察哈尔兵,即"顺治六年(1649)设太原驻防,……正蓝、镶蓝二旗满洲、蒙古兵六百十二名,察哈尔兵二百四十八名",顺治十四年(1657),撤察哈尔兵还游牧地方,仅剩满洲、蒙古兵两主要兵源,后虽不断增渐兵额,仍以满洲、蒙古兵为主。②

关于太原驻防兵丁数量的变化情况,见表7-1。

表7-1 太原满城驻防兵丁数量表

时间(年)	兵丁增减(名)	兵丁成分和数量(名)	合计(名)
顺治六年(1649)	无	满洲、蒙古兵612名,其中甲兵413名,领催、马甲、弓匠、铁匠共564名,察哈尔兵248名,弓、铁匠各2名	864
顺治八年(1651)	撤正蓝旗兵90名	满洲、蒙古兵522名,察哈尔兵248名,弓、铁匠共4名	774
顺治十四年(1657)	撤察哈尔兵248名	满洲、蒙古兵522名,弓匠、铁匠共4名	526

---

① 陈锋:《清代军费研究》,武汉大学出版社1992年版,第32、34页;赵生瑞:《中国清代营房史》,中国建筑工业出版社1999年版,第24、25页。
② 《山西通志》卷七十七《营制略上》。

时间(年)	兵丁增减(名)	兵丁成分和数量(名)								合计(名)
顺治十五年(1658)	拨走兵300名,调进127名	满洲、蒙古兵349名,弓铁匠共4名								353
康熙十四年(1675)	增兵64名	满洲、蒙古兵共413名,弓铁匠共4名								417
雍正二年(1724)	增甲兵87名,又增养育兵40名	新旧共500名,养育兵40名,弓铁匠共4名								544
		满洲兵	领催	骁骑	养育兵	蒙古兵	领催	骁骑	养育兵	
			26	300	26		14	160	14	
乾隆五十一年(1786)	增马甲60名,步甲40名	兵丁共600名,养育兵40名,弓铁匠共4名								644
道光元年(1821)	增养育兵40名	兵丁共600名,养育兵80名,弓铁匠共4名								684
光绪十八年(1892)	增甲兵50名	领催	马甲	步甲	养育兵	弓匠	铁匠			734
		40	470	140	80	2	2			

注:依据《山西通志》卷七十七、《八旗通志初集》卷二十四和《钦定八旗通志》卷一百十七。

由表7-1可以看出,太原驻防兵丁数量不断有所增减,顺治六年(1649)和光绪十八年(1892)时兵丁最多,康熙十四年(1675)为转折点,自顺治六年(1649)至康熙十三年(1674)呈递减状态,自康熙十四年(1675)至光绪十八年(1892)则一直持续增加(见图7-3)。驻防初设时,兵源除了正蓝、镶蓝二旗满洲、蒙古兵外,还包括数量达至248名的察哈尔兵,因此将弓铁匠计算在内总数达到864名。后由于顺治八年(1651)将正蓝旗兵90名调还京城,十四年撤销察哈尔兵还游牧地方,十五年拨300名往驻杭州府后、仅调进直隶等处驻防兵 127 名充太原额,所以顺治八年(1651)、十四年(1657)、十五年(1658)兵丁数量分别降至 774、526、353 名。及至康熙十四年(1675),复增设兵 64 名,驻防兵额上升到 417 名,后雍正二年(1724)、乾隆五十一年(1786)、道光元年(1821)和光绪十八年(1892)驻防兵员分别增加到 544、644、684 和 734 名,仅乾隆五十一年(1786)就增加了 100 名。值得注意的是,在增加的兵丁中,除了领催、骁骑等兵员,还包括养育兵,分别于雍正二年(1724)和道光元年(1821)增加了 40 名。表 7－1 还显示,出现增减变化的往往是领催、甲兵、养育兵等,而匠役,即弓、铁匠的数量却未有明显变化,始终各为 2 名(见图 7－3)。

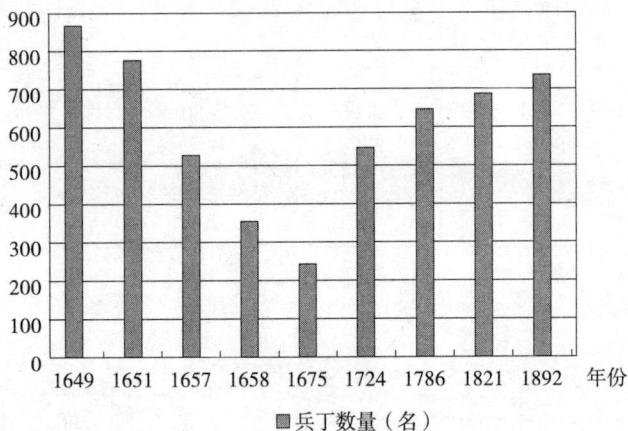

图 7－3　满城兵丁数量及变化示意图

三、经济结构

探讨满城内部经济结构,实际上是要说明满城官兵的饷制。

清朝定鼎中原后实行的八旗粮饷制度主要包括两方面内容：一是沿袭了记丁授田的旧制；二是受到中原传统制度的影响而按月季发饷，为满汉制度结合的产物。

清朝在全国驻防内的授田标准比较混乱，各地情况并不一致①。根据《钦定八旗通志》卷七十三记载，太原驻防八旗的旗地为 38950 亩，其中官员地为 5440 亩，正蓝、镶蓝旗满州兵丁地为 21870 亩，正蓝、镶蓝旗蒙古兵丁地为 11640 亩②。

俸饷作为太原驻防官兵生计的主要来源，分常额俸饷和战时俸饷、功赏、抚恤和平时的救济性赏赐（见表 7－2）。就常额俸饷而言，太原八旗官员所领有俸禄、养廉银、心红纸张银、马乾银等项。根据《山西通志》记载："城守尉（岁支）俸银一百三十两，养廉银二百两，心红纸张银八两二钱，粳米不折银一十两八钱"；防御则俸银 80 两，粳粟米石折银 28.71 两，本色粟米 18 石；骁骑校岁领俸银 60 两，粳粟米石折银 25.56 两，本色粟米 15 石；笔帖式俸银 21.114 两，粳粟米石折银 25.56 两，本色粟米 15 石。③ 因此就俸银来说，防御、骁骑校、笔帖式三者所领依次减少；而就禄米而论，有折色（把米折价发银）和本色（直接发放米粮）之别，其中防御所领折、本色米银最多，而骁骑校和笔帖式支领折、本色粳粟米数量相当。马乾类中，城守尉、防御领马五匹，骁骑校、笔帖式各 4 匹。凡马匹，均由官方发放草豆，草豆也存在"本色"、"折色"之分，每马 1 匹，月支豆 9 斗，草 6 束，一石豆折色银 0.85 两，一束草

---

① 陈锋：《清代军费研究》，武汉大学出版社 1992 年版，第 29 页。
② 乾隆《钦定八旗通志》卷七十三。
③ 《山西通志》卷七十七《营制略上》。

折色银 0.025 两,每匹马岁支银 19.372 两至 5.4 两不等。①

兵丁常额俸饷,分月饷、岁米、马乾、名粮等项。按光绪《大清汇典》所记一般标准,兵丁之中领催每岁每名饷银 36 两,马甲每名 24 两,匠役和步甲各为 12 两②,即领催每名月饷 3 两,马甲 2 两,匠役和步甲各为 1 两。但由于驻地不同,兵丁的月饷却存在差异。就太原驻防兵丁而言,领催每岁饷银为 48 两,马兵(甲)36 两,步兵 18 两,每月各为 4 两、3 两和 1.5 两。由此可见,前锋、领催和马兵月饷较之《大清汇典》所定标准皆多了 1 两,而步兵则多了 0.5 两。另外,驻防内尚有养育兵,岁支饷银 18 两,月饷为 1.5 两。③ 满城兵丁岁米之项,按定例领催 22—30 石不等,马甲岁领折色米 15.75 两,本色粟米 15 石,步甲折色米 3.15 两,本色粟米 12 石,匠役 11 石。④ 而马乾方面,仅马甲 2 匹,折色银数与上述城守尉、防御等标准一致⑤。关于兵丁常额俸饷名粮类,由于资料所限,尚待挖掘资料进行深究,本书略之。

表 7-2 《山西通志》所记太原驻防八旗官兵每岁银钱领支表

官衔及兵别	俸银(两)折色粳粟米(两)	本色粟米(石)	本色粳米(两)	养廉银(两)	心红纸张银(两)	岁支折色马乾银(两)	合计(两/石)
城守尉	130			10.8	200	8.2	54.9	403.9 两
防御	80	28.71	18				54.9	163.61/18
骁骑校	60	25.56	15				43.92	129.48/15

---

① 《山西通志》卷七十七《营制略上》。
② 光绪《大清汇典》卷十八,第 4,5 页。
③ 同治《钦定户部则例》卷八二。
④ 《山西通志》卷七十七《营制略上》。
⑤ 同上。

官衔及兵别	俸银(两)折色粳粟米(两)	本色粟米(石)	本色粳米(两)	养廉银(两)	心红纸张银(两)	岁支折色马乾银(两)	合计(两/石)
笔帖式	21.114	25.56	15				43.92	90.594/15
领催	48	共约22—30石					48/22—30
马兵	36	15.75	15				21.96	73.71/15
步兵	18	3.15	12					21.15/12
养育兵	18							18两
弓、铁匠	12	共11石						12/11

　　太原驻防八旗官兵平时常例俸饷制度之外,另有战时俸饷、功赏、抚恤以及平时的救济性赏赐。战时俸饷制度概有出征行装银、出征盐菜银、出征口粮等项。出征行装银亦称"出征俸赏行装银",发放目的在于资助八旗出征官兵整办衣装器具,兼及养赡家口,一般在出征前一次性给发。清初的出征行装银,或赏或借,或额外施恩,均无统一的成例,行装银数额不但每次战争各不相同,就是在一次战争中,各路军队的赏银亦不一致。而根据乾隆四十九年(1784)议定的统一行装银则例,太原驻防官兵出征行装银与直省一致,城守尉、防御、骁骑校、笔帖式等官员分别赏俸一年,领催、马甲则各赏银20两,步甲为15两,弓、铁匠为10两[1]。出征盐菜银为战争期间按月发给出征官兵的生活补贴,包括官兵盐菜银和与役余丁盐菜银。出征口粮则为一种最先支发的战时补贴,是为了官兵的日食所需,根据《军需则例》规定,凡出征官兵及与役,一律"日支口粮八合三勺,或面一斤。并量给柴薪,以资

---

① 乾隆《钦定户部军则例》卷一《俸赏行装》。

食用"。同时还规定了支给牛、羊代替口粮的"折价抵支"定例①,见表7-3。

此外,关于太原驻防官兵的战时功赏、抚恤和平时的红白事例银、退甲兵丁养赡银、灾荒赈济,以及代为偿还借款、回赎旗地诸救济性赏赐项目,也都有定例,由于篇幅所限不再一一赘述。

表7-3　太原驻防官兵及与役出征盐菜银表

类别	月支盐菜银(两)	与役人数(名)	月支盐菜银(两)
城守尉	9	16	8
防御	4	4	2
骁骑校	2.5	3	1.5
马步兵	1.5	0.5	0.25

注:依据乾隆《钦定户部军需则例》卷二至卷三《盐菜口粮》。

小　结

综上所述,太原满城设置于顺治六年(1649),后因光绪十二年(1886)水患的发生由府城西南隅迁至东南隅,它的建立,与其所处重要的自然、战略位置有很大的关系。太原满城还具有一定的形制,内部建有衙署、营房、祠宇、学舍等设施,街巷布局秩序井然。就官兵数量而言,太原满城的官员数量比较固定,兵丁的数量一直处于增长状态。而满城官兵经济的来源是俸饷,具体数量因地位的不同而有所差异。总之,太原满城是一个重要的八旗官兵

---

① 乾隆《钦定户部军需则例》卷八《折价抵支》。

驻防空间,具有军事地理和城市地理研究应该重视的丰富内容。在太原今天的建设过程中,如能充分重视它的历史地理文化内涵,挖掘其在旅游开发中所具有的资源优势,势必利于太原城市的进一步合理发展。

结　语

一、驻防城概念内涵

驻防城,即驻防之城,乃大部分具有一定规模、军事驻防功能突出、以八旗官兵为主的驻防空间。驻防城共 90 余座,分布在畿辅、直省、东北和新疆、乌里雅苏台和科布多等地。

二、驻防城等级管理结构和军事实力

驻防城有着自身的驻防组织系统和级别,从驻防管理方面考虑,各区都形成了一定的驻防城等级管理序列。

就军事实力而言,各区内驻防城之间互有差异,情况不一。区域之间比较,总体实力上,直省地区的驻防城无论是官员数量还是兵员数量、总量以及将匠役、养育兵计算在内的综合官兵总量,都比其他地区多。这一方面表明了清朝对直省驻防城建设的重视;另一方面也说明了直省驻防城具有的较高规模。东北地区的驻防城军事实力位居其次,在三万名以上,说明清朝对龙兴之地的充分重视。然后依次为新疆、乌里雅苏台、科布多地区和畿辅地区,畿辅最少,与该区驻防城数量较少有关。

就官兵互调而言,区域内都有一些驻防城互相调动的情况,其中吉林、直省、新疆比较频繁，其他区域较少。区域之间，产生联系的是东北和新疆之间、畿辅和直省之间、畿辅和新疆之间、新疆和直省之间，东北和直省、东北和畿辅区域间的驻防城调动鲜少。新疆的驻防城属于输入型，八旗官兵主要来自盛京、畿辅和直省地区，畿辅和直省一些驻防城之间官兵的调动较为频繁，彼此联系相对密切。总之，一些驻防城之间或所在区域间的联系是显而易见的。

三、时空结构特点

1. 时间发展特点

驻防城为驻防发展的产物，与驻防的设置关系相当紧密，在时间上，驻防城的形成与驻防的设立或基本同步，或之后建造而成。

驻防城的设立发展共分为几个时期：顺治为初步发展时期，康熙、雍正时期为进一步发展完善时期，乾隆时期为驻防城发展的高潮时期，嘉庆、道光时期为驻防城的稳定发展时期，咸丰、同治时期为驻防城的发展走向衰弱的时期，光绪前期和中期是驻防城一定程度的恢复期。自辛亥革命后，大部分驻防城基本上名存实亡。

2. 空间分布结构特点

从全国角度分析，驻防城分布在畿辅、直省、东北、新疆、乌里雅苏台、科布多等地，东北、西北、北部、中北部、西南、南部、东南、中部、东部等方位都有驻防城分布，范围广泛。驻防城的宏观空间分布体现了与驻防分布类似的特点。由于畿辅为根本要地，东北为发祥之地，西北、北部为统治要害地方，直省为军事重要区域，所以这些区也就相应建设了数量不一的驻防城。

从区域内部分析,不同区域驻防城的分布有着自身的特点。畿辅、东北、新疆、直省等地都形成了关系紧密的驻防城体系或子系统,即以驻防城为点、驻防城体系为支撑,形成了每一区域的严密的驻防城网络。

从驻防城所在行政区域而言,直省、畿辅等地驻防城大部分位于省城或府厅县城内外部,而东北、新疆地区的驻防城比较独立。

各城所在区域一般都有着自身的战略上的特点。多数驻防城位于战略地理重要之地,或有山川作为屏障,或具有江、海水源条件,或地势平坦,或位于要冲之地,战略形胜比较突出。

四、驻防城形制和内部结构

1. 驻防城总的形制

有的驻防城城垣耸立,有的未建城垣,从官兵、设施的分布、坐落形式上分为高度集中型、集中型和非集中型三种。就所有的驻防城而言,除了保定、沧州、郑家庄、右玉、广州、德州、福州布特哈、呼兰、呼伦贝尔、通肯、兴安、热河、察哈尔、归化城等未建城垣或城垣不完整的驻防城外,驻防城的周长分为10里以上和10里以下两种,后者数量最多。驻防城的城垣质地没有完全一致的标准,类型多样,不同地区有不同的特点,分为土垣、外砖内石、内土外木、栅栏、松木、竹篱、内土外砖、内土外石、砖石结构等类。驻防城形状有不规则形和方形(正方形和长方形)两种。城门则一座至九座不等,其中一座和九座者最少,四座城门者最多,而且,城门的开设无规定规律可循,一般与驻防城的规模和位置关系紧密。有些驻防城拥有重垣结构,多数建有城楼、角楼、城池、城壕等其他设施。

2. 驻防城设施及其分布

驻防城城设施主要包括衙署、兵房、训练、后勤、宗教、教育等类，大部分分布在城内。无论城内还是城外，设施分布上没有特别统一的规律。

3. 驻防城内部总体布局

大量事实表明，驻防城总体格局体现出了五行相胜和儒家思想，同时体现了一定的规划原则：中心布局、街巷分割、方块居住、对称布局以及因地制宜原则。除了福州、右玉、热河等遵循因地制宜原则的特殊驻防城外，大部分驻防城总体结构或为棋盘式，或为蜈蚣式，或为其他式。虽然这种分法具有局限性，不能适用于所有的驻防城，如黑龙江、墨尔根等城呈不规则形，布局虽有着自身的特点，但与大多数的驻防城总体结构特征相符合。

太原满城的典型个案是对上面论述内容的进一步补充。

总而言之，作为军事驻防发展的产物，清代的驻防城不仅概念明确、内涵丰富，而且特征鲜明、分布广泛，很多问题引人注目、值得探讨。就管理和兵员来说，驻防城都拥有自身的系统管理结构和军事实力，并且存在着或多或少的联系；就时间和空间来论，它们不但经历了完整的发展过程，脉络清晰可见，而且呈现出了具体的分布特点，格局耐人寻味；就驻防城本身而言，可以说形制确切而特色不失，设施多样而位置不一，结构详细而特点鲜明；就个案分析来讲，太原驻防城则内容充实，将驻防城的基本特点体现得淋漓尽致。所以，有关清代驻防城值得研究的内容是很多的，探讨清代驻防城的时空结构意义也是十分明显的。

鉴于许多驻防城在城市发展史中具有的不容忽视的影响和作

用,目前很有必要加强对该问题的关注程度。这样做,不仅有利于当前整体的城市建设,而且有助于更好地开展历史文化名城保护和文化发展。毕竟,很多驻防城与其他城市发生了紧密的关系,它们的军事文化和城池文化同时也与这些城市的其他文化一起构成了今天相关城市历史文化的一部分,因而也就成为了一项宝贵的文化资源。如果能够在对驻防城的时空结构充分研究的基础上,认识到驻防城文化资源的重要性,并进行必要的探讨挖掘,在保护和利用互相结合的运作方式支配下,定会给今天的城市文化增添绚丽的一笔。

参 考 文 献

一、方志舆图

1. （清）王河等修：《钦定盛京通志》，乾隆元年（1736）刊本。

2. （清）长顺修：《吉林通志》，光绪十七年（1891）刊本。

3. （清）福隆安撰：《钦定八旗通志》，嘉庆元年（1796）刊本。

4. （清）鄂尔泰等撰：《八旗通志初集》，乾隆四年（1739）刊本。

5. （清）长善等撰：《驻粤八旗志》，光绪五年至光绪十年（1879—1884）。

6. （清）钟瑞等修：《京口八旗志》，光绪五年（1879）刊本。

7. （清）吴庆坻等撰：《杭州府志》，光绪二十一年（1895）刊本。

8. （民国）臧理臣等修、宗庆煦等纂：《密云县志》，民国三年（1914）修。

9. 叶廉锷等撰：《平湖县志》，光绪十二年（1886）刊本。

10. （清）嘉庆张金城、杨浣雨辑：《宁夏府志》。

11. （清）乾隆《宁夏府志》。

12. 张伯英纂、崔重庆等整理：《黑龙江志稿》，黑龙江人民出版社 1992 年版。

13. （清）吴履福等修、缪荃孙等纂：《昌平州志》。

14. （清）海忠修、林从烟等纂：《承德府志》，光绪十三年（1887）廷杰重订本。

15. （清）乾隆元年（1736）许容等监修：《甘肃通志》。

16. （清）倪文蔚等修、顾嘉蘅等纂：《荆州府志》，光绪六年（1880）刊本。

17.（清）希元等编：《荆州驻防八旗志》，光绪五年（1879）刊本。

18.（清）袁大化、王树相等纂：《新疆图志》，台北文海出版社印行，民国五十四年（1965）。

19.（清）张大昌：《杭州八旗驻防营志略》，光绪十九年（1893）版，台北文海出版社 1971 年再版。

20.（清）松筠修：《钦定新疆识略》，台北文海出版社，民国五十四年（1965）。

21.（清）李鸿章修：《畿辅通志》，上海商务印书馆，民国二十三年（1934）影印本。

22.（清）张煦修：《山西通志》，光绪十八年（1892）刻本。

23.（民国）翟文选修：《奉天通志》，民国二十三年（1934）（奉天省）铅印本。

24.（民国）魏声和辑：《吉林地志》，吉林吉长日报社，民国二年（1913）铅印本。

25.《钦定历代职官表》，载文渊阁《四库全书》，台湾商务印书馆，1983 年影印本。

26.（清）萨英额撰：《吉林外记》十卷，光绪四年（1878）浙西村舍本。

27.（清）西清纂、萧穆等重辑：《黑龙江外记》，据光绪二十年（1894）刊本影印本。

28.（清）徐宗亮纂修：《黑龙江述略》，哈尔滨黑龙江省图书，1964 年油印本。

29.（民国）孙蓉图修：《爱辉县志》，民国九年（1920）铅印本。

30.（清）乾隆苏尔德纂修：《回疆志》，台北成文出版社，1968 年影印本。

31.（清）光绪《新疆四道志》，台北成文出版社，1968 年影印本。

32.（清）松筠撰：《西陲总体事略》十二卷，嘉庆朝刊本。

33.（清）光绪《新疆乡土志稿》，湖北图书馆，1955 年油印本。

34.阎绪昌创修，高耀南、孙光祖编纂：《镇西厅乡土志》，中央民族学院图书馆 1978 年版。

35.（民国）十八年高凌蔚纂修：《临榆县志》,铅印本。

36.（清）庄日荣等纂修：《沧州志》,据乾隆七年(1742)刊本影印本。

37.《陕西通志》,载文渊阁《四库全书》。

38.（清）李培谦修：《阳曲县志》,台北成文出版社,1976 年影印本。

39.《山西通志》,载文渊阁《四库全书》。

40.（清）张珩美修、曾勺等纂：《五凉全志》,据清乾隆四十年(1775)刊本
影印,成文出版社有限公司印行。

41.（清）张珩美修、曾勺等纂：《武威县志》,载《五凉全志》,清乾隆四十年
(1775)刊本影印本,成文出版社有限公司印行。

42.（清）周树清等纂修：《永登县志》,据民国抄本影印。

43.（清）吕燕昭修,姚鼐纂：《重刊江宁府志》,嘉庆十六年(1811)修,光绪
六年(1880)刊本。

44.《浙江通志》,载《四库全书》。

45.（清）江蕃等撰：《广东通志》,光绪二十年(1894)刊本。

46.（民国）郑裕孚纂、郑植昌修：《归绥县志》,据民国二十三年(1934)之
影印本。

47.（清）绥远省《土默特志》,不著纂修人名氏,清光绪间刊本影印本。

48.（清）富俊等辑：《科布多事宜》,据嘉庆四年(1799)原修、道光年间增
补抄本影印。

49.《河南通志》,载文渊阁《四库全书》。

50.（清）高赓恩等纂修：《绥远全志》,据光绪三十四年(1908)刊本影印,
成文出版社印行。

51.《福建通志》,载文渊阁《四库全书》。

52.《山东通志》,载文渊阁《四库全书》。

53.（清）何绍章等修、杨履泰等纂：《丹徒县志》,据清光绪五年(1879)刊
本影印。

54.（清）和珅等修：《钦定热河志》，文海出版社印行。

55.《乌里雅苏台志略》，不著纂修人名氏抄本。

56.（清）傅恒修：《钦定皇舆西域图志》，铅印本。

57.（民国）杨虎城主修：《续陕西通志稿》。

58.（光绪）《新疆乡土志稿》，湖北图书馆，1955 年油印本。

59.（清）向淮修、王森文纂：《续潼关县志》，民国铅印本。

60.（民国）沈国冕修、苏民纂：《兴京县志》，据民国十四年（1925）铅印本影印。

61.（民国）王文藻修、陆善格纂：《锦县志》，据民国九年（1920）石印本影印。

62.（民国）石秀峰修、王郁云纂：《盖平县志》，据民国十九年（1930）铅印本影印。

63.（民国）赵兴德修、王鹤龄纂：《义县志》，民国民国十九年（1930）铅印本影印。

64.（清）高廷法修：《咸宁县志》，刻本。

65.（民国）黄世芳修、陈德懿纂：《铁岭县志》，民国二十年（1931）铅印本。

66.（民国）裴焕星修、白永贞纂：《辽阳县志》，据民国十七年（1928）铅印本影印。

67.（民国）李毅纂修：《开原县志》，据民国十八年（1929）铅印本影印。

68.（清）贻毅修：《绥远旗志》，光绪三十四年（1908）刻本。

69.（清）新柱等撰：《福州驻防志》，乾隆九年（1743）刊本。

70.（清）何秋涛撰：《朔方备乘》八十卷，光绪七年（1881）刊本。

二、史 书 文 集

71.《大清会典》一百六十二卷，康熙刻本。

72.《大清会典》一百卷，乾隆朝江南通行本。

73.《大清会典事例》一二二〇卷,光绪二十五年(1899)纂修,商务印书馆石印本1934年版。

74.《钦定大清会典事例》,光绪三十四年(1908)刊本。

75.《康熙起居注》,中国第一历史档案馆整理,中华书局1984年版。

76.(清)胤禛撰:《硃批谕旨》三百六十卷,光绪13年(1887)上海点石斋石印本。

77.(清)贺长龄等编:《皇朝经世文编》一百二十卷,光绪二十八年(1902)上海久敬斋书店石印本。

78.(清)葛士睿编:《皇朝经世文续编》一百二十卷,1897年排印本。

79.(清)琴川居士辑:《皇清奏议》六十八储备卷,排印本。

80.(清)武英殿编:《钦定中枢政考》七十二卷(其中八旗32卷),嘉庆朝本。

81.(清)兵部撰:《钦定八旗则例》,乾隆二十四年(1759)刊本。

82.《清朝文献统考》三百卷,民国二十五年(1936)上海商务印书馆铅印本。

83.(清)徐世昌纂:《东三省政略》,宣统三年(1911)铅印本。

84.宫中档雍正十年(1732)十一月偏武奏折,载李凤琪《青州驻防城建城概述》,《满族研究》2002年第4期。

85.《青社琐记》,载李凤琪《青州驻防城建城概述》,《满族研究》2002年第4期。

86.《三州辑略》,嘉庆十年(1805)抄本。

87.《皇朝文献通考》,载文渊阁《四库全书》。

88.《清史稿》五百二十九卷,1976年中华书局点校本。

89.《钦定回疆则例》八卷,光绪三十四年(1908)排印本。

90.《天聪朝臣工奏议》上中下三卷,清初史料丛刊的四种,辽宁大学历史系,1980。

91.《大清一统志》。

92.《清实录》,中华书局 1986 年影印本。

93.《上谕八旗》,雍正九年(1731)版本。

94. 王钟翰点校:《清史列传》80 卷,中华书局 1987 年版。

95.(清)特慎庵等纂:《盛京典制备考》十二卷,光绪四年(1878)刊本。

96.《军机处录副奏折》,载定宜庄《清代八旗驻防研究》,辽宁民族出版社
2003 年版。

97.《清朝通典》一百卷,民国二十四年(1935)上海商务印书馆铅印本。

98.《清朝通志》一百二十六卷,民国二十四年(1935)上海商务印书馆铅
印本。

99.(清)魏源撰:《圣武记》十四卷,中华书局 1984 年点校本。

100. 吴振棫撰:《养吉斋丛录》二十六卷,《余录》10 卷,北京古迹出版社
1983 年标点本。

101. 刘献廷撰:《广阳杂记》五卷,中华书局 1957 年版。

102. 徐宗亮撰:《龙沙纪略》六卷,《龙江三记》之一,黑龙江人民出版社
1985 年版。

103. 杨宾撰:《柳边纪略》五卷,黑龙江人民出版社 1985 年版。

104. 祈韵士撰:《万里行程记》不分卷,问影楼舆地,光绪戊申仿聚珍版。

105. 魏声和撰:《鸡林旧闻录》不分卷,长百丛书初集,吉林文史出版社
1986 年版。

106. 吴振臣:《宁古塔纪略》。

107. 中国社会科学院中国边疆史地研究中心:《清代新疆稀见史料汇辑》
(新疆卷)《伊江汇览·衙署》,全国图书文献缩微复制中心版。

108.(清)顾祖禹撰:《读史方舆纪要》一百三十卷,光绪辛丑年(1901)石
印本。

109. 昭梿撰:《啸亭杂录》十卷,续录 3 卷,中华书局 1980 年点校本。

110. 徐一士撰:《一士类稿,一士谈荟》,数目文献出版社 1983 年版。

111. 震钧撰:《天咫偶闻》十卷,北京古籍出版社 1982 年版。

112. 王庆云撰:《石渠余纪》六卷,北京古籍出版社 1985 年版。

113. [朝]李民宬撰:《建州闻见录》,清朝史料丛刊第九种,辽宁大学历史系,1978。

114. 《满文老档》,中国第一历史档案馆,中国社会科学院历史所译注,中华书局 1990 年版。

115. 季永海、刘景宪等译:《崇德三年满文文档案译编》,辽沈书社 1988 年版。

116. 《清初内国史院满文档案译编》,中国第一历史档案馆,《光明日报》出版社 1989 年版。

117. 中国第一历史档案馆藏:《军机处满文月折档》,载定宜庄《清代八旗驻防研究》,辽宁民族出版社 2003 年版。

118. 中国第一历史档案馆藏:《满文军机处录副奏折》,载定宜庄《清代八旗驻防研究》,辽宁民族出版社 2003 年版。

119. 《顺治朝题本》(满汉合璧),同上。

120. 《康熙朝题本》,同上。

121. 《八旗都统衙门全宗案卷》,同上。

122. 《三姓副都统衙门档》,辽宁省档案馆编,辽沈书社 1984 年版。

123. 关嘉录译:《雍乾两朝镶红旗档》,辽宁人民出版社 1987 年版。

124. 《锡伯族档案史料》,中国第一历史档案馆编译,辽宁民族出版社 1989 年版。

125. (清)董恂纂修:《钦定户部则例》,同治十三年(1874)刻本。

三、今 人 论 著

126. 宁越敏、张务栋、钱今昔著:《中国城市发展史》,安徽科学技术出版社 1994 年版。

127. B. C. 热库林著、韩光辉译:《历史地理学:对象和方法》,北京大学出版社 1992 年版。

128. 韩光辉:《北京历史人口地理》,北京大学出版社 1996 年版。

129. 董鉴泓:《城市规划历史与理论研究》,同济大学出版社 1992 年版。

130. 定宜庄:《清代八旗驻防研究》,辽宁民族出版社 2003 年版。

131. 瀛云萍著:《八旗源流》,大连出版社 1991 年版。

132. 赵生瑞:《中国清代营房史》,中国建筑工业出版社 1999 年版。

133.《清代新疆稀见史料汇辑》,中国社会科学院中国边疆史地研究中心
编 1990 年版。

134.《满族社会历史调查》,辽宁省编辑委员会编《民族问题五种丛书》,
辽宁人民出版社 1985 年版。

135. 容祥等撰:《呼和浩特市沿革纪要稿》,1977 年版。

136. 佟靖仁:《呼和浩特满族简史》,呼和浩特民委 1987 年版。

137. (韩)任桂淳:《清朝八旗驻防兴衰史》,生活·读书·新知三联书店
1993 年版。

138. 陈峰:《清代军费研究》,武汉大学出版社 1992 年版。

139.《绥远城驻防志》,内蒙古大学出版社 1991 年校注本。

140. 赵云田:《中国边疆民族管理机构沿革史》,中国社会科学出版社
1993 年版。

141. 李凤琪、唐玉民、李葵三:《青州旗城》,山东文艺出版社 2000 年版。

142. 丛佩远著:《中国东北史》第四卷,吉林文史出版社 1998 年版。

143. 吉林师范大学历史系:《沙俄侵华史简编》,吉林人民出版社 1976
年版。

144. 新疆社会科学院历史研究所:《新疆地方历史资料选辑》,人民出版社
1987 年版。

145. 吴晗辑:《朝鲜李朝实录中的中国史料》,中华书局 1980 年版。

146. 徐和雍等:《浙江近代史》,浙江人民出版社 1982 年年版。

147. 倪士毅:《浙江古代史》,浙江人民出版社 1987 年版。

148. 四川省文史馆《成都城坊古迹考》所附成都驻防《光绪五年（1879）图》,四川人民出版社 1987 年版。

149. 徐映璞撰:《两折史事丛稿》,浙江古籍出版社 1988 年版。

150. 孟森著:《八旗制度考实》,载《明清史论著集刊》,中华书局 1959年版。

151. 佟靖仁等撰:《呼和浩特满族简史》,呼和浩特民委,1987 年内部刊行本。

152. 顾朝林:《中国城市地理》,商务印书馆 1999 年版。

153. 张佳生主编:《满族文化史》,辽宁民族出版社 1999 年版。

154.《中国大百科全书》之《建筑·园林·城市规划》卷,中国大百科全书出版社 1999 年版。

155. 王钟翰著:《清史新考》,辽宁大学出版社 1990 年版。

156. 罗尔纲著:《绿营兵制》,中华书局 1984 年版。

157. 张德泽著:《清代国家机关考略》,中国人民大学出版社 1981 年版。

158. 王钟翰主编:《满族史研究集》,中国社会科学出版社 1988 年版。

159. 钱实甫编:《清代职官年表》,中华书局 1980 年版。

160. [苏]格·瓦·麦利霍夫著:《满洲人在东北（十七世纪）》,商务印书馆 1976 年中译本。

161. 贺吉德:《银川市新满城探述》,中国古都学会、银川古都学会编《中国古都研究》第九辑,三秦出版社 1994 年版。

162. [美]施坚雅（Skinner George William）主编、叶光庭等合译:《中华帝国晚期的城市》,中华书局 2000 年版。

163. 马正林:《中国城市历史地理》,山东教育出版社 1998 年版。

164. 康少邦、张宁等编译:《中国城市社会学》,浙江人民出版社 1985年版。

165. 侯仁之主编:《北京城市历史地理》,北京燕山出版社 2000 年版。

166. [美]芒福德（Lewis Mumfor）著,倪文彦、宋俊岭译:《城市发展史》,中国建筑工业出版社 1989 年版。

167. 陈育宁主编:《宁夏通史》古代卷,宁夏人民出版社 1993 年版。

168. 阎崇年主编:《满学研究》,吉林文史出版社 1992 年版。

169. 薛宗正主编:《中国新疆古代社会生活史》,新疆人民出版社。

170. 王希隆:《新疆文献四种辑注考述》,甘肃文化出版社。

171. 于维诚、潘喜明编译:《[日]新修中国通志·新疆卷》,新疆大学出版社 1994 年版。

172. 黄佛颐:《广州城坊志》,1948 年再版。

173. 汪宗猷:《广州满族简史》,广东人民出版社 1990 年版。

174. 翟玉树:《清代新疆驻防兵制的研究》,台湾国立政治大学硕士论文 1976 年版。

175. 张伯锋:《清代各地将军都统大臣等年表》,中华书局 1965 年版。

176. 周远廉:《清朝兴起史》,吉林文史出版社 1986 年版。

177. 中国人民大学清史研究所编:《清史编年》,人民大学出版社 1985 年版。

178. 莫东寅:《满族史论丛》,人民出版社 1958 年版。

179. 戴逸主编:《简明清史》,人民出版社 1989 年版。

180. 史红帅:《明清时期西安城市地理研究》,北京大学博士研究生学位论文 2003 年版。

181. 浦廉一:《东洋近世史》,平凡社 1941 年版。

四、今人论文

182. 马协弟:《清代满城考》,《满族研究》1990 年第 1 期。

183. 谭其骧:《清代东三省疆理志》,《史学年报》1939 年 3 卷第 1 期。

184. 董鉴泓:《中国古代若干特殊类型的城市》,《同济大学学报》(人文社会科学版),1992。

185. 章生道:《城治的形态与结构研究》,《中华帝国晚期的城市》,中华书局 2000 年版。

186. 李凤琪:《青州驻防城建城概述》,《满族研究》2002 年第 4 期。

187. 吴元丰:《清代伊犁满营综述》,《满族历史与文化》,中央民族大学出版社 1996 年版。

188. 张士尊:《清代盛京移民与二元行政管理体制的变迁》,《东北师大学报》(哲学社会科学版)2004 年第 4 期。

189. 刁书仁:《论清代吉林地区行政体制及其变化》,《社会科学战线》1994 年第 3 期。

190. 马协弟:《清代广州满族述略》,《满族研究》1988 年第 1 期。

191. 王凯旋:《社会科学战线》,《东北城市史研究》2003 年第 1 期。

192. 李世馨:《绥远城调查报告》,《内蒙古文物考古》1994 年第 2 期。

193. 李级仁:《西安八旗小史》,《文史资料选辑》总第 126 辑,中国文史出版社 1993 年版。

194. 陈一石:《清代成都满蒙族驻防八旗概述》,《成都大学学报》(社会科学版)1985 年第 3 期。

195. 陈一石、王端玉:《清代成都的"满城"与旗汉分治》,《西南民族学院学报》1981 年第 3 期。

196. 滕绍箴:《论清代宁夏八旗驻防及其历史贡献》,《北方文物》1997 年第 4 期,第 70—77 页。

197. 雷履平:《成都满城考》,《西南民族学院学报》(哲学社会科学版)1981 年第 3 期。

198. 蒙林:《绥远城八旗蒙古初探》,《内蒙古社会科学》(汉文版)2000 年第 6 期。

199. 蒙林:《绥远城城工始建时间考》,《内蒙古社会科学》(人文版)1996 年第 2 期。

200. 布尼阿林《热河八旗驻防简述》,《承德师专学报》(社会科学版)1988

年第 1 期。

201. 靳生禾：《晋阳古城之文化积淀及其历史地位》，《山西大学师范学院学报》2002 年第 2 期。

202. 傅克东、陈佳华：《八旗制度中的满蒙汉关系》，《满族史研究集》，中国社会科学院民族研究所编，中国社会科学出版社 1988 年版。

203. 盛力：《闲话太原街巷》，《文史月刊》2000 年第 12 期。

204. ［日］北山康夫：《关于清代的驻防八旗》，载《羽田博士颂寿纪念东洋史论丛》，1950。

205. ［日］鸳渊一：《满文老档中有关清初旗地的记事》，《史林》第 23 卷第一号。

206. 丁慰长：《旗下营忆旧》，《杭州日报》1956 年 9 月 22 日。

207. 林正秋：《古代的杭州》，《杭州大学学报》（社会科学版）1978 年第 2 期。

208. 郑天挺：《清代的八旗兵和绿营兵》，《历史教学》1955 年 1 月。

209. 左云鹏：《论清代旗地的形成演变及其性质》，《历史研究》1961 年第 10 期。

210. 吴宏岐、史红帅：《关于清代西安城内满城和南城的若干问题》，《中国历史地理论丛》2000 年第 3 期，第 113—132 页。

211. 陈喜波、颜廷真：《清代杭州满城研究》，《满族研究》2001 年 3 期，第 30—35 页。

212. 秦川：《从惠远城兴建的军事功能看新疆军府制的建立》，《新疆师范大学学报》（哲社版）2003 年第 4 期。

213. ［日］神田信夫：《满洲国号考》，《故宫文献》1971 年第 3 卷第 1 期。

214. ［日］安部健夫：《八旗满洲牛录研究》，《东亚人文学报》1942 年 2 月。

215. ［日］北山康夫：《清代八旗驻防》，《东洋史论丛·羽田博士颂寿纪念》，东洋史研究会，1950 年版。

216. Brunnert, h. s., and Hagelstrom, V. V. "*Capture of Chapu; dispatch from*

lieut-general Sir Hugh Gough G. C. B. , to the right Hon. Lord Stanley. " Chinese Repository 12. 5 （May 1843）,pp. 248 – 252.

217. Ch ' en Chin-hsien. "*The Value of the Early Manchu Archives.* " Paper prepared for the Third Asian Altaistic Conference,17 – 24 August 1969.

218. Godwin, Paul Herbert Barlow. "*Mongol-Manchu Relations: A Study of Political Integration,*" Ph. D. dissertation,University of Minnesota,1967.

219. Lay,G. Tradescant. "*A Brief Account of the Manchu Tartars at Chapu.* " Chinese Repository 11. 8(Aug. 1842).

220. Michael, Franz H. *Military Organization and Power Structure of China during the Taiping Rebellion.* Pacific Historical Review 18 (Nov. 1949), pp. 469 – 483.

221. Michael,Franz H. "*Military Skill and Power of the Chinese* ⋯*Army and Navy* ⋯" ,Chinese Repository 5. 3 （July 1836）,pp. 165 – 178.

222. Thomas Francis Wade. "*The Army of the Chinese Empire: Its two great disvisions ,the Bannermen of National Guard, and the Green Standard or Provincial Troops; their organization, location, pay, condition ,*" Chinese Repository ,20. 6 （June 1851）,p. 315.

223. S. Wells Williams. *The Middle Kingdom: A Survey of the Geography , Gorvernment ,Literature ,Social Life ,Arts ,and History of the Chinese Empire and Its Inhabitants* (London ,1848) ,Vol. 1 ,pp. 115 – 116.

224. Wu Wei-ping. "*Development and Decline of the Eight Banners*". Ph. D. dissertation,University of Pennsylvania,1969.

225. Dennys. N. B. *The Treaty Ports of China and Japan: A Complete Guide to the open Ports of Those Countries ,together with Peking ,* Yedu ,Hong Kong and Macao. 1867.

后　记

　　早在大学时代,我对八旗驻防的好奇和兴趣就已经产生了。1999 年
至 2002 年进入陕西师范大学历史地理研究所攻读硕士学位期间,我选择
了城市历史地理学为主要研究方向,在学习期间,对清代八旗驻防满城的
情况有了进一步的了解。2002 年,我有幸在以研究城市历史地理为重心
的北京大学环境学院历史地理研究中心攻读博士学位,在提升理论素养、
丰富研究方法的同时,在导师韩光辉教授的指引下,最终完成了"清代驻
防城时空结构研究"博士论文。2005 年博士毕业至今,不敢懈怠,一直在
不断地思考清代驻防城的相关问题,尽力地补遗修改博士论文。

　　在为论文搜集资料、实地踏察的阶段,我步行在西安、潼关、太原的大
街小巷,苦苦寻觅旧有的驻防城遗迹;当我从芜杂繁复的史书文献、褪色
发黄的古地图中穿越时空的迷雾,一次次回到几百年前伟丽壮观的驻防
城时,我开始真正懂得了历史地理研究的深刻意义,明白了它既是饱含艰
辛的无涯之海,又是充满欢乐的探究之旅,正如梁实秋先生所言:"殊不知
天下没有没有趣味的学问,端视吾人如何发掘其趣味(学问与趣味:
286)"。

　　本书的写作虽然暂时划上了句号,但对驻防城的思考仍在我的脑海
里萦绕,还有诸多问题有待于进一步深入探讨。

　　感谢导师韩光辉教授一直以来对我的谆谆教诲和时时给予的关心照
顾。韩老师在论文写作方面为我提供了诸多的帮助,从研究思路到方法
都悉心指点。韩老师宽容、坦诚、和善的人格魅力,善于创新、勇于开拓、

锲而不舍、严谨踏实的治学精神,是我人生道路上学习的楷模。

　　同时,还要感谢北京市社会科学院的尹钧科老师,是他在我遇到困难时给予了大力的帮助,鼓励我增强了深入研究的信心;感谢中国社会科学院的定宜庄老师,是她不厌其烦地为我多次解惑释疑,令我受益匪浅;感谢暨南大学的吴宏岐教授,是他在百忙之中指点迷津,使我获益良多;感谢北京大学的徐凯老师、中国城市规划设计院的赵中枢老师、北京联合大学的张妙弟教授和张宝秀教授,是他们先后对本文给予了宝贵的建议和多方面的指导帮助。历史地理研究中心博士阶段的各位学友在学业上的帮助同样令我十分感动,在此一并致以衷心的感谢。我的爱人刘艳在我实地考察、四处搜寻信息和写作的日子里,给了我莫大的支持。是她,在烈日炎炎的酷暑天气里,与我一起踏上考察的征程,在荒湮蔓草的驻防城遗址旁搜集资料;是她,在我写作过程中遇到困难、一筹莫展时,在我身旁积极鼓励、共尝甘苦。在此也对她致以诚挚的谢意。

　　同时感谢父母的养育之恩和对我的一贯支持,正是他们的关怀才使我在学业和工作上不断进取。

　　最后还要感谢人民出版社,王亚男老师不厌其烦地一遍遍校稿,才使拙著得以面世。

　　由于作者才学疏浅,错漏之处在所难免,殷切希冀方家赐教。

二○一○年六月二日

作者谨思于北京简轩

责任编辑:王亚男
版式设计:程凤琴

图书在版编目(CIP)数据

清代驻防城时空结构研究/朱永杰 著.
-北京:人民出版社,2010.11
ISBN 978 - 7 - 01 - 009102 - 0

Ⅰ.①清…　Ⅱ.①朱…　Ⅲ.①军事-防御体系-研究-中国-清代
　Ⅳ.①E294.9

中国版本图书馆 CIP 数据核字(2010)第 127054 号

清代驻防城时空结构研究
QINGDAI ZHUFANGCHENG SHIKONG JIEGOU YANJIU

朱永杰　著

人 民 出 版 社 出版发行
(100706　北京朝阳门内大街 166 号)

北京瑞古冠中印刷厂印刷　新华书店经销

2010 年 11 月第 1 版　2010 年 11 月北京第 1 次印刷
开本:880 毫米×1230 毫米 1/32　印张:13
字数:296 千字　印数:0,001-2,000 册

ISBN 978 - 7 - 01 - 009102 - 0　定价:28.00 元

邮购地址 100706　北京朝阳门内大街 166 号
人民东方图书销售中心　电话 (010)65250042　65289539